„If we learn to listen
to our bodies, minds and hearts
throughout pregnancy,
and pay attention to what we are hearing,
we will be more accustomed to doing so
as we birth our babies
and care for them as mothers. "

Laurel Bay Connell, 2014

Bibliografische Information der Deutschen Nationalbibliothek:
Die Deutsche Nationalbibliothek verzeichnet diese Publikation in der Deutschen Nationalbibliografie; detaillierte bibliografische
Daten sind im Internet über http://dnb.d-nb.de abrufbar.

1. Auflage	April 2016
© 2016	edition riedenburg
Verlagsanschrift	Anton-Hochmuth-Straße 8, 5020 Salzburg, Österreich
Internet	www.editionriedenburg.at
E-Mail	verlag@editionriedenburg.at
Lektorat	Dr. Heike Wolter, Regensburg
Fachlektorat	Anna Rockel-Loenhoff, Unna
Bildnachweis	Schwangere mit Mädchen am Cover: © BillionPhotos.com - Fotolia.com
Satz und Layout	edition riedenburg
Herstellung	Books on Demand GmbH, Norderstedt

ISBN 978-3-903085-07-7

Doris Moser

Der überwachte Bauch

Wie viel ärztliche Schwangerenvorsorge brauche ich wirklich?

edition riedenburg

Inhalt

Vorworte

Doris Mosers umfangreiches Werk über die heute praktizierte Schwangerenvorsorge ist wichtiger und aktueller als je zuvor, denn eine schwangere Frau steht vor einer ständig wachsenden Anzahl an Herausforderungen – und vor allem vor kaum zu überblickenden Entscheidungen, Meinungen und Diskussionen.

Im Zeitalter von Risikodenken und der daraus resultierenden Defensivmedizin, wo unter dem Sicherheitsaspekt Ängste geschürt werden, spricht die Autorin die Ursprünge der geburtshilflichen, gynäkologischen und kinderärztlichen Überwachung an. Sie nimmt genau unter die Lupe, woher Untersuchungen, Kontrollen und deren Bindung an staatliche Geldleistungen kommen und welche Entwicklungen es im Verlauf der letzten Jahrzehnte gab.

Von den schwangeren Frauen werden viele Untersuchungen der staatlichen Schwangerenvorsorge als verpflichtend angenommen – ohne Kenntnis ihrer Potenziale, aber auch der Risiken.

Besonders im Fokus stehen dabei die Ultraschalluntersuchungen. Sie dominieren die Landschaft der Schwangerenvorsorge. Für Eltern sind sie „Babywatching", doch ÄrztInnen haben mit dem massenhaften Einsatz eine andere Intention: die Fehlersuche. Die unhinterfragte Entscheidung für den „Schall" zieht aber oftmals eine Kaskade an weiteren Untersuchungen nach sich, für die sich die Familie im Vorfeld vielleicht gar nicht explizit entschieden hätte.

Dieses Buch liefert eine detaillierte Aufklärung über jede einzelne Untersuchungsmethode der derzeit gängigen Schwangerenvorsorge in Deutschland, Österreich und der Schweiz. Doris Moser erörtert genau, welche Untersuchungen und Eingriffe wann empfehlenswert sind und was man aus gutem Grund auch ablehnen kann.

Damit ist Doris Mosers Buch auch ein Stück Gesellschaftskritik, denn die Wahrung persönlicher Rechte der Frau ist weit davon entfernt, eine Selbstverständlichkeit zu sein. Dabei wäre dies so wichtig, um die Lebensphase der Schwangerschaft und des Mutterwerdens als selbstbestimmt und erfüllend erleben zu können.

Gefühlslose Technik und die ärztlich-professionelle Distanz entfernen Frauen nicht selten von der bewussten Wahrnehmung ihrer Sinne. Ihnen wird die Kompetenz abgesprochen, den Gesundheitszustand ihres Kindes selbst beurteilen zu können. Gefühle, Wahrnehmungen, Fühlen, Erfühlen, Be-greifen haben keinen Platz mehr in der Schwangerenvorsorge, und so bleibt selbst die häufig vom Arzt kontrollierte Schwangere manchmal eines: ahnungslos.

Aus den in diesem Buch gesammelten Erfahrungsberichten geht hervor: Weder die Hebamme, und schon gar nicht der/die ÄrztIn, sondern die Frau ist die Expertin für ihr Kind. Nach der Lektüre dieses Buches hat sich jede Schwangere für ein Stückchen mehr Expertentum am eigenen Körper entschieden.

Wien, im März 2016

Margarete Hoffer

Hebamme

Höchste Zeit, dachte ich mir beim Lesen dieses Buches. Und gleich danach: Wird's was bringen? Schwangere (und Gebärende) als Objekt medizinischen Tuns, das wird gut und nachvollziehbar dargestellt. Die Problematik ist aus meiner Sicht aber auch die Frage, warum sich Frauen das gefallen lassen.

Warum machen sich Schwangere zu Komplizinnen eines Systems, das unter einer guten Schwangerschaftsbetreuung das Blutdruckmessen, Urinanalysieren (sehr sinnvoll) und laufende Ultraschalluntersuchungen (weniger sinnvoll) versteht?

Aus vielen Untersuchungen ist bekannt, dass Zuwendung und Empathie unerlässlich für eine sichere und bereichernde Geburt sind. Daran mangelt es leider allzu oft.

Schwangere reagieren genauso ängstlich wie jeder Mensch, der auf etwas Neues, etwas Unbekanntes zugeht. Die Reaktion *der Medizin* führt zu den inakzeptabel hohen Kaiserschnittraten: Angsttherapie mit dem Skalpell. Das kann es nicht sein. Aber was könnte es sein?

Ich gestehe, mich als Arzt stört es, dass die einzige Antwort, die hier gegeben wird, die Hebammenbetreuung ist.

Wieso, frage ich mich, wird nicht die Forderung erhoben, dass – jenseits der rein körperlichen Untersuchung – einige wichtige Fragen Bestandteil jedes Erstgespräches zu sein haben? Und zwar egal, ob dieses Gespräch von einer Hebamme oder einem Arzt/einer Ärztin geführt wird.

Ohne Anspruch auf Vollständigkeit erlaube ich mir, einige mögliche Fragestellungen aufzulisten:

- *War die Schwangerschaft geplant?*

- *Welche Veränderungen erwarten die Eltern durch die Schwangerschaft bzw. die Geburt in Bezug auf Beruf, Wohnsituation, soziale Lage usw.?*

- *Welche Erwartungen/Wünsche in Bezug auf die Geburtsbetreuung gibt es?*

Selbst ansprechen sollte die Hebamme, der Arzt/die Ärztin meines Erachtens zudem folgende Punkte:

- *Veränderungen von Partnerschaft und Sexualität*

- *Veränderungen der Schlafqualität und daraus resultierende Folgen*

- *Rolle von Kontraktionen in der fortgeschrittenen Schwangerschaft*

Gute Schwangerenbetreuung sollte Frauen den Weg eröffnen, eine sichere Geburt nach *ihren* Vorstellungen zu bekommen. Am Ende sollten junge Mütter psychisch und physisch gestärkt daraus hervorgehen.

Derzeit sind sie und ihre Kinder im traditionellen Betrieb zwar weitgehend sicher, was Morbidität und Mortalität betrifft, aber zumeist Patientinnen – mit all den daraus resultierenden Konsequenzen, die im Buch ausführlich behandelt werden.

Schwangerschaft und Geburt bedeuten eine enorme Möglichkeit, sich als Persönlichkeit zu stärken und zu emanzipieren. Wir sollten endlich anerkennen, dass die betroffenen Frauen die Expertinnen für sich selbst sind – und wir ihre Begleiter und manchmal auch ExpertInnen, die ihnen helfen können.

Ich sehe in diesem Buch einen Beitrag, Frauen Mut zu machen, eine Betreuung in diesem Sinn einzufordern. Meinen ärztlichen KollegInnen möge es eine Anregung sein, ihre Art der Betreuung kritisch zu überdenken und Herz und Hirn im angedeuteten Sinn zu öffnen.

Hebammen und ÄrztInnen wünsche ich zu verstehen, dass sie gemeinsam hilfreicher sind als jede/jeder für sich.

Wien, im April 2016

Dr. Michael Adam

Facharzt für Frauenheilkunde und Geburtshilfe

Einleitung

Schwangerschaft ist eine wundervolle Zeit, eine Zeit der Transformation und Erneuerung. Und Schwangerschaft ist ein Prozess, der die werdende Mutter in freudvoller Erwartung in ihre größte Kraft führen kann.

Ich kann mich noch gut an den Augenblick erinnern, als ich den ersten positiven Schwangerschaftstest in meinen Händen hielt. Ich erinnere mich an Aufregung und Glück, an Vorfreude und Unsicherheit. Was würde mich wohl erwarten?

Woran ich mich auch gut erinnern kann, sind die vielen Arztbesuche, die eine Schwangerschaft für gewöhnlich mit sich bringt. Ich habe das, wie die meisten Frauen, nicht in Frage gestellt, bin brav zu jeder Untersuchung gegangen und habe meinen Mutter-Kind-Pass wie einen kleinen Schatz gehütet. Irgendwie schaut er ja auch enorm wichtig aus, oder? Mutter-Kind-Pass steht in großen Buchstaben darauf und gleich darunter ist der Adler, das Staatswappen, abgedruckt. Und Republik Österreich steht noch dabei. Gleich unter dem Adler. Hat mich irgendwie an meinen Reisepass erinnert.

Er kommt sehr staatstragend daher, dieser Mutter-Kind-Pass. Und wenn der außen schon so imponierend gestaltet ist, dann wird der Inhalt erst recht bedeutungsvoll sein. Bedeutungsvoll für meine Gesundheit und vor allem für das Leben meines Kindes. Das habe ich damals, wie gesagt, nicht in Frage gestellt. Schließlich will jede Frau ein gesundes Kind, möchte jede Frau das Beste für ihr Ungeborenes. Und das wird wohl der regelmäßige Gang in die Arztpraxis sein. Mit Mutter-Kind-Pass, wohlgemerkt. Und auch, wenn mir eigentlich nichts fehlt, ich nicht krank bin. Schließlich machen das doch alle so.

Über Alternativen wusste ich zum damaligen Zeitpunkt nichts. Ich habe den Marathon von Arztpraxis zu Arztpraxis, von Labor zu Labor, der letztendlich im Krankenhaus in einer medizinisch überwachten Geburt geendet hat, ohne Murren mitgemacht. Ich war eine von vielen.

Irgendwann haben mich aber doch Zweifel beschlichen. Ganz still und heimlich hat sich das Gefühl bemerkbar gemacht, dass da etwas nicht ganz stimmig ist. Wie konnte es sein, dass eine gesunde Schwangere derart entmündigt wird; dass ihr nicht zugetraut wird, ihren Gesundheitszustand selbstverantwortlich im Auge behalten zu können, was beispielsweise für einen Diabetiker selbstverständlich ist? Für die einfachsten Tätigkeiten – Wiegen, Blutdruckmessen, Teststreifen in den Urin tauchen – wird die Frau in die Arztpraxis beordert, um sich von einem Profi dabei helfen zu lassen.

Ich bin Medizinanthropologin. Der Hang zur kritischen Sichtweise wurde mir quasi in die berufliche Wiege gelegt. Ich habe begonnen, Fragen zu stellen. Und ich habe begonnen, Antworten zu suchen.

Den Mutter-Kind-Pass habe ich plötzlich mit anderen Augen gesehen, habe ihn in einem größeren Kontext wahrgenommen und versucht, einen Blick hinter die glänzende Fassade zu werfen. Der Adler hat mich gar nicht mehr so sehr beeindruckt. Ich habe recherchiert und mit Ärzten gesprochen. Ich habe Hebammen um ihre Meinung gebeten und ich habe andere Frauen, andere Mütter, zu ihren Erfahrungen befragt.

Als ich mich mit den Vorschriften in anderen Ländern befasst habe, habe ich festgestellt, dass es unterschiedliche Sichtweisen gibt. In nordeuropäischen Ländern beispielsweise große Freiheiten, in Deutschland einen Mutterpass, dessen Vorgaben formal freiwillig sind, der gesellschaftliche, ärztliche und – ab Geburt des Kindes – auch staatliche Druck aber ähnlich hoch wie in Österreich.

Meine Gedanken zu all dem habe ich niedergeschrieben. Ich schreibe, weil ich glaube, dass es Zeit ist für eine Veränderung. Es ist Zeit für einen Paradigmenwechsel weg von der ärztlich geleiteten medizinischen Schwangerenvorsorge hin zu einer frauenzentrierten Hebammenbetreuung in der Schwangerschaft.

Der Grundgedanke des Mutter-Kind-Passes mag Fürsorglichkeit sein. Der Ansatz ist, allen werdenden Müttern und ihren Kindern beste medizinische Versorgung kostenlos zur Verfügung zu stellen, um deren Gesundheit angemessen zu fördern. Es handelt sich also um ein großzügiges Geschenk der Gesellschaft an jede schwangere Frau. Einen schalen Beigeschmack erhält die Sache aber dadurch, dass die Schwangere in

Österreich dazu genötigt wird, das Geschenk auch anzunehmen. „Oh, danke! Das ist nett, aber eigentlich habe ich keinen Bedarf!" Oder: „Das Geschenk ist mir eigentlich viel zu groß. Es ist so schwer, dass ich es gar nicht tragen kann!"

Die Möglichkeit, das großzügige Geschenk dankend abzulehnen, gibt es nicht. Lehne ich das Geschenk ab, werde ich bestraft, nämlich durch den Entzug der mir zustehenden Geldleistung.

Gleichzeitig gibt die Regelmäßigkeit der Mutter-Kind-Pass-Untersuchungen den Schwangeren eine gewisse Struktur, die wie ein roter Faden durch den Verlauf der Schwangerschaft führt. Traditionell werden Frauen auf ihrem Weg in die Mutterschaft durch die Gemeinschaft, in der sie leben, rituell begleitet und unterstützt. Die „moderne" Frau lebt vielfach nicht mehr in einem großen Familienverband. Der Zugang fehlt zu weiblichen Verwandten, die Wissen und praktische Informationen vermitteln könnten. Und auch die Bräuche und Rituale, die ursprünglich rund um die Zeit der Schwangerschaft und Geburt stattgefunden haben, sind verloren gegangen.

Was ist es, das den schwangeren Frauen aktuell Struktur und Sicherheit in einer so turbulenten Zeit vermittelt? Der Gang in die Arztpraxis wird vielfach zum liebgewonnenen Ritual, das in der Schwangerschaft Halt gibt. Sich in der Schwangerschaft prophylaktisch mit medizinischen Fragestellungen auseinandersetzen zu müssen, ist an sich schon abwegig, weil Schwangerschaft per se ja keine Krankheit ist und eine Schwangere daher eigentlich auch keine Patientin (lateinisch: Leidende). Sie wird aber vom Medizinsystem dazu gemacht. Schwangerschaft und Geburt sind normale physiologische Vorgänge und nicht grundsätzlich krankhafte Prozesse. Doch genau das wird uns suggeriert. Mit der Schwangerenvorsorge werden wir dazu gebracht, uns schon vorab zu sorgen – wir sorgen uns also vor etwas.

Wir machen uns Sorgen, lange bevor es überhaupt einen Grund dafür gibt. Eltern möchten nichts falsch machen und orientieren sich als medizinische Laien an den Ratschlägen und Empfehlungen der Ärzte, die diese fachliche Ahnungslosigkeit schamlos ausnutzen, Angst und Unsicherheit schüren und diese zu ihrem finanziellen Vorteil instrumentalisieren.

Eine verängstigte Schwangere, die unsicher und orientierungslos ist, wird sich dankbar und hilfesuchend in die Obhut eines wissenden und erfahrenen Mediziners begeben, um sich von ihm durch die Zeit der Schwangerschaft lotsen zu lassen. Sie wird die ärztlichen Anweisungen nicht in Frage stellen und eine angenehme Patientin sein. Im Fachjargon wird das „Compliance" genannt. Patientinnen mit hoher Compliance sind leichter zu handhaben als Personen, die die Entscheidungen und Empfehlungen der Ärzte hinterfragen und selbst aktiv am Geschehen beteiligt sein möchten.

Unbequeme Patientinnen sind meist Menschen, die besonders gut informiert sind. Und um Information ging es mir auch, als ich begonnen habe, mich intensiv mit dem Mutter-Kind-Pass auseinanderzusetzen. Nicht, dass ich von Natur aus gerne unbequem bin, aber ich wollte informiert sein! Und ich finde, dass diese grundlegenden Informationen jeder Frau zustehen sollten, die sich mit dem System der medizinischen Schwangerenvorsorge konfrontiert sieht.

Im vorliegenden Buch habe ich also die Informationen über Ursprung und Inhalt des österreichischen Mutter-Kind-Passes und die gesellschaftliche Bedeutung der medizinischen Schwangerenvorsorge zusammengefasst und kritisch beleuchtet. Der Mutter-Kind-Pass wird immer wieder überarbeitet und erweitert. Es kann also sein, dass inzwischen neue Untersuchungen hinzugekommen oder alte weggefallen sind. Doch am Prinzip ändert sich dadurch nichts.

Ich zeige außerdem auf, dass es auch Alternativen gäbe, die keine negativen Auswirkungen auf die Gesundheit von Mutter und Kind haben und gleichzeitig für die Gesellschaft viel kostengünstiger ausfallen würden. Dieses Buch ist genauso relevant für Frauen in anderen deutschsprachigen Ländern, insbesondere in Deutschland (Mutterpass), denn obwohl die Sanktionen bei Verweigerung der Vorsorgeangebote ausfallen, ist das Kontrollprinzip doch das gleiche.

Die Intention hinter diesem Buch ist dabei nicht, jegliche medizinische Untersuchung und jedes Angebot, das die Medizin den schwangeren Frauen macht, zu verdammen. Doch es muss den werdenden Müttern klar aufgezeigt werden, dass es auch andere Wege und Möglichkeiten gibt. In manchen Fällen ist medizinische Unterstützung durchaus sinnvoll, hin und wieder sogar überlebensnotwendig. In allen anderen Fällen allerdings handelt es sich um unnötige, kostspielige und angstmachende Maßnahmen, die den werdenden Müttern ihre Eigenständigkeit und Eigenmacht absprechen, sie zu einem normierbaren Objekt degradieren, das dann entsprechend behandelt und verwaltet werden kann.

Diese Maßnahmen vermitteln den Frauen das Gefühl, von einer – immer noch männerdominierten – Apparatemedizin abhängig zu sein, und bereiten sie so bestmöglich auf eine interventionsreiche, schmerzhafte Geburt vor, die ohne medizinische Hilfe nicht bewältigt werden kann. Und dann treten eben diese Ärzte auf, die den Frauen zuvor die Kompetenz, was ihren eigenen Körper und ihre Schwangerschaft betrifft, abgesprochen haben, wundern sich (vielleicht) über die fehlende Gebärkompetenz und „retten" die armen Frauen aus ihrer misslichen Lage.

Vor einiger Zeit ist mir ein Vergleich untergekommen, der es ziemlich genau auf den Punkt bringt: Wir alle sind froh, dass es die Feuerwehr gibt, wenn wir sie brauchen. Aber niemand würde auf die Idee kommen, die Feuerwehr zu rufen, um eine Kerze auszupusten. Dieses Szenario lässt sich ganz leicht auf die Geburt übertragen und betrifft ebenso die Schwangerschaft. Niemand möchte die Medizin abschaffen, niemand spricht den Ärzten ihr Wissen und ihr Können ab, allerdings sollte es nur da eingesetzt werden, wo es auch tatsächlich notwendig ist.

Eine gesunde Schwangere wird ganz gut ohne medizinische Betreuung durch diese aufregende Zeit in ihrem Leben kommen. Manch eine wünscht sich vielleicht eine Hebamme an ihrer Seite, die bei Fragen und Unsicherheiten kontaktiert werden kann. Im Bedarfsfall wird die Hebamme die ihr anvertrauten Frauen zur ärztlichen Abklärung, zur medizinischen Behandlung weiter verweisen. Aber eben nicht jede schwangere Frau braucht diese Art der Aufmerksamkeit auch.

Schwanger zu sein ist zwar ein außergewöhnlicher Zustand im Leben einer Frau, der ihren Körper vor besondere Herausforderungen stellt, aber eine Schwangerschaft an sich ist keine Krankheit. Und wenn wir nicht krank sind, brauchen wir auch keine medizinische Behandlung. „Ja, aber", mögen jetzt viele Fachleute einwenden, „wir überwachen und kontrollieren ja nur, damit wir nichts übersehen und Unheil von Mutter und Kind abwenden!"

Regelmäßige körperliche Kontrollen sollen die Sicherheit von Mutter und Kind gewährleisten. Tun sie aber nicht! Ganz im Gegenteil können sie sogar erheblichen Schaden verursachen, wie im Verlauf des Buches immer wieder gezeigt werden wird. Die permanente und grundlose medizinische Überwachung des mütterlichen Körpers ist ebenso abzulehnen wie die kategorische und ideologisch begründete Verweigerung sämtlicher medizinscher Interventionen.

Eigenständiges Denken und kritisches Hinterfragen sind hingegen vorteilhaft, um individuelle Entscheidungen treffen zu können. Was passt für mich und mein Kind? Was ist in der gegebenen Situation notwendig? Was brauche ich und worauf kann ich verzichten? Die Antworten auf diese Fragen werden von Fall zu Fall, von Frau zu Frau unterschiedlich ausfallen.

Die gesellschaftlichen und rechtlichen Rahmenbedingungen sollten in einer freien und demokratischen Gesellschaft allerdings so gestaltet sein, dass individueller Handlungsspielraum bleibt. In Österreich wird im Zusammenhang mit dem Mutter-Kind-Pass eine Sozialleistung an Gesundheitsuntersuchungen gebunden. Hier wird auf diesen persönlichen Handlungsspielraum durch die Kopplung der Mutter-Kind-Pass-Untersuchungen mit der Auszahlung des Kinderbetreuungsgeldes starker Einfluss ausgeübt. Letztendlich sind es Frauen, auf die der Staat hier zugreifen möchte.

Auch das muss einmal deutlich ausgesprochen werden: Es geht um Frauen, um Frauenleben und Frauenkörper! Es ist der Körper der Frau, der zum Schlachtfeld wird. Es ist der Frauenkörper, über den verfügt wird. Es ist der Frauenkörper, der vermessen, kontrolliert, beurteilt, verurteilt und gegebenenfalls passend gemacht wird. Es ist der weibliche Körper, der manipuliert wird. Die Schwangerenvorsorge wird uns als wohlwollende Leistung von Vater Staat verkauft, der nur das Beste im Sinn hat. Allzu leicht verlieren wir dabei aus den Augen, dass diese Maßnahmen in erster Linie auch der Kontrolle des weiblichen Körpers dienen. Einer Kontrolle, der der männliche Körper nie in einem solchen Ausmaß unterworfen ist. Es gibt keinen Zeitraum im Leben eines gesunden Mannes, der ähnlich stark von Arztbesuchen dominiert ist wie die Zeit der Schwangerschaft im Leben einer Frau.

Diese Form der Manipulation beginnt jedoch schon wesentlich früher: Latente Behandlungsbedürftigkeit und grundlegende Fehlerhaftigkeit werden bereits jungen Mädchen suggeriert. Der erste Frauenarztbesuch findet meist bereits mit Beginn der Pubertät statt. Es geht um die Kontrolle der Menstruation (zu früh, zu spät, zu schmerzhaft, zu kurz, zu lang usw.), Kontrolle der Fruchtbarkeit (Pille, Spirale, Hormonspritze – dass Frauen ihre Fruchtbarkeit auch ganz ohne diese Präparate überwachen können, wird den jungen Frauen verschwiegen, denn dabei verdient niemand etwas), Kontrolle der Schwangerschaft und Geburt bis hin zur Menopause. Und dazwischen bitte mindestens zwei Mal jährlich zur allgemeinen Kontrolle, damit nur ja nichts übersehen wird und die Kasse ordentlich klingelt. Ähnliches ist für den männlichen Körper undenkbar. Für uns Frauen wurde die Gynäkologie erfunden, doch wer geht zum Andrologen?

Nach Auskunft der Österreichischen Ärztekammer sind in Österreich (Stand Oktober 2015) 1.824 Gynäkologen tätig. Demgegenüber stehen 605 Urologen, von denen nur ein geringer Anteil auch als Andrologen tätig ist.

Stellen wir uns doch einmal vor, dass Jungen ab dem ersten Samenerguss zwei Mal jährlich zum Arzt gehen müssten, um das Resultat ihrer Ergüsse auf Leistungsfähigkeit, Menge, Temperatur usw. überprüfen zu lassen. Klingt seltsam, oder? Aber für Mädchen und Frauen ist der regelmäßige Check beim Gynäkologen oder der Gynäkologin eine Selbstverständlichkeit.

Frausein als Krankheit. Schwangerschaft als Krankheit. Wir sind es gewohnt, uns als krankhaft, ungenügend und behandlungsbedürftig zu erleben. Die meisten von uns wurden von Kindheit an in diesem biomedizinischen System sozialisiert. Wir kennen es nicht anders.

Mit gesunden Menschen ist kein Geld zu machen. Doch die Zeit der Schwangerschaft könnte eine gute Gelegenheit sein, um aus diesem System weitgehend auszusteigen. Immerhin geht es nun nicht mehr nur um unsere eigene Gesundheit, um unseren eigenen Körper. Es geht auch und vor allem um das Wohl des Kindes.

Wir sollten selbst die Verantwortung übernehmen und selbst entscheiden, wann und welche Untersuchungen für uns und unsere Kinder notwendig sind.

Meine eigene Geschichte

Ich habe sie gelesen. Ich habe sie alle gelesen. Alle Bücher zu Geburt und Schwangerschaft, die ich finden konnte. Die einen waren hilfreich, die anderen weniger. Auch „Die selbstbestimmte Geburt" von der wunderbaren amerikanischen Hebamme und Trägerin des Right Livelyhood Award (alternativer Nobelpreis) Ina May Gaskin (vgl. GASKIN 2008) habe ich gelesen, nein, wohl eher verschlungen. Und die selbstbestimmte Geburt wurde zu meinem Leitstern, zum Ziel meiner (Geburts-)Träume.

Selbstbestimmt sollte sie sein, meine nächste Geburt. In den buntesten Farben konnte ich mir diese selbstbestimmte Geburt ausmalen, wie es sein würde, aus eigener Kraft und eigenmächtig dieses Kind zur Welt zu bringen, es durch die Kraft und Weisheit meines Körpers in dieses Leben hinein zu gebären.

Die Geburt. Selbstbestimmt. Schön. Aber fehlt da nicht noch etwas? Die selbstbestimmte Geburt als Ziel – ist nicht eigentlich auch der Weg das Ziel? Der Weg zu einer glücklichen und selbstbestimmten Geburt führt über zehn Lunarmonate (ein Mondmonat = 28 Tage) durch die Schwangerschaft. Und wenn ich eine selbstbestimmte Geburt will, was spricht dann gegen eine ebensolche Schwangerschaft? Oder anders gefragt: Wie kann ich selbstbestimmt gebären, wenn ich die Verantwortung für die Schwangerschaft abgegeben habe? Woher soll ich im Moment der Geburt plötzlich den Mut, das Wissen und das Selbstvertrauen nehmen, um meine Interessen und meine Wünsche in meinem Sinn und im Sinn des Kindes durchzusetzen, wenn ich während der Schwangerschaft nichts darüber gelernt habe?

Die Schwangerschaft kann also als eine Art Probezeit, als Phase des Lernens und Reifens, betrachtet werden, um nach einer selbstbestimmten Schwangerschaft auch eine selbstbestimmte Geburt erleben zu können. Selbstbestimmt war meine erste Schwangerschaft nicht, und auch die erste Geburt war alles andere als das. Aber damals wusste ich von all diesen Dingen auch noch nichts, habe mich dem Medizinsystem anvertraut und wurde bitter enttäuscht. Für die zweite Geburt hatte ich dann ganz konkrete Vorstellungen und wusste vor allem eines ganz genau: Wie ich es nicht mehr haben wollte.

In der Zwischenzeit hatte ich mich zu einer richtigen Medizinkritikerin entwickelt, war gegenüber schulmedizinischen Therapieformen und Behandlungsmethoden ebenso skeptisch eingestellt wie gegenüber Krankenhausgeburten mit all ihren medizinischen Interventionsmöglichkeiten, die in Wahrheit eine natürliche Geburt drastisch erschweren und deren Umsetzung zu einem Lotteriespiel verkommen lassen. Im Krankenhaus selbstbestimmt gebären?

Dass das für mich nicht möglich sein würde, war mir schnell klar. Eine Hausgeburt sollte es also sein. So weit, so gut. Doch bis dahin lag noch ein weiter Weg vor mir. Vor mir und dem ungeborenen Kind in meinem Bauch. Ein Weg, der noch eine Menge Herausforderungen an uns stellen sollte. Den medizinischen Überwachungswahn und die daraus resultierenden Risiken konnte ich durch die Planung einer Hausgeburt zumindest bei der Geburt umgehen. Aber wie sollte ich die Schwangerschaft möglichst unbehelligt überstehen?

Eine Hebamme musste her! Diese war auch schnell gefunden, Hausgeburt und Betreuung in der Schwangerschaft vereinbart und eigentlich alles in bester Ordnung, wären da nicht die – aus meiner Erinnerung an die ersten Schwangerschaft – unzähligen Arztbesuche, die mir in den nächsten Wochen und Monaten bevorstehen würden. Nach der Hebammensuche habe ich mich also mit der Frauenarztsuche beschäftigt. Oder besser gesagt, mit der Frauenärztinnensuche, denn dass ich diesmal nicht wollte, dass ein fremder Mann über meinen Körper bestimmen würde, war mir schnell klar. Doch wo finden, wenn nicht stehlen?

Meine Freundinnen waren diesbezüglich keine große Hilfe. Jede hatte zwar irgendeinen Arzt oder eine Ärztin vorzuweisen, doch eine wirklich gute Empfehlung konnte keine abgeben. Irgendwie waren die wenigsten wirklich zufrieden mit dem Angebot bzw. stellte sich nach kurzem Nachfragen sehr schnell heraus, dass die betreffende Ärztin für mich nicht in Frage kommen würde.

Routineultraschall bei jedem Termin? Haufenweise Nahrungsergänzungs-mittel „zur Vorbeugung"? Endlose Diskussionen wegen der geplanten Hausgeburt, die ja für viele Vertreter und Vertreterinnen des Ärztestandes nach wie vor und fälschlicherweise als gefährlich und verantwortungslos bezeichnet wird?

All diese und viele weitere zu erwartende Hürden und Hindernisse wollte ich durch die richtige Wahl der Ärztin bereits im Vorfeld aus dem Weg räumen. Also habe ich mich durch die Weiten des World Wide Web ge-kämpft, um auf diesem Weg die für mich und mein Baby passende Ärztin zu finden. In Artikeln und einschlägigen Foren bin ich fündig geworden. Besagte Ärztinnen – um ehrlich zu sein, es war sogar ein männlicher Arzt dabei, den ich in meiner fortschreitenden Verzweiflung ernsthaft in Erwä-gung gezogen habe – waren aber alle bereits auf Monate ausgebucht bzw. waren wegen Überbelagerung durch Patientinnen nicht in der Lage, eine weitere aufzunehmen. Lediglich Kinder von Patientinnen würden noch aufgenommen, hieß es einmal.

Es trifft auf die passende Frauenärztin das zu, was über das Erreichen einer guten beruflichen Position gesagt wird: Du musst die passenden Leute kennen oder – wie in diesem Fall – mit ihnen verwandt sein. Da ich also weder Großmutter, noch Mutter, nicht mal Tante oder Cousine hatte, die bereits auf eine lange Karriere als Patientin in dieser Ordination ver-weisen konnten, ging meine Suche weiter. Außerdem drängte die Zeit – zumindest scheinbar! Ich wusste zwar mit Sicherheit, dass ich schwanger war, doch die ärztliche Bestätigung für diesen Zustand stand noch aus.

Wie oft hörte ich auf meine freudige Verkündigung der Tatsache meiner Schwangerschaft: Und, warst du schon beim Arzt? So als würde erst durch den Arztbesuch das real werden, was ich ohnehin schon wusste! Ich war also ganz heiß darauf, von einer Ärztin, meinetwegen auch von einem Arzt, einen Stempel zu bekommen, der mir und der ganzen Welt meine Schwangerschaft bestätigen würde. Nie mehr ein verschämtes: Nein, war ich noch nicht, aber ....

In der Zwischenzeit war ich zu dem Entschluss gekommen, dass wohl eine Privatärztin die richtige Alternative für mich sei. Immerhin – so meine naive Vorstellung – würde diese Person von mir, mit meinem Geld für eine Dienstleistung bezahlt, und daher könnte ich über den Umfang dieser Leistung mitentscheiden. Im Internet habe ich also unzählige Homepages studiert und bei einigen wenigen Ärztinnen, die mir sympathisch erschienen, habe ich auch angerufen. Gleich beim ersten Telefonat habe ich darauf hingewiesen, dass ich nur die für die Ausbezahlung des Kinderbetreuungsgeldes notwendigen Untersuchungen durchführen lassen möchte, und gefragt, ob diese Art der Betreuung für die betreffende Ärztin in Frage käme.

Eine Ärztin hat dann auch zugestimmt, und so habe ich mir einen Termin geben lassen. Eigentlich wollte ich erst so um die 15. Woche den ersten Termin, habe mich dann (auch in Hinblick auf den sehnlichst erhofften Stempel, der mir meine Schwangerschaft gegenüber der allgemeinen Öffentlichkeit bestätigen würde) aber überreden lassen, früher zu kommen – unter der Bedingung, dass diese Untersuchung bereits als erste Mutter-Kind-Pass-Untersuchung Berücksichtigung finden würde. Die angebotene Erstuntersuchung wollte ich nicht.

Mittlerweile in Schwangerschaftswoche 8 angelangt, pilgerte ich also – in der Annahme, meinen Willen mehr oder weniger durchgesetzt zu haben – zur ersten Mutter-Kind-Pass-Untersuchung. 130 Euro Bargeld hatte ich in der Tasche, die mich der Besuch in der Privatpraxis kosten würde.

Ein offensichtlich nicht zu unterschätzender Vorteil der Privatordination: verlässliche Termine. Es erwartete mich keine ein- bis eineinhalbstündige Wartezeit, sondern lediglich einige Minuten im schick eingerichteten und gepflegten Wartezimmer. Dann wurde ich bereits in den Behandlungsraum gebeten. Ebenfalls alles äußerst geschmackvoll, schick und, was das medizinische Equipment betrifft, vor allem auf dem technisch neuesten Stand eingerichtet.

Doch was dann folgte, war die pure Ernüchterung. Nämlich die Offenbarung, dass ich ohne Ultraschall meinen ersehnten Mutter-Kind-Pass nicht bekommen würde. Frau Doktor konnte die Schwangerschaft anders nicht feststellen, und außerdem mochte sie sich für die Berechnung des Geburtstermins nicht auf meine alleinigen Aussagen verlassen.

Was sollte ich tun? Einen für mich – und übrigens auch für den Mutter-Kind-Pass – unnötigen Vaginalultraschall durchführen lassen oder umsonst 130 Euro bezahlen und ohne Mutter-Kind-Pass wieder nach Hause gehen? Geld regiert die Welt, also Augen zu und durch! Nach der für mich sehr unangenehmen Untersuchung verkündete mir die Frauenärztin stolz den erwarteten Geburtstermin. Und welch Überraschung: Dieses Datum hatte auch ich bereits im Vorfeld errechnet, und zwar ohne diese unnötige Untersuchung.

Warum ich ein weiteres Mal in diese Ordination gegangen bin? Vielleicht könnte man mich als vorsichtig optimistisch bezeichnen oder vielleicht lag der Grund einfach in der nach wie vor fehlenden Alternative. Die empfohlene Nackenfaltenmessung konnte ich verhindern, nicht jedoch ohne darüber „aufgeklärt" werden zu müssen, dass diese Untersuchung für die Gesundheit meines Kindes von Bedeutung sei und sie als Medizinerin keinerlei Verantwortung (für was auch immer) übernehmen könne. Machte nichts, die übernahm als Bauchbesitzerin ja sowieso ich.

Bei der nächsten verpflichtenden Untersuchung gab es dann, wie bereits erwartet, eine rege Diskussion über die Sinnhaftigkeit des oGTT, also des Zuckerbelastungstests. Zum Zeitpunkt der Untersuchung war dieser Test seit wenigen Wochen für alle schwangeren Frauen verpflichtend. Ich hatte mich im Vorfeld grundlegend darüber informiert und war der Meinung, dass dieser Test für mich und mein Kind nicht notwendig sei.

Aber meine Ärztin war da natürlich anderer Meinung. Ich konnte mir anhören, dass sich die Experten (offensichtlich besonders fürsorgliche Männer) ja etwas dabei gedacht hatten, als sie diese Zwangsbeglückung für die allgemeine Masse der schwangeren Frauen beschlossen hatten. Und auch die Geschichte einer Frau, die gertenschlank in die Praxis kam, deren Test komplett unauffällig gewesen war und die trotzdem am Ende der Schwangerschaft (also erst lange nach dem Zwangstest) einen Diabetes entwickelt hatte, bekam ich zu hören.

Ich fragte in leicht sarkastischem Ton, wie dann trotzdem entdeckt worden sei, dass mit der guten Frau etwas nicht stimmte. Und offenbar wurde der Frauenärztin in diesem Moment klar, dass sie mir mit ihrer Angstmachgeschichte eigentlich ein Argument gegen die Sinnhaftigkeit dieses Tests geliefert hatte, denn als Antwort bekam ich zu hören: „Ich diskutiere nicht mit Ihnen!"

Immerhin konnten wir uns dann doch darauf einigen, dass sie mir den oGTT zwar ans Herz legte, ich ihn aber nicht machen musste und trotzdem den Stempel in den Mutter-Kind-Pass bekommen würde. Ich dachte: Fein, her damit und auf Nimmerwiedersehen.

Doch falsch gedacht: Frau Doktor hatte noch einen Trumpf im Ärmel. Nachdem mir mehr als deutlich das Gefühl vermittelt worden war, verantwortungslos zu handeln, wurde ich mit der Tatsache konfrontiert, dass jetzt wieder ein Ultraschall anstehen würde. Sehr zuversichtlich, diesen umgehen zu können, weil selbst laut Mutter-Kind-Pass-Verordnung erst wieder bei der nächsten Untersuchung ein von der Krankenkasse bezahlter Ultraschall auf dem Plan stand, sagte ich laut und deutlich: „Nein!" Und damit war der Kampf offenbar erst richtig eröffnet.

Schamlos nutzte die Ärztin aus, dass ich sie privat bezahlen musste. Ihre im Falle einer Verweigerung meinerseits kostspielige Alternative lautete daher: Entweder Ultraschall oder kein Stempel in den MKP. Ich versuchte, ihr klarzumachen, dass ich mit absoluter Sicherheit wusste, dass ich zu diesem Ultraschall nicht verpflichtet werden konnte. Aber ich hatte die Rechnung ohne meine Ärztin gemacht: Sie sei verpflichtet, so entgegnete sie mir, zu kontrollieren, ob das Kind noch lebe.

In diesem Moment ging es wohl nur noch um Macht und Kontrolle, denn ich versicherte ihr mehrmals, dass mein Kind noch lebe. Schließlich trat und boxte das Kind in meinem Bauch ständig und war inzwischen ähnlich in Rage wie ich selbst. Hätte die Medizinerin auch nur ein Mal ihre Hand auf meinen Bauch gelegt, hätte sie die kräftigen Kindsbewegungen spüren können.

Entnervt gab ich auf. Die Frauenärztin bestand auf ihr technisches Diagnosegerät und demonstrierte mir – und wahrscheinlich vor allem sich selbst – ihre Macht über meinen Körper mit einem 3-Sekunden-Ultraschall: „Alles in Ordnung, Kind lebt!", lautete der wenig überraschende

Befund. Die Sache mit dem Vertrauensverhältnis zwischen Ärztin und Patientin hatte sich komplett erledigt. Das war daher auch mein letzter Besuch in dieser Praxis. Irgendwo musste es doch eine menschliche und einfühlsame Ärztin geben, die nicht an ihre fachlichen Grenzen stoßen würde, wenn man ihr den Gynäkologenstuhl und das Ultraschallgerät wegnähme, hoffte ich insgeheim.

Und tatsächlich: Ich habe diese Ärztin dann doch noch gefunden und die restlichen für den Bezug des Kinderbetreuungsgeldes verpflichtenden Untersuchungen bei ihr durchführen lassen. Einer praktischen Ärztin, die nicht nur selbst Hausgeburtsmutter ist, sondern auch für ihre Patientinnen individuell passende und alternative Lösungen sucht. Meine zweite Schwangerschaft verlief insgesamt zwar ohne größere Probleme, und ich habe weniger Untersuchungen über mich ergehen lassen als in der ersten, doch die negativen Erfahrungen mit der Privatärztin und der damit verbundene psychische Stress haben mich zum Nachdenken angeregt.

Das Gefühl, nicht selbst über meinen Körper bestimmen zu können, kannte ich nur zu gut von der ersten Geburtserfahrung im Krankenhaus. Und dieses Gefühl hatte sich bei den verpflichtenden Untersuchungen während der zweiten Schwangerschaft wiederholt. Doch ich wollte mich nicht wieder ausgeliefert fühlen und hatte für mich einen Zusammenhang zwischen dem Aufgeben der Autorität über meinen Körper während der Schwangerschaft und dem Ausgeliefertsein während der Geburt erkannt.

Daher beschloss ich, dass nur ich die Expertin für meinen Körper war. Schließlich wollte ich selbstbestimmt gebären! Ich lebe in diesem Körper. Ich weiß, wie sich mein Körper anfühlt, und ich weiß auch, wenn etwas nicht stimmt. Dann – und nur dann – bin ich froh und dankbar über die Möglichkeiten der modernen Schulmedizin sowie ihre technisch hochentwickelten Diagnose- und Therapiemöglichkeiten.

Nach dem geheimen Pakt mit meinem Körper habe ich sie übrigens noch bekommen, meine selbstbestimmte Geburt. Daheim in vertrauter Umgebung, mit meiner eigenen Hebamme, meiner eigenen Doula, meinem eigenen Mann als einzigem Mann in diesem Geschehen und meiner älteren Tochter an meiner Seite war es mir möglich, nach meinen eigenen Vorstellungen, in meinem eigenen Rhythmus und im perfekten Zusammenspiel zwischen meinem Baby und meinem Körper zu gebären.

In jener Nacht war ich die Königin. Alles hat sich an mir und meinem Befinden orientiert. Alle haben ihr Bestmögliches getan (und das war manchmal einfach nur, still in der Ecke zu sitzen), um mir den Raum und die Zeit zu geben, als Tor zwischen den Welten zu fungieren und diesem kleinen Geschöpf dabei zu helfen, ins Leben geboren zu werden. Heilsam war sie, kraftvoll und bewegend, meine selbstbestimmte Geburt.

Heute bin ich der Meinung, jede Frau sollte die Möglichkeit haben, aus ihrer eigenen Kraft heraus in Würde gebären zu können. Die Bedingungen dafür müssen sich Frauen aber selbst schaffen, und der Weg zu einer selbstbestimmten Geburt führt über eine selbstbestimmte Schwangerschaft. Zumindest kann sich eine Frau bereits während der Schwangerschaft in Eigenverantwortlichkeit, Selbstbestimmtheit und Eigenmacht üben. So fällt es ihr bei der Geburt leichter, wie selbstverständlich in ihrer ganzen Kraft zu stehen und genau die Geburt zu durchleben, die sie sich für sich und ihr Baby wünscht.

Vater Staat und die werdenden Mütter

D er Mutter-Kind-Pass ist für viele werdende Mamas zur Selbstverständlichkeit geworden. Auch ich habe das Dokument bei meiner ersten Schwangerschaft nicht in Frage gestellt, sondern mich darüber gefreut, dass der Staat die Kosten der Vorsorgeuntersuchungen für mich übernimmt.

Bei genauerer Betrachtung stellt sich jedoch heraus, dass Vater Staat uns Mütter mit diesem „Angebot" ziemlich unter Druck setzt und gleichzeitig die Sinnhaftigkeit dieser Maßnahme äußerst zweifelhaft ist. Durch den Mutter-Kind-Pass ist nicht die Mortalität gesunken (dieser Abwärtstrend hat schon viel früher eingesetzt), stattdessen steigt seit seiner Einführung die Rate an entbehrlichen Interventionen, gewaltvollen Geburten und unnötigen Kaiserschnitten beständig.

Es stellt sich also die Frage, wem Vater Staat hier einen Gefallen tut. Wer profitiert wirklich vom Schwangerenvorsorgeprogramm? Ist der Mutter-Kind-Pass wirklich nützlich – oder in Wahrheit doch schädlich?

1974 bis heute

Es war im Jahr 1974, also ein Jahrzehnt nach der Einführung des Mutterpasses in Deutschland, als die österreichische Regierung sich dazu entschloss, die weiblichen Staatsbürgerinnen und ihre ungeborenen Kinder mit einem ganz besonderen Service zu beglücken: Der Mutter-Kind-Pass wurde ins Leben gerufen. Das 1972 neu gegründete Ministerium für Gesundheit und Umweltschutz unter der Leitung von Ministerin Ingrid Leodolter förderte einige Aktivitäten und Initiativen, welche die bis dahin immer noch relativ hohe Mütter- und Säuglingssterblichkeit weiter reduzieren sollten. So wurde beispielsweise auch die Implementierung von Abteilungen für Geburtshilfe und Gynäkologie forciert, da bis zu diesem Zeitpunkt die Entbindungen in den chirurgischen Abteilungen stattgefunden hatten.

Die Vorsorgeuntersuchungen waren bei den Schwangeren ungleich verteilt, und die meisten Frauen hatten nur wenige Kontrollen. Die ärztliche

Überwachung einer Schwangerschaft war also nicht nur minimal, sondern darüber hinaus auch uneinheitlich, wie dem Symposiumsbericht 40 Jahre Mutter-Kind-Pass der Bundeskurie Niedergelassene Ärzte zu entnehmen ist (vgl. BANCHER-TODESCA 2014).

Mit Einführung des Mutter-Kind-Passes wurde die medizinische Schwangeren-Betreuung vereinheitlicht, womit nicht zuletzt eine flächendeckende Überwachung der Schwangerschaften erreicht werden sollte. Außerdem wären im Fall der Einlieferung einer nicht ansprechbaren schwangeren Frau ins Krankenhaus (beispielsweise nach einem Unfall) Daten zur Schwangerschaft schnell verfügbar, wenn sie den Pass zum Zeitpunkt der Einlieferung bei sich hat.

Die durchschnittliche Anzahl an Arztbesuchen wurde von zwei auf vier erhöht, und auch finanziell wirkte sich die neu erdachte Überwachung aus. Wer den Mutter-Kind-Pass vorlegen konnte, bekam mehr Geld, die sogenannte „erhöhte Geburtenbeihilfe", insgesamt 16.000 Schilling (umgerechnet 1.162 Euro). Durch diesen finanziellen Anreiz wurde, was die vorgeschriebenen Untersuchungen an Schwangeren angeht, beinahe eine Inanspruchnahme von 100 Prozent erreicht.

Ursprünglich war der Mutter-Kind-Pass im Format DIN A5 übrigens deutlich größer, als er es heute ist. Die Daten wurden mit einem Durchschlagpapier erfasst, das an das Ministerium übermittelt werden sollte. Allerdings fanden lediglich neun Prozent der Durchschlagpapiere ihren Weg ins Ministerium. Ausgewertet wurde offenbar kein einziges davon. Daher nahm man von dieser Idee wieder Abstand und entschied sich für die Einführung des kleineren Passformats (vgl. LEODOLTER 2014).

Wie aus einer Untersuchung des Ludwig Boltzmann Instituts für Health Technology Assessment mit dem Titel „Mutter-Kind-Pass. Ein internationaler Vergleich zu den Untersuchungen an schwangeren Frauen" hervorgeht, umfasste das Programm im Jahr 1974 vier Schwangerenuntersuchungen, eine internistische Untersuchung, zwei Laboruntersuchungen (Blutgruppe, Rhesusfaktor, Hämoglobin, Hämatokrit, Lues-Reaktion, Untersuchung auf Toxoplasmose) und eine Untersuchung des Neugeborenen in der ersten Lebenswoche. Der Mutter-Kind-Pass beinhaltete zu diesem Zeitpunkt also insgesamt acht Untersuchungen, sieben davon betrafen die schwangere Frau, eine das Neugeborene.

Im Laufe der Zeit wurde die Anzahl der Untersuchungen ständig erweitert: 1975 waren es insgesamt bereits 12 Untersuchungen, 1987 war die Anzahl auf 19 Untersuchungen angestiegen, die meisten davon betrafen das Kind. Im selben Jahr wurden eine fünfte Schwangerenuntersuchung in der 30.–34. Schwangerschaftswoche und zwei Ultraschalluntersuchungen in der 16.–20. und 30.–34. Schwangerschaftswoche eingeführt. 1992 wurde das bisherige Laborprogramm um eine Hepatitis-B-Antigenuntersuchung erweitert. 2002 kam eine weitere Untersuchung des Kindes dazu, und die erste Ultraschalluntersuchung wurde von der 16.–20. auf die 18.–22. Schwangerschaftswoche verlegt (vgl. ABUZAHRA 2009).

Mit der Abschaffung der in den Anfangsjahren des Mutter-Kind-Passes ausbezahlten erhöhten Geburtenbeihilfe kam es zu einem dramatischen Abfall der Arztbesuche, und die Mutter-Kind-Pass-Untersuchungen wurden von einer großen Anzahl von Frauen nicht mehr in Anspruch genommen. Daher wurde im Jahr 1997 der sogenannte Mutter-Kind-Pass-Bonus in Höhe von umgerechnet 145,40 Euro eingeführt (vgl. BANCHER-TODESCA 2014). Dieser Betrag wurde unter bestimmten Voraussetzungen (Familieneinkommen usw.) einmalig ausbezahlt, wenn die Mutter die vorgesehenen Untersuchungen im Rahmen des Mutter-Kind-Passes fristgerecht hatte durchführen lassen.

Ab 2002 wurde der finanzielle Anreiz über das Kinderbetreuungsgeld geregelt. Mit der Mutter-Kind-Pass-Verordnung des Jahres 2002 kam es zu einer Kopplung der nachzuweisenden Untersuchungen an die Auszahlung beziehungsweise vollständige Auszahlung des Kinderbetreuungsgeldes. Trotzdem zeigt sich anhand der Daten des Hauptverbandes der Österreichischen Sozialversicherungsträger, dass es allgemein zu einem Rückgang der Inanspruchnahme der Mutter-Kind-Pass-Untersuchungen im Zeitraum 2002 bis 2007 kam.

Zusätzlich lässt sich ablesen, dass sich die Anzahl der Untersuchungen von der ersten bis zur letzten innerhalb eines Jahres verringerte. Vermutlich waren hier vor allem Fehlgeburten und Schwangerschaftsabbrüche sowie mögliche Wechsel in die Betreuung zu einer Wahlärztin oder einem Wahlarzt ausschlaggebend, da diese nicht in die Datenerfassung einbezogen wurden.

Auffallend ist jedoch, dass die internistische Untersuchung, die in der 17.–20. Schwangerschaftswoche vorgesehen ist, weitaus weniger in Anspruch genommen wird als die im gleichen Zeitraum stattfindende Ultraschalluntersuchung (vgl. BM FÜR GESUNDHEIT 2009).

Säuglingssterblichkeit

Laut OECD-Definition (Organisation für wirtschaftliche Zusammenarbeit und Entwicklung mit 34 Mitgliedsstaaten, die überwiegend ein hohes Pro-Kopf-Einkommen aufweisen) entspricht die Säuglingssterblichkeit der Zahl der Todesfälle bei Kindern unter einem Lebensjahr in einem bestimmten Jahr je 1.000 Lebendgeburten. Diese Definition gilt auch für Österreich.

Internationale Unterschiede bei den Daten zur Säuglingssterblichkeit ergeben sich – zumindest teilweise – aus Differenzen in Bezug auf die Erfassungsmethoden für Frühgeburten. Es gibt überwiegend keine einheitlichen Grenzwerte betreffend Schwangerschaftsdauer oder Geburtsgewicht für die Meldung von Sterbefällen.

In einzelnen Ländern wie Norwegen (Schwangerschaftsdauer muss für die Erfassung als Todesfall mehr als 12 Wochen betragen haben), der Tschechischen Republik, Frankreich, den Niederlanden und Polen (Schwangerschaftsdauer von mindestens 22 Wochen oder Gewicht von mindestens 500 Gramm) gibt es solche Grenzwerte, was Einfluss auf die Sterberaten hat (vgl. OECD 2011).

In Österreich gilt ein Kind dann als totgeboren oder unter der Geburt verstorben, wenn „es ein Geburtsgewicht von mindestens 500 Gramm aufweist" (MAGISTRATSABTEILUNG 26 2016).

In den meisten OECD-Ländern ist die Säuglingssterblichkeit niedrig, der Durchschnitt betrug 2009 4,4 Promille. Einen Höchststand von 13 bzw. 15 Todesfällen je 1.000 Lebendgeburten verzeichnen die Türkei und Mexiko. Auch die Vereinigten Staaten und Chile weisen relativ hohe Säuglingssterblichkeitsraten von sechs oder mehr Todesfällen je 1.000 Lebendgeburten auf (vgl. OECD 2009).

Etwa zwei Drittel der im ersten Lebensjahr eintretenden Todesfälle sind neonatale Todesfälle, das heißt, sie treten in den ersten vier Lebenswochen ein. In den Industrieländern sind es vor allem geburtshilfliche Fehler und Geburtskomplikationen, Frühgeburten und andere während der Schwangerschaft auftretenden Komplikationen, die zur neonatalen Sterblichkeit beitragen.

Obwohl weithin die schlechte medizinische Versorgung (z. B. in wenig entwickelten Ländern des Südens) für die Säuglingssterblichkeit verantwortlich gemacht wird, sind es vor allem sozioökonomische Gegebenheiten – wie ausreichende Ernährung und Hygiene, gesteigertes Gesundheitsbewusstsein und ein Leben abseits von Krieg –, welche die günstigen Entwicklungen verursacht haben. Daneben kommt es vor allem in Industrieländern zu einer wachsenden Zahl von Frauen, die sich erst relativ spät für eine Mutterschaft entscheiden.

Damit einhergehend steigt auch die Zahl der Fruchtbarkeitsbehandlungen und künstlichen Befruchtungen, die oftmals Mehrlingsschwangerschaften zur Folge haben. Es kommt also vermehrt zu Schwangerschaften, die mit erhöhten Belastungsfaktoren für Mutter und Kind verbunden sind und Auswirkungen auf Schwangerschaftsverlauf und -dauer haben können.

Weiters ist zu beobachten, dass die Anzahl der Frühgeburten steigt. In einigen Hocheinkommensländern hat dieser Umstand in den letzten Jahren zu einer Stagnation des bis dato rückläufigen Trends bei der Säuglingssterblichkeit geführt (vgl. OECD 2011).

Müttersterblichkeit

Die Weltgesundheitsorganisation (WHO) definiert Müttersterblichkeit als Tod einer Frau während der Schwangerschaft oder bis maximal 42 Tage nach Beendigung der Schwangerschaft, und zwar unabhängig von der Dauer der Schwangerschaft. Ursache für den Tod der Frau müssen dabei die Schwangerschaft selbst beziehungsweise jene Behandlungen sein, die in direktem Zusammenhang mit der Schwangerschaft stehen oder durch diese verschlechtert wurden. Todesfälle von Schwangeren, die Unfällen oder anderen zufälligen Ereignissen geschuldet sind, werden in dieser Statistik nicht erfasst (vgl. WHO 2014).

Die Müttersterblichkeitsrate hat sich in den letzten 20 Jahren weltweit beinahe halbiert (vgl. UNICEF 2012). Um die Müttersterblichkeit zu senken, reicht eine flächendeckende medizinische Versorgung allein allerdings nicht aus.

In Ländern, in denen die grundlegende Situation der Frauen äußerst prekär ist, diese nur wenige Rechte haben, von Bildung ausgeschlossen und körperlichen Übergriffen ausgesetzt sind, ist das Risiko für Frauen, während oder unmittelbar nach Schwangerschaft und Geburt zu sterben, besonders hoch (z.B. in Afghanistan, Bangladesch, Mali, Sierra Leone, Somalia, Äthiopien, Nordsudan, Jemen, Angola). Hierzu gehören auch soziokulturelle Phänomene wie die Kinderhochzeit, denn Mädchen unter 15 Jahren haben das höchste Risiko, an einer Schwangerschaft, bei der Geburt oder an ihren Folgen zu sterben.

Auch die nach wie vor leider sehr weit verbreitete Genitalverstümmelung hat Einfluss auf die Sterblichkeitsraten von Müttern. Darüber hinaus zählen unsachgemäß durchgeführte Schwangerschaftsabbrüche zu den häufigsten Todesursachen von Müttern (vgl. WHO 2014).

Bemerkenswert ist auch die Tatsache, dass die Müttersterblichkeit selbst in einzelnen Industrieländern seit einigen Jahren wieder steigt. Die USA sind ein trauriges Beispiel für diese Entwicklung. Hier kommt es bereits seit 1998 zu einem Anstieg der Müttersterblichkeit. Hohe Kaiserschnittraten von durchschnittlich über 40 Prozent, hohe PDA-Raten von über 80 Prozent und eine allgemein schlechte Versorgung der Frauen während oder unmittelbar nach der Geburt (z. B. fehlende Eins-zu-eins-Betreuung) werden für diesen Trend verantwortlich gemacht (vgl. AMNESTY INTERNATIONAL 2011).

Senkt der Mutter-Kind-Pass die Sterblichkeit?

In der Tat gingen Mütter- und Säuglingssterblichkeit seit Einführung des Mutter-Kind-Passes im Laufe der Jahre deutlich zurück. Es ist daher wenig verwunderlich, dass der Mutter-Kind-Pass auch gerne als „Erfolgsgeschichte" bezeichnet wird.

Dieser Erfolg relativiert sich allerdings, wenn auch die statistischen Daten zur Mütter- und Säuglingssterblichkeit aus den Jahren VOR der Einfüh-

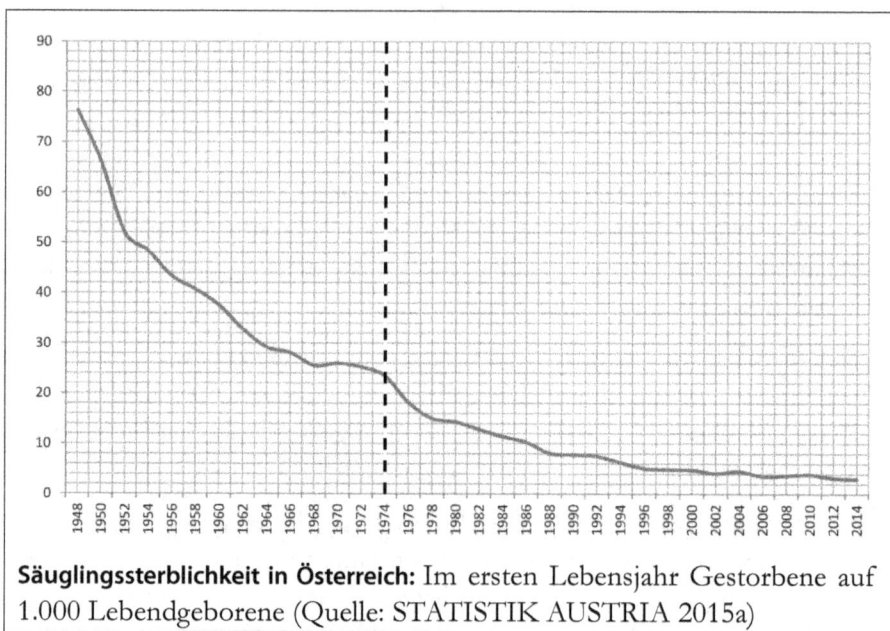

Säuglingssterblichkeit in Österreich: Im ersten Lebensjahr Gestorbene auf 1.000 Lebendgeborene (Quelle: STATISTIK AUSTRIA 2015a)

rung des Mutter-Kind-Passes im Jahr 1974 herangezogen werden. Die Statistik Austria hat die entsprechenden Zahlen seit 1946 veröffentlicht (vgl. STATISTIK AUSTRIA 2007, 2015a, 2015b und 2015c).

Hier zeigt sich, dass bereits seit Beginn der Aufzeichnungen nach Kriegsende die Säuglingssterblichkeit kontinuierlich gesunken ist, also bereits lange vor Einführung der flächendeckenden ärztlichen Kontrolle der Schwangeren. Vor allem in den ersten Jahren der statistischen Aufzeichnungen fällt die Säuglingssterblichkeit auffallend rasch. Seitdem sank sie, unabhängig von einer medizinisch überwachten Schwangerenvorsorge, weiter und weiter (vgl. STATISTIK AUSTRIA 2015a).

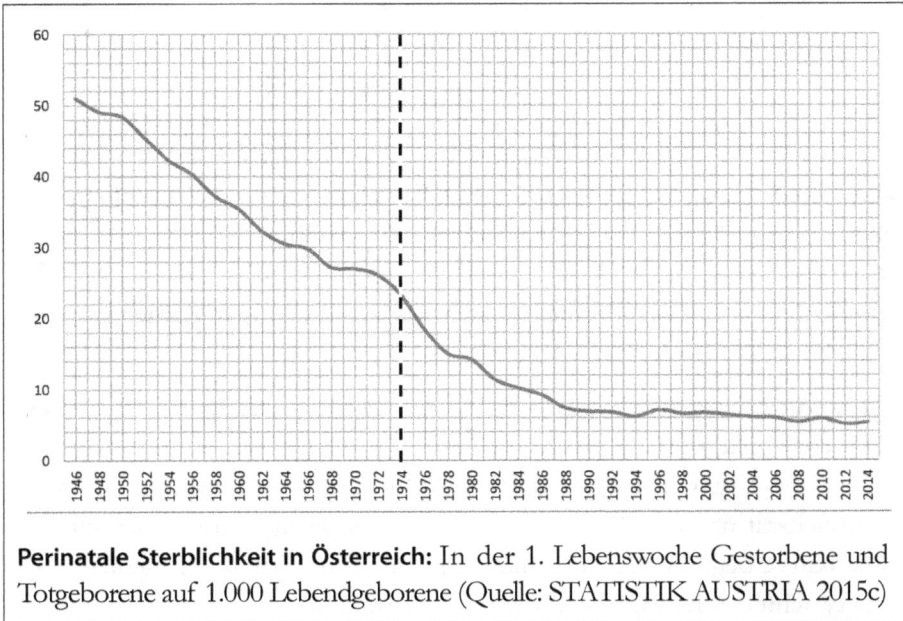

Perinatale Sterblichkeit in Österreich: In der 1. Lebenswoche Gestorbene und Totgeborene auf 1.000 Lebendgeborene (Quelle: STATISTIK AUSTRIA 2015c)

Laut Experten ist auch die perinatale Sterblichkeit von Bedeutung. Diese gibt die Anzahl der kindlichen Todesfälle bis zum siebenten Tag nach der Geburt an, Totgeburten werden miteinbezogen. Auch hier zeigt sich anhand der Aufzeichnung der Statistik Austria, dass es bereits lange vor

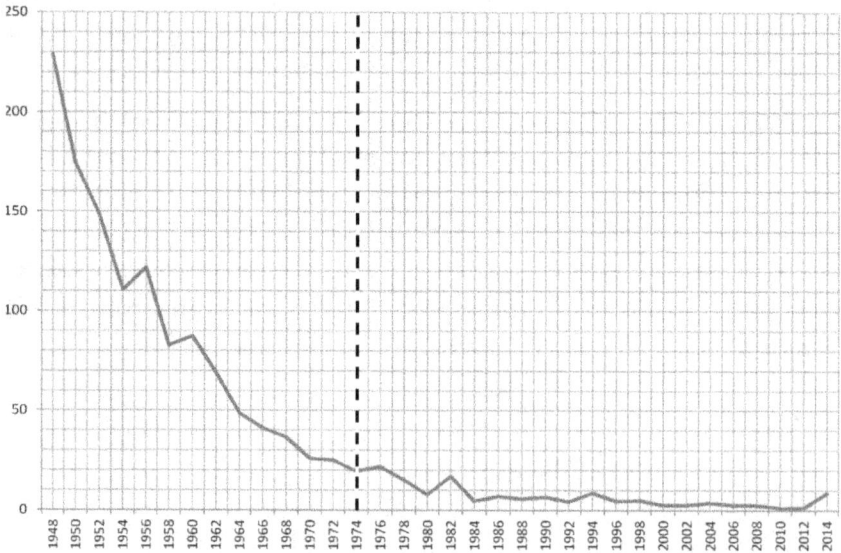

Müttersterblichkeit in Österreich: Sterbefälle insgesamt auf 100.000 Lebendgeborene (Quelle: STATISTIK AUSTRIA 2007, 2015b)

Implementierung des Mutter-Kind-Passes zu rückläufigen Zahlen kommt
(vgl. STATISTIK AUSTRIA 2015c).

Auch zur Müttersterblichkeit sind Zahlen seit 1946 verfügbar. Hier zeigt
sich ein ähnliches Bild, denn bereits lange vor Einführung der Mutter-
Kind-Pass-Untersuchungen sind die Zahlen rückläufig und die Müttersterblichkeit nahm in Folge weiter mehr oder weniger kontinuierlich ab.
Die Kurve beginnt also auch hier lange vor Einführung der medizinisch
überwachten Schwangerschaft rapide abzusinken.

Die geringere Mütter- und Säuglingssterblichkeit hat also nicht in erster
Linie mit den unzähligen Untersuchungen zu tun, die seit Einführung der
flächendeckendenden Schwangerenvorsorge durchgeführt wurden, sondern kann vor allem mit den bereits angesprochenen sozioökonomischen
Faktoren und dem technischen wie medizinischen Fortschritt begründet
werden.

Ein weiterer interessanter Punkt ist die Tatsache, dass in den Anfangsjahren des Mutter-Kind-Passes beinahe 100 Prozent der werdenden Mütter das Angebot der ärztlichen Kontrollen in Anspruch genommen haben (vgl. LEODOLTER 2014). Heute sind die offiziell zugänglichen Zahlen der Inanspruchnahme geringer (vgl. ABUZAHRA 2009). Trotzdem sind die Zahlen zur Säuglings- und Müttersterblichkeit nicht gestiegen. Die niedrigen Sterberaten müssen also andere Ursachen haben. Die wirtschaftlichen und sozialen Bedingungen von Müttern und ihren Neugeborenen spielen in Hinblick auf die Säuglingssterblichkeit ebenso eine Rolle wie das soziale Umfeld, der individuelle Lebensstil und Merkmale des Gesundheitssystems (z.B. Zugang zum Medizinsystem).

Da viele Faktoren Einfluss auf die Säuglingssterblichkeit haben, führt eine Steigerung der Gesundheitsausgaben nicht zwangsläufig zu einer Verbesserung der Ergebnisse in diesem Bereich. Das zeigt auch die Tatsache, dass in einigen Ländern einerseits eine niedrige Säuglingssterblichkeit besteht und gleichzeitig ein vergleichsweise niedriges Niveau der Ausgaben im Gesundheitsbereich zu bemerken ist (vgl. OECD 2011).

In Finnland sind beispielsweise nur zwei Vorsorgeuntersuchungen während der Schwangerschaft vorgesehen, gleichzeitig gehört Finnland zu den Ländern mit den niedrigsten Säuglingssterblichkeitsraten (vgl. OECD 2011 und ABUZAHRA 2009).

Wir sind heute mittlerweile an einem Punkt angelangt, an dem prä- und perinatale Sterblichkeit sowie Säuglingssterblichkeit kaum noch reduziert werden können. Die Anzahl der Frühgeborenen und Neugeborenen mit sehr geringem Geburtsgewicht steigt jedoch an und lag im Jahr 2012 in Österreich bei 8,3 Prozent. Dafür verantwortlich gemacht werden, wie bereits erwähnt, vor allem das zunehmende Alter der Gebärenden, ein hoher Anteil an Frauen mit Grunderkrankungen, die mit Hilfe moderner Medizintechnologien trotzdem schwanger werden, und die ebenfalls steigende Zahl an Fruchtbarkeitsbehandlungen, die häufig Mehrlingsschwangerschaften zur Folge haben, welche wiederum auffallend oft mit Frühgeburten enden (vgl. BANCHER-TODESCA 2014).

Obwohl man sehr traurig sein kann, wenn man sich die Geschichten und Einzelschicksale hinter diesen rohen Zahlen und Daten vorstellt, so wird dennoch deutlich, dass es keine absolute Sicherheit in Bezug auf Schwangerschaft und Geburt geben kann. Auch wenn Frauen medizinisch bestens versorgt sind und sämtliche Möglichkeiten der Kontrolle und Vorsorge zur Verfügung stehen, so können bestimmte kindliche (beispielsweise Infektionen, genetische Disposition, umweltbedingte Belastungen) und mütterliche (beispielsweise Fruchtwasserembolien, Thrombosen, Narkosezwischenfälle, Nachblutungen, Infektionen) Komplikationen und Sterbefälle leider nicht immer verhindert werden.

Der „sichere Schwangerschaftsverlauf"

Der Mutter-Kind-Pass wird der schwangeren Frau von einem Facharzt/einer Fachärztin für Frauenheilkunde und Geburtshilfe, einem Arzt/einer Ärztin für Allgemeinmedizin, in den Fachambulatorien der Gebietskrankenkassen, in den Ambulanzen von Krankenanstalten mit geburtshilflicher Abteilung oder in staatlichen Schwangerschafts- bzw. Familienberatungsstellen überreicht. Voraussetzung für den Erhalt des Mutter-Kind-Passes sind ein ordentlicher Wohnsitz in Österreich und die Bereitschaft der Frau, sich einer ärztlichen Untersuchung zu unterziehen.

Der Mutter-Kind-Pass dokumentiert die durchgeführten Untersuchungen, hält Zahlen und Daten fest, die im Verlauf der Schwangerschaft erhoben werden, enthält relevante Daten zur Geburt des Kindes und wird darüber hinaus bis zum fünften Geburtstag des Kindes weitergeführt. So werden nicht nur medizinische Daten der Mutter, sondern auch gesundheitsbezogene Daten des Kindes gesammelt und dokumentiert.

Ganz schön viel Aufwand? Immerhin geht es hier um nichts weniger als die „Gewährleistung eines sicheren Schwangerschaftsverlaufes bis zur Geburt" (vgl. GESUNDHEIT ÖSTERREICH 2013). Das soll mit der Früherkennung von Gesundheitsrisiken, Erkrankungen und Entwicklungsstörungen erreicht werden, die von Ärzten beobachtet, dokumentiert und gegebenenfalls behandelt werden können. Oder, wie an anderer Stelle versprochen, wird dafür gesorgt, „einen problemlosen Verlauf der Schwangerschaft und eine gesunde Entwicklung des Kindes sicherzustellen".

Diesen Hinweis sollten wir uns auf der Zunge zergehen lassen: Eine problemloser und sicherer Schwangerschaftsverlauf, ein gesundes Kind! Träumt nicht jede schwangere Frau von einem „normalen" Schwangerschaftsverlauf und einer komplikationslosen Geburt? Hofft nicht jede Frau auf ein gesundes Kind?

Vermutlich schon. Aber reicht es hierfür aus, wenn Schwangere zu den vorgeschriebenen Terminen gehen und sich die ärztliche Bestätigung für den komplikationslosen Verlauf der Schwangerschaft abholen? Die Mehrheit der schwangeren Frauen nimmt die angebotenen ärztlichen Kontrollen und Behandlungen in Anspruch und hofft, dadurch das Beste für das ungeborene Kind zu tun. Doch wie wir alle wissen, sind das in manchen Fällen falsche Hoffnungen.

Die Sicherheit durch Kontrolle ist leider nur scheinbar gegeben, denn selbst regelmäßiges Vermessen, Durchchecken und Beobachten, Untersuchen und Vergleichen kann niemals sämtliche Spielarten des Lebens ausschließen, kann niemals sämtliche Entwicklungen so beeinflussen, dass am Ende das herauskommt, was so großspurig versprochen wird: nämlich eine gesunde Mutter und ein gesundes Kind.

Vorsorgeuntersuchungen in der Schwangerschaft können mögliche gesundheitliche Belastungsfaktoren aufspüren, vielleicht sogar manchmal den Schwangerschaftsverlauf positiv beeinflussen. Vielfach sind sie aber einfach überflüssig und bringen, wenn schon nicht die versprochene Sicherheit für Mutter und Kind, dann zumindest doch dem Ärztestand einiges an zusätzlichem Einkommen.

Vater Staat lässt sich die Gesundheit seiner Frauen und Kinder und das Wiegen der Mütter in scheinbarer Sicherheit einiges kosten. Interessant ist dieser Umstand vor allem dann, wenn bedacht wird, dass es, wie eine Untersuchung des Instituts für Gesundheits-System-Forschung (IGSF) aus dem Jahr 2000 (vgl. KUPSCH 2000) nahelegt, zwar in Österreich ebenso wie in vielen anderen europäischen Ländern zu einer Erweiterung der Untersuchungen der Schwangerenvorsorge gekommen ist, die tatsächliche Wirkung der zahlreichen Maßnahmen allerdings nie untersucht wurde.

Mit einem Wort: In Österreich fehlen sämtliche Ansätze einer sinnvollen Auswertung der Wirksamkeit der angebotenen und durchgeführten Leistungen. Konkret heißt das, dass es keine Studien gibt, die sich mit dem Einfluss der Schwangerenvorsorge auf die perinatale Mortalität (= Anzahl der kindlichen Todesfälle in der Perinatalperiode, also Totgeburten und Todesfälle bis zum siebenten Tag nach der Geburt) beschäftigen.

Auch gibt es keine Hinweise auf die tatsächliche Effizienz oder Kosteneffektivität der erbrachten Leistungen. In Österreich fehlen also die Daten darüber, wie viele Krankheiten tatsächlich durch die verschiedenen Untersuchungen entdeckt werden und welchen Einfluss die einzelnen Mutter-Kind-Pass-Untersuchungen auf die Morbidität von Mutter und Kind (lat. morbidus „krank", Häufigkeit der Erkrankung innerhalb einer Gruppe, statistische Größe) haben.

Es stellt sich demnach die Frage, warum die notwendige – und in der genannten Studie des IGSF dringend empfohlene – Evaluierung des tatsächlichen Nutzens der Leistungen der medizinischen Schwangerenvorsorge nicht stattfindet. Hat man vielleicht Angst davor, dass die Ergebnisse nicht so positiv ausfallen würden, wie immer behauptet wird?

Vergleichbare Studien in anderen Ländern zeigen jedenfalls, dass insgesamt eine Reduzierung der Leistungen in der ärztlichen Schwangerenvorsorge angeraten wäre. Eine Cochrane-Studie aus dem Jahr 2009 (vgl. VILLAR et al. 2009) kommt etwa zum Ergebnis, dass eine Reduzierung der Anzahl an pränatalen Untersuchungen mit keinem unerwünschten Anstieg an negativen Effekten für Mutter und Kind einhergeht.

Es kann daher auch für Österreich davon ausgegangen werden, dass die Anzahl der Untersuchungen an schwangeren Frauen drastisch reduziert werden könnte, ohne die Gesundheit von werdenden Müttern und ihren Kindern zu gefährden.

Eine WHO-Studie aus dem Jahr 2001 kommt zu einem vergleichbaren Ergebnis. Dabei handelt es sich um eine Vergleichsstudie, bei der zwischen den Vergleichsgruppen (fünf Untersuchungen / acht Untersuchungen) keine relevanten Unterschiede ausgemacht werden konnten. Die Anzahl der Untersuchungen während der Schwangerschaft hatte demnach keine Auswirkungen auf den Schwangerschaftsverlauf und die Gesundheit von Mutter und Kind. (vgl. VILLAR et al. 2001).

Was allerdings bei den diesbezüglich durchgeführten Studien festgestellt werden konnte, ist die Vermutung, dass vor allem in industrialisierten Ländern ein Großteil der schwangeren Frauen mit einer Reduzierung der Anzahl an Untersuchungen nicht einverstanden wäre und ihre Erwartungen bezüglich der medizinischen Versorgung dann nicht erfüllt werden könnten.

Doch warum ist das so? Was erwarten Frauen von den ärztlichen Untersuchungen? Eine Schwangerschaft ist immer auch ein gewisser Ausnahmezustand. Im weiblichen Körper vollziehen sich große Veränderungen, das ganze Leben gerät in Bewegung. Eine Schwangerschaft ist zwar meist ein freudiges Ereignis, sie kann aber auch zu einer physischen und psychischen Herausforderung werden. Viele Frauen fühlen sich recht häufig orientierungslos und sehnen sich in diesem Ausnahmezustand, dessen Ausgang alle Möglichkeiten offen lässt, nach Sicherheit.

Es liegt die Vermutung nahe, dass sich werdende Mütter von den bereits erwähnten Versprechungen von „sicherer" und „problemloser" Schwangerschaft und einem „gesunden" Kind – salopp gesagt – einfangen lassen. Heute gehört es zu einer Schwangerschaft offenbar einfach dazu, sich ständigen Kontrollen zu unterziehen.

Vielleicht sind die Untersuchungstermine auch so etwas wie ein Kompass durch die Zeit der Schwangerschaft, also etwas, woran sich die Frauen orientieren können. Vielleicht gibt es tatsächlich Frauen, die sich wohlfühlen in diesem Dschungel aus Untersuchungen und Befunden. Vielleicht gibt es Frauen, die sich umso sicherer fühlen, je enger sich das Netz aus Kontrollterminen und ärztlichen Bestätigungen über den „normalen" Verlauf der Schwangerschaft spinnt.

Ist es also genau jene – offenbar lediglich vorgegaukelte – „Sicherheit", die den Frauen den Eindruck vermittelt, dass ihnen etwas genommen würde, wenn die Anzahl der Schwangerschaftsuntersuchungen reduziert werden würde?

Immerhin übt Vater Staat über das Mittel des Mutter-Kind-Passes beziehungsweise die damit verbundenen Untersuchungen Einfluss auf den weiblichen Körper und die Psyche aus. Intensiviert wird diese Einflussnahme noch zusätzlich, indem aus dem scheinbar wohlwollenden Angebot eine Verpflichtung wird, nämlich dann, wenn die finanzielle Seite ins Spiel kommt.

Die Kopplung der Mutter-Kind-Pass-Untersuchungen an die Auszahlung des Kinderbetreuungsgeldes in vollem Umfang scheint eine österreichische Spezialität zu sein. Aus: Ich, Vater Staat, tue dir, liebe werdende Mutter, etwas Gutes und stelle dir kostenlose Untersuchungen zur Verfügung, wird: Ich, Vater Staat, gebe dir weniger Geld, liebe Mutter, wenn du mein medizinisches Angebot nicht im vorgeschriebenen Umfang annimmst. Kritische Köpfe werden sich trauen, hier von einer Bestrafung unwilliger Mütter zu sprechen. Und von einer Bevormundung jener Frauen, die ihren Körper auch im schwangeren Zustand lieber für sich behalten wollen als ihn mit offiziellen Organen zu teilen.

Sexualität, Schwangerschaft und Geburt sind Belange des weiblichen Körpers und zutiefst private Vorgänge. Dennoch werden sie ins öffentliche Interesse gerückt. Vater Staat bedient sich des weiblichen Körpers, denn er ist darauf angewiesen, dass diese weiblichen Körper erstens einwandfrei funktionieren und zweitens dem Staat als allmächtigem Vater möglichst gesunde und ebenfalls einwandfrei funktionierende Produkte in Form von neuen Staatsbürgern liefern. Um dieses Ziel zu erreichen, scheint der Mutter-Kind-Pass auf den ersten Blick das geeignete Mittel zu sein.

50

Was Vater Staat noch plant ...

Der Mutter-Kind-Pass hat seit seiner Einführung nicht nur eine optische Neufassung im Format durchlaufen, sondern sich auch inhaltlich verändert und erweitert.

Für alle Inhalte und deren Korrekturen war bis zum Jahr 1996 der Oberste Sanitätsrat verantwortlich, der vom Gesundheitsministerium bestellt wurde. Im Jahr 1996 wurde dann eine Mutter-Kind-Pass-Kommission eingerichtet, die dem Obersten Sanitätsrat (OSR) zugeordnet war und aus Vertretern und Vertreterinnen der Geburtshilfe, Neonatologie, Pädiatrie, Hygiene und Epidemiologie bestand. Durch diese Kommission sollten neue Erkenntnisse bewertet und dem OSR übermittelt werden. Ende 2010 wurde diese Kommission stillgelegt.

Aktuell werden die Themen vom Gesundheitsministerium direkt vorgegeben und durch verschiedene Arbeitsgruppen (z. B. Reproduktionsmedizin, Risikoschwangerschaft und Risikogeburt) behandelt. Mit der Evaluierung des Mutter-Kind-Passes und seiner Einzelmaßnahmen wurde das Ludwig Boltzmann Institut für Health Technology Assessment beauftragt, das Daten erhebt und Ergebnisse bewertet, um diese dann den Entscheidungsträgern zur Verfügung zu stellen.

Neun Projektberichte liegen mittlerweile vor (vgl. BANCHER-TODESCA 2014). Die Ärzteschaft kritisiert aber die fehlende Möglichkeit der Mitsprache und bedauert, dass das medizinisch-wissenschaftliche Gremium abgeschafft wurde. Der Obmann der Bundesfachgruppe Frauenheilkunde und Gynäkologie in der Österreichischen Ärztekammer, Thomas Fiedler, befürchtet, dass die Entwicklung des Mutter-Kind-Passes ohne die Mitarbeit der Ärzteschaft stillstehe, was aus seiner Sicht ein untragbarer Zustand ist.

Daher hat die Österreichische Ärztekammer 2013 in Eigenregie eine eigene Interdisziplinäre Expertenkommission Mutter-Kind-Pass ins Leben gerufen. Als Vorsitzender dieser Kommission engagiert sich Fiedler für die neuerliche Miteinbeziehung medizinischer Fachkräfte in gesundheits-

51

politische Entscheidungen rund um den Mutter-Kind-Pass (vgl. ÖSTER-
REICHISCHE ÄRZTEKAMMER 2014).

Die Koordination des Mutter-Kind-Passes und die wissenschaftlich-me-
dizinische Expertise müssen laut Österreichischer Ärztekammer in den
Händen von Ärzten bleiben, da nur diese die Gesamtübersicht und wissenschaftliche Erfahrung haben. So stellt Fiedler klar, dass „medizinische
Themen auch in Zukunft ausschließlich von Ärzten behandelt werden"
können (vgl. HUBER 2014).

Doch niemand scheint hier den Umstand bedacht zu haben, dass Schwangerschaft per se kein „medizinisches Thema" ist. Schwangere Frauen sind
nicht ausnahmslos krank, und Schwangerschaft ist grundsätzlich kein pathologischer Zustand, der medizinischer Überwachung und Behandlung
bedarf.

Wie bereits angeführt, können die perinatale Sterblichkeit sowie die Säuglingssterblichkeit kaum noch reduziert werden. Das Mutter-Kind-Pass-
Programm konzentriert sich in Zukunft wohl eher darauf, die Frühgebur-
tenrate in den Griff zu bekommen und die Morbidität zu senken. Dazu
werden möglicherweise vermehrt pränataldiagnostische Methoden zum
Einsatz kommen.

Bancher-Todesca weist darauf hin, dass es wohl auch Veränderungen
in der Verteilung der Untersuchungen im Verlauf der Schwangerschaft
geben wird. Wurde die Mehrzahl der Untersuchungen und Kontrollen
bisher vor allem gegen Ende der Schwangerschaft durchgeführt, so wird
es in Zukunft vermutlich so sein, dass durch Frühultraschall, Testung bio-
chemischer Marker und die exakte Anamnese der schwangeren Frau die
Zuteilung zu einer bestimmten „Risikogruppe" erfolgt. Je nach Risikogruppe würden sich dann unterschiedlich viele Untersuchungen ergeben,
wobei die Hochrisikogruppe besonders intensiv betreut werden sollte
(vgl. BANCHER-TODESCA 2014).

Dieser Gedanke ist prinzipiell kein schlechter Ansatz, allerdings muss
in diesem Zusammenhang unbedingt über den Gebrauch des Risiko-
Begriffes gesprochen werden. Unabhängig davon, dass sich der aus der

Wahrscheinlichkeitsrechnung stammende Begriff „Risiko" nicht für die Beschreibung eines so komplexen menschlichen Prozesses wie den der Schwangerschaft eignet, unterliegt das, was als Risiko bezeichnet wird, einer Definitionsmacht. Zu statistischen Zwecken kann jeder alltägliche Vorgang und jede Lebensphase als „Risiko" bezeichnet werden. Es ist nämlich zu beobachten, dass nicht die tatsächliche Gefährdung an und für sich steigt, sondern vielmehr die Anzahl der als Risiko definierten Abweichungen vom sogenannten Normbereich.

Neben möglichen Erweiterungen im Bereich der psychosozialen Gesundheit und der Zahngesundheit ist auch die österreichweite elektronische Erfassung der durch die Mutter-Kind-Pass-Untersuchungen erhobenen Daten und deren Analyse angedacht, um den Gesundheitszustand von Schwangeren, Neugeborenen und Kleinkindern auf dieser Basis beurteilen und für internationale Vergleiche nutzen zu können. Diese Maßnahme soll auch der regelmäßigen Beurteilung der durchgeführten Maßnahmen dienen, die somit ausgewertet werden könnten.

Im Vordergrund stehen hier mögliche Erweiterungen der angebotenen Leistungen. Die elektronische Erfassung der Daten des Mutter-Kind-Passes stößt bei den betroffenen Eltern aber nicht auf große Zustimmung. Beinahe die Hälfte der Eltern, nämlich 44 Prozent, lehnt diese Maßnahme ab. Nur 28 Prozent würden dieser Art der Datenspeicherung und -nutzung zustimmen, weitere 28 Prozent sind unentschlossen (vgl. KERBL 2014).

Neben den fünf Untersuchungen der Schwangeren sind derzeit fünf Untersuchungen des Kindes in den ersten 14 Lebensmonaten Voraussetzung für den Bezug von Kinderbetreuungsgeld. Bis ins fünfte Lebensjahr sind weitere vier Vorsorgeuntersuchungen für das Kind im Mutter-Kind-Pass vorgesehen.

Kinderärzte plädieren nun dafür, diese Untersuchungen auszuweiten. Schulkinder sollen jährlich bis zum Alter von 17 Jahren untersucht und überprüft werden. So sollen gezielte Maßnahmen gegen Übergewicht und Bewegungsmangel gesetzt und das Gesundheitsbewusstsein der jungen Menschen auf diese Weise gestärkt werden (vgl. ÖSTERREICHISCHE ÄRZTEKAMMER 2014).

Überdenken könnte man aus Sicht der Ärztin Dagmar Bancher-Todesca lediglich die derzeitige Form der internen Untersuchung und das Syphilis-Screening. Beide seien ihrer Meinung nach veraltet (vgl. HUBER 2014). So ist anzunehmen, dass es trotz gegenteiliger Empfehlungen von Evaluationsberichten gemäß Health Technology Assessment (HTA) in naher Zukunft nicht zu Kürzungen und Einschränkungen im Bereich des Mutter-Kind-Passes kommen wird.

Ganz im Gegenteil sind weitreichende Erweiterungen geplant. So meint etwa der ehemalige Präsident der Österreichischen Gesellschaft für Allgemeinmedizin Reinhold Glehr: „Ich bezweifle, dass es jemand wagen wird, dieses Bonus gestützte, moderne Präventionsmodell mit so hoher Beteiligung einem Sparprogramm zu unterwerfen." (HUBER 2014)

Gut möglich, dass Glehr in diesem Punkt Recht behalten wird. Der mediale Aufschrei wäre vermutlich groß, denn beim Mutter-Kind-Pass geht es ganz offiziell um nichts weniger als die „Sicherheit" von Mutter und Kind, wie uns die medizinisch-staatliche Marketingstrategie seit 40 Jahren unermüdlich erzählt. Und da darf nicht gespart werden, auch wenn die Wirksamkeit fraglich ist.

Fürsorgliches Angebot oder soziale Pflicht?

Der Mutter-Kind-Pass wurde mit einem hilfreichen Gedanken eingeführt: Die hohe Säuglingssterblichkeit sollte reduziert werden, daher garantierte man der werdenden Mutter kostenlose medizinische Vorsorge. Der Grundgedanke ist also der, dass die Gesellschaft für die medizinische Schwangerenvorsorge aufkommt. Dabei hat jede Frau, egal, ob die medizinische Notwendigkeit besteht oder nicht, die Möglichkeit, das Vorsorgeprogramm in Anspruch zu nehmen. Und jedes ungeborene Kind wird, unabhängig von seinem Zustand und selbst bei unauffälligem Befund, medizinisch überwacht.

Für viele Frauen und ihre Kinder mag das damals, im Jahr 1974, ein Meilenstein gewesen sein. Vielfach ist es den Frauen (auch heute noch) nicht möglich, gut auf sich selbst zu schauen. In der Schwangerschaft wurde also ein Mindestmaß an medizinischer Kontrolle eingeführt, um mögliche Komplikationen frühzeitig zu erkennen und positiv beeinflussen zu können. Das Leben von Mutter und Kind sollte dadurch gesünder und sicherer werden.

Gleichzeitig hat sich aber auch ein anderer Umstand grundlegend verändert: Die Schwangere war nicht mehr einfach in „guter Hoffnung", einem vielsagenden Zustand, der noch alle Möglichkeiten des Ausgangs in sich trägt. Mit der Einführung der ärztlichen Schwangerenvorsorge wurde die werdende Mutter nämlich prompt zur Patientin. Und nicht nur das: Durch die vorgeburtlichen Untersuchungen wurde gleichzeitig auch das ungeborene Kind zum Patienten und die Schwangerschaft zu einem Prozess, der von Ärzten überwacht und verbessert werden soll.

Nach wie vor wird alles daran gesetzt, das „Produkt" Kind zu optimieren. Schwangerschaft und Geburt werden zu einer Fabrikationsleistung. Der weibliche Körper wird zum „fetalen Umfeld", also zur Hülle, zum Aufbewahrungsort degradiert, der ein möglichst perfektes Produkt, nämlich ein leitlinienkonformes, gesundes Kind, liefern soll. Um dieses Ziel zu erreichen, hat die schwangere Frau eine Vielzahl an medizinisch-technischen Möglichkeiten. Nimmt sie diese nicht in Anspruch, steht schnell der Verdacht der Verantwortungslosigkeit im Raum. Wer möchte schon auf all die wichtigen medizinischen Errungenschaften verzichten, die dem Frauenkörper bei seiner Aufgabe der Kindesproduktion helfen?

Jede Frau, die sich gegen diese Form der staatlichen Fürsorge entscheidet, riskiert zwangsläufig, dass das Produkt, das sie austrägt, nicht den Anforderungen unserer Gesellschaft entspricht. Wird das Vorsorgeprogramm nicht wahrgenommen, dann drohen Krankheit und Behinderung. So ist zumindest die landläufige Meinung.

Doch was viele nicht bedenken ist: Selbst wenn alle Termine eingehalten wurden und zusätzlich noch die eine oder andere pränataldiagnostische

Untersuchung absolviert wurde, gibt es keine Garantie auf ein gesundes Kind. Aber zumindest hat man dann alles versucht, oder?

Das Produkt Kind ist nicht mehr Bestandteil der individuellen Lebensentscheidung der einzelnen Frau, sondern sie hat durch ihre aktive Teilnahme an allen zur Verfügung stehenden Möglichkeiten der medizinischen Überwachung und Optimierung dafür zu sorgen, dass das Kind als zukünftiges Mitglied der Gesellschaft den Normen eben dieser Gemeinschaft entspricht, was Lebenswert und Lebensfähigkeit betrifft.

Leistungsfähig, gesund und konsumorientiert sollen sie sein, die optimalen Mitglieder der Gesellschaft. Fällt ein Mensch aus diesem Rahmen, wird er leicht als gesellschaftliche Belastung empfunden. Und die Frau, die diesen Menschen einst zur Welt gebracht hat, wird womöglich dafür verantwortlich gemacht, weil es heutzutage ja gar nicht mehr notwendig ist, „unwertes" – Was soll das überhaupt sein? – Leben zu gebären.

Ist also aus der Möglichkeit der Inanspruchnahme eines medizinischen Angebots, konkret der Mutter-Kind-Pass-Vorsorge, mittlerweile eine soziale Pflicht geworden?

Um diese Frage besser beantworten zu können, möchte ich im Folgenden genauer auf die vorgegebenen Mutter-Kind-Pass-Untersuchungen eingehen.

Der Mutter-Kind-Pass und sein Inhalt

D er Mutter-Kind-Pass hat sich seit seiner Einführung kontinuierlich weiterentwickelt. Als schwangere Frau kann es eine Herausforderung sein, den Überblick über den Umfang der Leistungen
der ärztlichen Schwangerenvorsorge nicht zu verlieren. Welche Untersuchungen werden also angeboten? Welche sind „verpflichtend"? Wo gibt
es Spielraum? Für medizinische Laien besonders wichtig: Welchen Sinn
machen die einzelnen Untersuchungen?

Mutter-Kind-Pass: Medizin historisch

Seit der Einführung des Mutter-Kind-Passes vor über 40 Jahren haben
sich einige Neuerungen ergeben. Medizinisch-ökonomische Entwicklungen bedingten immer wieder eine Anpassung der Mutter-Kind-Pass-
Leistungen. Die Bandbreite der zu untersuchenden Parameter hat sich
kontinuierlich vergrößert: Im Vergleich zu früher wird heute mehr und
engmaschiger untersucht, gewogen, gemessen, geprüft, kontrolliert, dokumentiert, verglichen und beurteilt.

Verändert haben sich im Laufe der Zeit aber nicht nur einzelne Untersuchungen, sondern auch deren Interpretation. Selbst die Beurteilung
der Untersuchungsergebnisse ist also dem Zeitgeist unterworfen. Neue
wissenschaftliche Erkenntnisse und medizinische Entwicklungen führen
dazu, dass bis dahin gängige Ansichten und Annahmen überdacht werden
und gegebenenfalls durch neue Ansätze ersetzt werden müssen. Das ist
in der Medizin, ebenso wie in anderen wissenschaftlichen Bereichen, ein
beinahe alltäglicher Vorgang.

Diese Entwicklung macht auch vor medizinischen Annahmen über die
Schwangerschaft und ihren Verlauf, über die Entwicklung des Embryos
und den Vorgang der Geburt nicht halt. Das bedeutet, dass Dinge, die
heute als gut und richtig gepriesen werden, morgen vielleicht schon einer
aktuelleren Sichtweise Platz machen müssen und als überholt bezeichnet
werden. Vielleicht stellt sich im Nachhinein heraus, dass eine bestimmte

Maßnahme nicht nur unnötig, sondern sogar schädlich für Mutter und/
oder Kind sein kann.

Ein tragisches Beispiel dafür ist der Contergan-Skandal, der vielen von
uns noch relativ lebendig in Erinnerung ist. Zwar wurde dieses Medikament glücklicherweise nicht routinemäßig allen Schwangeren verschrieben, aber es war ohne Ausnahme für schwangere Frauen zugelassen. Im
Jahr 1957, als das Schlafmittel in den Handel kam, hieß es, dass „die ungewöhnlich gute Verträglichkeit" von Contergan forte in zahlreichen tier-
experimentellen Untersuchungen und in umfangreichen klinischen Prü-
fungen nachgewiesen worden sei und selbst eine extreme Überdosierung
zu keinen toxischen Symptomen führen würde.

1961 wurde das Medikament wieder vom Markt genommen, weil sich
in der Zwischenzeit herausgestellt hatte, dass die Einnahme von Contergan durch schwangere Frauen zu vielen schweren Missbildungen bei
den ungeborenen Kindern geführt hatte. Etwa 10.000 Babys waren davon
betroffen. Viele Kinder waren so schwer geschädigt, dass sie nicht lange
überlebten (vgl. MAKOWSKY 2010).

Dies ist nur ein trauriges Beispiel dafür, dass die Medizin mit ihren Errungenschaften nicht unfehlbar ist, und dass speziell in der Schwangerschaft
Vorsicht geboten ist, was Medikamente anbelangt. Es stellt sich daher
die Frage, ob das nicht auch für Impfungen in der Schwangerschaft, für
Steroide zur Lungenreifung, für wehenhemmende und wehenauslösende
Mittel und für alle als „harmlos" und unverzichtbar erklärte Nahrungser-
gänzungen gilt.

Oder – anders ausgedrückt – wann sind welche Medikamente, Vitamine,
Mineralien und Impfungen für die individuelle Schwangere notwendig,
sinnvoll und gesund? Das Gleiche gilt für diverse diagnostische Maßnahmen. Denn auch diese können die grundsätzlich fein aufeinander
abgestimmte Balance zwischen Mutter und Kind aus dem Gleichgewicht bringen.

Die obligatorischen fünf Untersuchungen

Aktuell umfasst das Untersuchungsprogramm des Mutter-Kind-Passes für Schwangere in Österreich bis zur Geburt fünf große Untersuchungen. Dazu kommen drei Ultraschalluntersuchungen, drei Laboruntersuchungen (eine davon ist der orale Glukose-Toleranztest) und eine internistische Untersuchung der Frau:

erste Untersuchung bis zum Ende der 16. Schwangerschaftswoche (SSW)

zweite Untersuchung zwischen der 17. und 20. SSW

dritte Untersuchung zwischen der 25. und 28. SSW

vierte Untersuchung zwischen der 30. und 34. SSW

fünfte Untersuchung zwischen der 35. und 38. SSW

Mit dem Mutter-Kind-Pass wird auch gleich der Impfpass mit entsprechenden Impfempfehlungen und einer Übersicht der Impftermine überreicht. Obwohl die Formulierung „empfohlene Impftermine" verwendet wird, ist für uninformierte Eltern nicht klar ersichtlich, dass es sich dabei lediglich um eine Empfehlung und nicht um eine tatsächliche Impfpflicht handelt, denn gleichzeitig wird vermittelt, dass bei Versäumen der empfohlenen Impftermine die angeführten Impfungen zum nächstmöglichen Zeitpunkt nachgeholt werden können. Die Möglichkeit, diese Termine gänzlich auszulassen, wird hingegen nicht angeführt.

Auf die späteren kindlichen und ebenfalls im Mutter-Kind-Pass enthaltenen Untersuchungen werde ich bei den nun folgenden Erörterungen übrigens nicht näher eingehen, da der Fokus dieses Buches auf Mutter-Kind-Pass-Untersuchungen während der Schwangerschaft abzielt.

Die Durchführung und ärztliche Bestätigung dieser Schwangerschaftsuntersuchungen hat, wie bereits mehrfach erwähnt, Auswirkungen auf den vollumfänglichen Erhalt des Kinderbetreuungsgeldes. Können diese fünf Untersuchungen nicht vollständig nachgewiesen werden, führt das zu einem teilweisen Verlust des Kinderbetreuungsgeldes. Für kritische Köpfe klingt das ein wenig nach Nötigung.

Was wird aber nun während der einzelnen Arztbesuche routinemäßig erhoben und auf Normalität hin untersucht? Wenngleich unterschiedliche Ärzte verschiedenartig vorgehen und die Art und Weise der Untersuchungen nicht überall absolut deckungsgleich ist, so lassen sich dennoch folgende generelle Beschreibungen abgeben.

Die erste Mutter-Kind-Pass-Untersuchung

Die erste Mutter-Kind-Pass-Untersuchung dient der sogenannten „Anamnese". Dabei erhebt der Arzt durch Befragung der „Patientin" – also der schwangeren Frau – die Krankengeschichte.

Des Weiteren findet beim ersten Besuch in der Arztpraxis eine gynäkologische Untersuchung statt, bei der festgestellt wird, ob sich die befruchtete Eizelle in der Gebärmutter eingenistet hat oder ob es sich bei der vorliegenden Schwangerschaft um eine Eileiter- oder, was noch seltener vorkommt, eine Bauchhöhlenschwangerschaft handelt. Vaginalsekret wird entnommen und ein PAP-Test wird durchgeführt.

Bei dieser Gelegenheit wird meist auch die Brust abgetastet, um eventuelle Auffälligkeiten feststellen zu können.

In den Mutter-Kind-Pass wird zudem der nach einer bestimmten Formel errechnete voraussichtliche Geburtstermin (EGT) eingetragen. Sinnvoller wäre es, in diesem Zusammenhang vom Geburtszeitraum (EGT minus 14 Tage und EGT plus 14 Tage) zu sprechen, denn die wenigsten Kinder kommen tatsächlich am „errechneten" Termin zur Welt.

Die Schwangerschaftsdauer kann stark variieren, und die Fixierung auf ein bestimmtes Geburtsdatum kann eine Reihe von medizinischen Interventionen (häufigere Kontrollen, Geburtseinleitungsversuche) zur Folge haben, wenn sich das Kind nicht „fristgerecht" auf den Weg macht.

Diesbezüglich wäre es gut, sich an das von Sven Hildebrandt erarbeitete „Gravidarium" zur Bestimmung des „Geburtszeitraums" zu halten. Es ist dies eine Drehscheibe, aus der ersichtlich wird, dass „laut Gaußscher Normalverteilung bei 40 + 0 [SSW, Anm.] 50% der Kinder geboren sind". Die übrigen 50% der Frauen gebären ganz einfach früher oder später (vgl. HILDEBRANDT 2012).

Falls die Feststellung der Schwangerschaft nicht bereits unabhängig von dieser ersten Mutter-Kind-Pass-Untersuchung erfolgt ist, wird der Arzt eine Ultraschalluntersuchung vorschlagen, die auch von der Krankenkasse übernommen wird.

Je nachdem, wann diese erste Untersuchung stattfindet, ist die Wahrscheinlichkeit sehr groß, dass bei dieser Gelegenheit eine vaginale Ultraschalluntersuchung durchgeführt wird, denn in der Frühschwangerschaft kann der Embryo mittels Ultraschall durch die Bauchdecke noch nicht oder nicht besonders gut lokalisiert werden. Durch das Einführen des Schallkopfes in die Vagina wird die Bauchdecke umgangen und es ist für den Arzt leichter, ein genaueres Ultraschallbild von dem noch sehr kleinen, neuen Lebewesen zu bekommen.

Wie bei jedem Arztbesuch werden außerdem der Blutdruck gemessen, das Gewicht der Schwangeren kontrolliert, nach Ödemen (Wassereinlagerungen) und Varizen (Krampfadern) Ausschau gehalten und der Harn mittels Teststreifen untersucht. Auch sonstige Auffälligkeiten und Besonderheiten werden dokumentiert.

Mit einer Überweisung in ein Labor verlässt die schwangere Frau die Arztpraxis wieder. Im Labor wird eine Blutuntersuchung vorgenommen. Dabei werden die Blutgruppe und der Rhesusfaktor bestimmt, der Hämatokrit- und Hämoglobinwert erhoben, zudem werden ein Rötelantikörpertest sowie ein HIV- und ein Toxoplasmose-Test durchgeführt.

Die Untersuchungsergebnisse werden beim nächsten Arztbesuch besprochen und in den Mutter-Kind-Pass eingetragen, woraufhin eventuell notwendige Therapiemaßnahmen eingeleitet werden.

Die zweite Mutter-Kind-Pass-Untersuchung

Neben der Besprechung der Ergebnisse der Blutuntersuchung, der obligatorischen Harnuntersuchung, dem Feststellen von Blutdruck und Körpergewicht sowie dem Überprüfen der kindlichen Herzaktivität ist auch im Rahmen der zweiten Mutter-Kind-Pass-Untersuchung eine gynäkologische Untersuchung vorgesehen.

Die Überprüfung der kindlichen Herztöne erfolgt in den meisten Fällen während der zweiten Ultraschalluntersuchung, die in den Zeitraum dieser zweiten Mutter-Kind-Pass-Untersuchung fällt. Manche Gynäkologen besitzen auch ein gesondertes Gerät zum Überprüfen der kindlichen Herztöne. Diese kleinen elektronischen Ultraschallgeräte, die einem Mikrofon ähnlich sehen, werden Dopton genannt. Viele Hausgeburtshebammen arbeiten mit einem Dopton, um die Herztöne des Kindes unter der Geburt abhören zu können.

Auch dieses Mal verlässt die werdende Mutter die Ordination mit einer Überweisung. Sie soll zwecks interner Untersuchung zu einem Facharzt für Innere Medizin gehen. Dort werden der Zustand von Nase, Rachen, Hals und Herz-Kreislauf-System ebenso überprüft wie die Lunge, das Abdomen (Bauch), das Skelett und die Extremitäten. Auch die Haut, das Nervensystem und die Zähne werden einer Kontrolle unterzogen. Alle so erhobenen Daten und der Gesamtbefund finden Eingang in den Mutter-Kind-Pass.

Die dritte Mutter-Kind-Pass-Untersuchung

Eine routinemäßige Ultraschalluntersuchung ist bei der dritten Mutter-Kind-Pass-Untersuchung nicht vorgesehen, dafür werden wieder der Harn untersucht, der Blutdruck gemessen, das Gewicht der Schwangeren kontrolliert und eine gynäkologische Untersuchung durchgeführt.

Eigentlich sollten auch die Herztöne und die Lage des Kindes überprüft werden. Beides ist den meisten Ärzten ohne Einsatz des Ultraschallgerätes allerdings nicht möglich.

Zur dritten Mutter-Kind-Pass-Untersuchung gehört auch wieder eine Blutuntersuchung, die im Labor durchgeführt wird. Von Interesse sind Hämatokrit- und Hämoglobinwert sowie eine eventuell notwendige Toxoplasmose-Kontrolluntersuchung. Außerdem wird eine Hepatitis-B-Untersuchung durchgeführt.

Unabhängig von dieser Blutuntersuchung wurde vom Bundesministerium für Gesundheit mit einer Novelle zur Mutter-Kind-Pass-Verordnung 2002 eine Erweiterung des Untersuchungsprogrammes beschlossen, die am 1. Januar 2010 in Kraft getreten ist und neben einer zusätzlichen Ultraschalluntersuchung und der Einführung des HIV-Tests auch die Einführung eines verpflichtenden oralen Glukose-Toleranztestes (oGTT) beinhaltet. Dieser Zuckerbelastungstest führt die Schwangeren ebenfalls ins Labor.

Die Ergebnisse beider Laboruntersuchungen werden dem behandelnden Arzt übermittelt und finden Eingang in den Mutter-Kind-Pass.

Die vierte Mutter-Kind-Pass-Untersuchung

Vergleichsweise wenig umfangreich gestaltet sich die vierte vorgesehene und für den Erhalt des vollumfänglichen Kinderbetreuungsgeldes verpflichtende Untersuchung. Die Ergebnisse der beiden letzten Laboruntersuchungen (Blutuntersuchung und oGTT) werden in den Mutter-Kind-Pass eingetragen und gegebenenfalls besprochen.

Wieder steht eine gynäkologische Untersuchung auf dem Programm, und auch eine routinemäßige Ultraschalluntersuchung ist vorgesehen. Herzaktivität und Lage des Kindes können somit kontrolliert werden. Sämtliche andere Routinemaßnahmen wie Harnuntersuchung, Blutdruckmessung und Gewichtskontrolle werden abermals durchgeführt und es wird außerdem erneut nach möglichen Varizen und Ödemen Ausschau gehalten.

Die fünfte Mutter-Kind-Pass-Untersuchung

Dies ist normalerweise die letzte Gelegenheit für den Arzt, vor der Geburt einen prüfenden Blick auf die Schwangere und ihr ungeborenes Kind zu werfen.

Wieder erfolgen eine routinemäßige gynäkologische Untersuchung, die Kontrolle von Harn, Blutdruck und Gewicht. Ödeme und Varizen werden festgestellt, so es welche gibt, und manchmal wird auch der Bauchumfang der Schwangeren gemessen.

Zusätzliche Untersuchungs- und Versorgungsangebote

Feststellung der Schwangerschaft

Die erste Mutter-Kind-Pass-Untersuchung, die bis zum Ende der 16. Schwangerschaftswoche stattzufinden hat, ist in den wenigsten Fällen tatsächlich die erste ärztliche Untersuchung an der Schwangeren.

Es ist heute oftmals so, dass viele Frauen die Bestätigung eines Arztes – unabhängig von der Vorlage beim Arbeitgeber – brauchen, um sich ihrer Schwangerschaft sicher zu sein. Ich kann mich erinnern, dass ich bei meiner zweiten Schwangerschaft ziemlich genervt war, wenn Leute auf die freudige Offenbarung meiner Schwangerschaft mit der Frage „Warst du schon beim Frauenarzt?" reagiert haben. So, als würde mein Wissen, gestützt durch meine Körpererfahrung, mein Körperempfinden und nicht zuletzt die Tatsache des positiven Schwangerschaftstests, nicht aussagekräftig genug sein. So, als wäre ich erst wirklich schwanger, wenn ein Arzt mir diesen Zustand schriftlich bestätigte.

Vermutet eine Frau, schwanger zu sein, dann liegt das eventuell an einem der vielen körperlichen Anzeichen, die auf eine mögliche Schwangerschaft hindeuten. Das wohl deutlichste Zeichen ist das Ausbleiben der Menstruationsblutung, doch auch Übelkeit und übermäßige Müdigkeit oder ein Spannen und Ziehen in den Brüsten können erste Hinweise für die Frau sein, dass möglicherweise eine Schwangerschaft eingetreten ist.

Diese ersten Anzeichen können von Frau zu Frau jedoch sehr unterschiedlich und nicht immer eindeutig sein. Selbst das Ausbleiben der Menstruationsblutung ist nicht unbedingt ein verlässlicher Indikator für eine Schwangerschaft, denn auch andere Ursachen für ein Ausbleiben oder späteres Einsetzen der Blutung sind denkbar.

Vermutet eine Frau also eine Schwangerschaft, so führt der erste Weg wohl in eine Apotheke oder einen Drogeriemarkt, um dort einen Schwangerschaftstest zu erwerben. Schließlich möchte frau so schnell wie möglich Gewissheit über ihren Zustand erlangen.

Je nach Art des Tests und bei fachgerechter Anwendung sind die Ergebnisse relativ zuverlässig. Durch den Schwangerschaftstest wird gemessen, ob das Schwangerschaftshormon hCG (humanes Choriongonadotropin), das von der Plazenta erzeugt wird, im Urin vorhanden ist.

Mit zitternden Händen und pochendem Herzen wartet frau die kurze Zeit, die allerdings wie eine Ewigkeit erscheinen kann, bis der kleine Strich auf dem in Urin getauchten Test erscheint – oder auch nicht. Der Test zeigt ein positives Ergebnis? Schwanger? Schwanger! Tausend Gedanken rasen gleichzeitig durch den Kopf. Oder frau ist nicht mal fähig einen einzigen Gedanken zu denken, außer: schwanger!

Hat die Frau diesen Zustand nun seit langem herbeigesehnt, vielleicht viele Hindernisse überwinden müssen, um endlich diesen positiven Test in Händen zu halten? Oder ist sie von dem in ihr entstehenden Leben überrascht worden? So oder so, kann sich von einem Moment auf den anderen das ganze Leben ändern.

Keine Frau weiß, welche Veränderungen auf sie zukommen werden und wie ihr neues Leben sein wird. Aber eines weiß fast jede: Der erste Schritt, der nun zu gehen ist, ist der in Richtung Frauenarzt. Also wird meist schnellstmöglich ein Termin beim Gynäkologen vereinbart, um sich die Schwangerschaft auch ärztlich bestätigen zu lassen. Denn dort gibt es einen Stempel dafür, dass es tatsächlich Realität ist, was sich da so unsichtbar und doch wahrhaftig, tief verborgen im weiblichen Körper entwickelt: ein neues Lebewesen!

Bei diesem ersten Arztbesuch wird der Frauenarzt die Schwangerschaft diagnostizieren. Der Fachmann wird sich nach körperlichen Anzeichen, einem möglichen positiven Schwangerschaftstest, dem Datum der letzten Menstruationsblutung und dem Datum der möglichen Befruchtung erkundigen. Wurde noch kein Schwangerschaftstest durchgeführt, wird an dieser Stelle der Gang zur Toilette angeordnet. Ist auch der Arzt von der Möglichkeit einer vorliegenden Schwangerschaft überzeugt, dann wird das Ultraschallgerät eingesetzt. Mit einem Vaginalultraschall – der ungefähr so angenehm ist, wie er sich anhört – kann die Schwangerschaft (meist) eindeutig bestätigt werden.

Mit der Sprechstundenhilfe wird beim Hinausgehen ein Termin für die erste „wirkliche" Mutter-Kind-Pass-Untersuchung vereinbart, denn die bloße Feststellung einer Schwangerschaft führt nicht automatisch zur Ausstellung des ersehnten Mutter-Kind-Passes. Viele Ärzte haben Bedenken, diesen vor der erfolgreichen Beendigung der 12. Schwangerschaftswoche auszugeben. Vielleicht nach dem Motto: Wenn es noch keinen Mutter-Kind-Pass gibt, gibt es auch nichts zu beklagen, wenn aus der Schwangerschaft nichts wird.

Verabschiedet sich das ungeborene Kind innerhalb der ersten Schwangerschaftswochen, wird dies oftmals nicht als allzu gravierender Verlust für die Eltern aufgefasst. Doch egal, ob ein Mutter-Kind-Pass ausgestellt wurde oder nicht, der Verlust eines Kindes wiegt fast immer schwer. Der Schmerz, den die Eltern darüber empfinden, ist gerechtfertigt und darf und soll Raum bekommen, wie unter anderem die Bücher von Heike Wolter aufzuzeigen versuchen (vgl. WOLTER 2010, 2012, 2015).

Die ärztliche Diagnose einer Schwangerschaft hat neben körperlichen auch arbeitsrechtliche und sozialversicherungsrechtliche Auswirkungen.

Die offizielle Bestätigung der Schwangerschaft durch den Arzt ist nämlich Voraussetzung für den Mutterschutz und den damit verbundenen Kündigungs- und Entlassungsschutz sowie die Auszahlung des Wochengeldes.

Wann diese Bestätigung ausgestellt wird, ob also eine Frau gleich nach Ausbleiben der Menstruationsblutung oder kurz vor Ende der 16. Schwangerschaftswoche zum Gynäkologen geht, um sich untersuchen zu lassen, ist allerdings für die arbeits- und sozialversicherungsrechtlichen Ansprüche nicht relevant.

Nahrungsergänzungsmittel: gänzlich unbedenklich?

Als Schwangere hat man einen erhöhten Bedarf an Vitaminen und Mineralstoffen. Diesen Satz hat bestimmt jede von uns schon einmal gehört.

Klingt doch irgendwie stimmig, oder? Plötzlich wächst da ein Kind im Inneren des eigenen Körpers. Es entwickelt sich neues Leben. Das will mit allen möglichen Vitaminen und Mineralstoffen versorgt werden.

Viele Frauen fragen sich daher: Muss ich jetzt für Zwei essen? Oder tun es Vitaminpräparate aus der Apotheke auch? Sind die tatsächlich notwendig? Und, was vielleicht noch wichtiger ist: Sind die auch gänzlich unbedenklich?

Um erst gar keine Zweifel aufkommen zu lassen, bekommen viele Schwangere ziemlich bald nach Feststellung der Schwangerschaft von ihrem Gynäkologen das erste Rezept in die Hand gedrückt: Folsäure (oft gemeinsam mit Jod) soll die Entwicklung des Kindes unterstützen. Damit ist aber erst der Anfang gemacht.

Im Österreichischen Ernährungsbericht aus dem Jahr 2008 (vgl. EL-MADFA 2009) ist zu lesen, dass ein Großteil schwangerer Frauen vor allem bei der Zufuhr von Vitamin D, Vitamin B6 und Folsäure sowie Calcium, Eisen und Jod einen Mangel aufweisen. Daher wird auch die Supplementierung dieser sogenannten Risikonährstoffe für alle empfohlen. Zusätzlich werden in den Arztpraxen für Schwangere routinemäßig vor allem Magnesium, Zink, Vitamin K, Fluor und diverse Multivitamin-präparate verschrieben (vgl. BACKE 2012). Notwendigerweise?

Der gynäkologisch ausgebildete praktische Arzt, Geburtshelfer und Ho-möopath Friedrich P. Graf erklärt in seinem Buch „Kritik der Arzneirou-tine bei Schwangeren und Kleinkindern", warum gerade Schwangere auf solche Präparate (Folsäure, Vitaminpräparate, Jod, Eisen, Magnesium, Zink, Vitamin K, Vitamin D und Fluor) besser verzichten sollten: Die Zielgruppe der schwangeren Frauen weist nämlich grundsätzlich eine der höchsten Empfindlichkeiten gegenüber Arzneiwirkungen auf. Die Folgen der substanziellen Dauereinwirkung sind nur äußerst schwer vollständig erfassbar. Spätfolgen sind nicht auszuschließen. Solange aber auch die Un-bedenklichkeit nicht mit absoluter Sicherheit gewährleistet werden kann, ist es gerade in Zeiten des Wachstums, wie es eine Schwangerschaft ist, vorzuziehen, auf Arzneimittel jeglicher Art zu verzichten. Gerade wenn es nicht zwingend notwendig ist, sei daher laut Graf Zurückhaltung mit der Einnahme von Arzneien und Nahrungsergänzungsmitteln geboten (vgl. GRAF 2010).

Hinzu kommt, dass in der Schwangerschaft der mütterliche Darm in be-sonderer Weise befähigt ist, aus der – natürlich möglichst gehaltvollen – Nahrung all das herauszuziehen, was Mutter und Kind brauchen, genau wie später in der Stillzeit. Diese einfache physiologische Tatsache scheint aber den wenigsten Medizinern klar zu sein. Umso wichtiger ist dieses Wissen also für die Mütter selbst.

Allgemeine Empfehlungen, wie sie in der ärztlichen Praxis häufig formu-liert werden, missachten die Individualität des Menschen, seine Konstitu-tion und die Tagesverfassung. Was der eine Mensch gut verträgt, kann für den anderen schon zu viel sein. Die meisten routinemäßigen ärztlichen Empfehlungen orientieren sich aber eben nicht an den persönlichen Ge-gebenheiten, sondern an oft willkürlich festgelegten Grenzwerten und allgemein formulierten Empfehlungen, die den Anschein erwecken, für alle gültig zu sein.

Es geht bei diesen Routineempfehlungen also aus medizinischer Sicht in erster Linie um eine Massenabfertigung, und nicht um das Wahrnehmen individueller Persönlichkeiten und deren Bedürfnisse. Unnötig eingenommene Arzneien und Nahrungsergänzungsmittel können eine Belastung für den Organismus sein und negative Auswirkungen auf den Schwangerschaftsverlauf und die Geburt haben.

Für mich stellt sich in diesem Zusammenhang die Frage: Wem nützt es? Wer profitiert davon? Die Antwort liegt klar auf der Hand: Von der übermäßigen und massenhaften Verordnung von Arzneimitteln und Nahrungsergänzungsmitteln profitieren in erster Linie nicht die zwangsbeglückten Schwangeren und deren Kinder, sondern vielmehr die Hersteller und Vertreiber dieser Produkte. Mit Nahrungsergänzungsmitteln lassen sich Milliarden verdienen. Und insbesondere Schwangere scheinen willkommene und vor allem leichte Opfer zu sein, denn gerade sie sind es, die sich Gedanken um das Kind machen, das in ihnen heranwächst.

Tatsache ist aber, dass kaum ein gesunder Mensch – auch keine schwangere Frau – bei ausgewogener Ernährung und gut funktionierender Darmschleimhaut zusätzliche Vitamine und Mineralstoffe in Form von Nahrungsergänzungsmitteln braucht (vgl. BACKE 2012).

Vitamin- und Mineralstoffpräparate stehen bei der Mehrheit der Menschen in einem guten Ruf. Dass eine Überdosierung aber sogar beträchtlichen Schaden anrichten kann, ist vielen nicht bewusst.

Der eingangs erwähnte Österreichische Ernährungsbericht weist im Zusammenhang von Nährstoff- oder Vitaminmangel bei Schwangeren ausdrücklich auch auf die Bedeutung der gezielten Aufklärung der Schwangeren bezüglich bedarfsgerechter Ernährung während der Schwangerschaft hin (vgl. ELMADFA 2009).

Für mich ergeben sich an dieser Stelle zwei Überlegungen:

1. Ernährungsempfehlungen ändern sich im Laufe der Zeit. Wurde eine vegetarische Ernährungsweise beispielswiese über viele Jahre hinweg als ungesund betrachtet und vegetarisch lebenden Menschen von vielen Seiten ein grundsätzlicher Nährstoffmangel unterstellt, so kann mittlerweile glaubhaft widerlegt werden, dass Fleischkonsum eine Notwendigkeit der menschlichen Ernährung darstellt. Eine ausgewogene vegetarische Er-

nährung ist, so formulieren es Studien, nicht nur für Menschen in jeder Lebensphase – also auch für schwangere Frauen – geeignet, sondern bietet sogar eine Reihe gesundheitlicher Vorteile (vgl. CRAIG & MANGELS 2009).

Die Ansichten über „richtige" Ernährung sind immer einer jeweiligen Mode unterworfen. Durch neuere wissenschaftliche Erkenntnisse verändern sich dann auch die Empfehlungen, die schwangeren Frauen gegeben werden. Neben unabhängiger Information sollten sich Schwangere daher immer auch auf ihr Gefühl und vor allem auch auf ihren in Schwangerschaft und Stillzeit deutlich geschärften Geruchs- und Geschmackssinn verlassen.

2. Sollen trotz dieser Einschränkung im ersten Punkt Empfehlungen über die aktuell gerade als „richtig" anerkannte Form der Ernährung gegeben werden, so stellt sich die Frage, warum kaum jemand weiß, dass diese Aufgabe auch von Hebammen übernommen werden kann. Aus eigener Erfahrung weiß ich, dass Ernährungsfragen während der Schwangerschaft bei ärztlichen Routinebesuchen nicht auf dem Programm stehen. So sich aus Sicht des Gynäkologen keine speziellen Bedarfsfälle ergeben, beispielsweise in Form von übermäßiger Gewichtzunahme oder auch Schwangerschaftsdiabetes, spielt die Ernährung beziehungsweise die Ernährungsberatung Schwangerer in der Regel keine große Rolle.

Ruft man sich die Wechselhaftigkeit ärztlicher Empfehlungen in Erinnerung, sollte man die mögliche Belastung im Auge behalten, die eine Überversorgung mit einzelnen Vitaminengruppen oder Nährstoffen mit sich bringen kann. Nicht alle Vitamine/Nährstoffe können bei Überversorgung einfach ausgeschieden werden, was den Organismus auf vielfältige Weise belasten kann. Ein Zuviel an Magnesium kann beispielsweise Einfluss auf die Wehentätigkeit haben. Oder konkurriert mit der Aufnahme von Eisen. Daher wäre es doch nur normal, die ärztlichen Verordnungen in Frage zu stellen.

Vermutlich macht sich eine Schwangere beim Arzt ihres Vertrauens dadurch erst einmal nicht sonderlich beliebt, aber immerhin stehen die eigene Gesundheit sowie die des Kindes auf dem Spiel. Mehr ist nicht zwangsläufig besser, was die Nährstoffversorgung des Körpers betrifft.

Die Schwangere sollte sich jedenfalls genau über Zusammensetzung und Notwendigkeit der verordneten Präparate informieren und auch den Grund erfragen, warum gerade sie dieses oder jenes Präparat einnehmen soll.

Vorsicht ist geboten, wenn die Begründung eine eher allgemeine Aussage ist wie: Alle Schwangeren sollen XY einnehmen! Oder: In der Schwangerschaft neigen alle Frauen zu einem Vitaminmangel! Dann kann es immer noch sinnvoll sein, den persönlichen Nährstoffstatus überprüfen zu lassen und daraufhin eine persönlich stimmige Lösung zu finden.

Manchmal kann es schon ausreichend sein, wenn die eigene Ernährungsweise durchleuchtet und gegebenenfalls verändert wird, um einem Nährstoffmangel vorzubeugen oder diesen auszugleichen.

Mindestens drei Ultraschalluntersuchungen?

Zusätzlich zu den fünf großen, von der Krankenkasse finanzierten allgemeinen Untersuchungen sind für die Schwangerenkontrolle im Rahmen des Mutter-Kind-Passes zumindest drei Ultraschalluntersuchungen geplant.

Diese sind zwischen der 8. und 12. Schwangerschaftswoche (vermutlich bei der ersten Untersuchung), der 18. und 22. Schwangerschaftswoche (bei der zweiten Untersuchung) und zwischen der 30. und 34. Schwangerschaftswoche (bei der vierten Untersuchung) vorgesehen.

Was nicht alle Frauen wissen: Für den vollen Bezug des Kinderbetreuungsgeldes sind die Ultraschalluntersuchungen NICHT zwingend notwendig, das heißt, die Frau kann diese Untersuchungen ohne Angabe von Gründen ablehnen. Ihre Kosten werden jedoch von der Krankenkasse übernommen, wenn sie sie in Anspruch nimmt.

Anders ist das mit jedem weiteren Ultraschall, der zusätzlich durchgeführt wird. Diese Ultraschalluntersuchungen müssen von den Eltern selbst bezahlt werden. Oft bieten Gynäkologen Ultraschallpauschalen an, um den werdenden Eltern bei jedem Untersuchungstermin ein Bild von ihrem Baby am Monitor zeigen bzw. ausgedruckt mitgeben zu können. Doch ähnlich den Nahrungsergänzungsmitteln gilt auch hier: Die Nebenwirkungsfreiheit von Ultraschall gilt landläufig als nicht erwiesen.

Zurück zu den im MKP vorgesehenen Ultraschalluntersuchungen:

Ziel der ersten Ultraschalluntersuchung ist die Beurteilung der Entwicklung des Embryos beziehungsweise des Fötus und die Feststellung eventueller Mehrlingsschwangerschaften.

Bei der zweiten Ultraschalluntersuchung werden die kindliche Herzaktivität, die Fruchtwassermenge und der Sitz der Plazenta überprüft.

Die Herzaktion, die Fruchtwassermenge, das kindliche Wachstum und die Lage von Plazenta und Kind sind Schwerpunkte der letzten routinemäßig vorgesehenen und von der Krankenkasse bezahlten Überprüfung mittels Ultraschall.

Wurden bei einer Ultraschalluntersuchung Auffälligkeiten festgestellt oder haben sich andere Komplikationen eingestellt, das heißt, existiert für weitere Untersuchungen eine medizinische Notwendigkeit, dann werden die Kosten dieser Ultraschalluntersuchungen von den Krankenversicherungsträgern übernommen. Andernfalls sind viele Eltern gerne bereit, in die eigene Tasche zu greifen, um bei jedem Arztbesuch das Bild ihres Kindes auf dem Bildschirm des ärztlichen Ultraschallgerätes sehen zu dürfen.

Eine weitere Möglichkeit, das Kind genauer unter die Lupe nehmen zu können, ergibt sich beispielsweise beim Organscreening. Diese Maßnahme fällt allerdings in den Bereich der Pränataldiagnostik und wird an anderer Stelle gesondert besprochen.

Neben den bereits beschriebenen fünf gynäkologischen Untersuchungen, die im Rahmen des Schwangerenvorsorgeprogramms durchgeführt werden, können aus medizinischer Sicht zusätzliche Untersuchungen notwendig werden.

Dies ist dann der Fall, wenn beispielsweise Komplikationen auftreten, der Verdacht auf Fehlbildungen besteht oder andere Erkrankungen oder Abweichungen eintreten. Auch sogenannte „Risikoschwangerschaften" werden sehr viel häufiger und engmaschiger beobachtet und kontrolliert, als dies im Mutter-Kind-Pass normalerweise vorgesehen ist. Unterliegen diese zusätzlichen Untersuchungen einer medizinischen Notwendigkeit und sind sie ärztlich verordnet, werden sie von der Krankenkasse finanziert.

Die Anzahl der tatsächlichen Arztbesuche während der Schwangerschaft kann sich also, bei entsprechender Diagnose, deutlich erhöhen. Auch das zur Entbindung ausgewählte Krankenhaus bzw. die dort tätige Belegschaft wird die schwangere Frau neben der Erledigung der Anmeldeformalitäten mehrmals zu gynäkologischen Untersuchungen auffordern.

Werden zusätzlich pränataldiagnostische Untersuchungen wie eine Nackenfaltenmessung und ein Organscreening gewünscht, erhöht sich die Anzahl der Arztbesuche noch einmal. Zahlreiche weitere Methoden werden der gesunden schwangeren Frau angeboten. „Wer die Wahl hat, hat die Qual", sagt ein Sprichwort.

Werden alle zum Erhalt des Kinderbetreuungsgeldes in vollem Ausmaß verpflichtenden Untersuchungen und alle mehrheitlich gewählten Untersuchungen zusammengezählt, so kann davon ausgegangen werden, dass eine Schwangere im Durchschnitt etwa doppelt so häufig bei einem Arzt vorstellig wird, als dies im Rahmen des Mutter-Kind-Passes vorgesehen ist. Die Sinnhaftigkeit dieser häufigen Arztbesuche ist mehr als zweifelhaft, denn immerhin konnte bereits aufgezeigt werden, dass ein Mehr an Untersuchungen während der Schwangerschaft keine positiven Auswirkungen auf die Gesundheit von Mutter und Kind hat.

Im Normalfall nehmen Menschen nur dann ärztliche Untersuchungen in Anspruch, wenn sie krank sind oder der Verdacht auf eine Erkrankung vorliegt.

Anders verhält es sich in der Schwangerschaft. Machen die Arztkonsultationen die Frau sicherer? Oder kann es sein, dass eine werdende Mutter im Laufe ihrer Schwangerschaft schon allein dadurch das Gefühl vermittelt bekommt, dass etwas nicht stimmt, weil sie sich so häufig mit Ärzten konfrontiert sieht? Immerhin wird Schwangeren der Eindruck vermittelt, eine Patientin zu sein, und der Umstand betont, dass Schwangerschaft und Geburt Zustände sind, die ärztlichen Beistand erfordern.

Hebammenberatung

Die vorläufig letzte Novelle der Mutter-Kind-Pass-Verordnung wurde am 10. Dezember 2013 per Bundesgesetzblatt ausgegeben und betrifft erfreulicherweise die Möglichkeit einer zusätzlichen einstündigen Beratung durch eine Hebamme. Diese Leistung ist für die werdenden Mütter freiwillig und kostenlos und wurde im Mutter-Kind-Pass verankert.

Die Hebammensprechstunde kann zwischen der 18. und 22. Schwangerschaftswoche einmalig in Anspruch genommen werden. Im einstündigen Gespräch können Fragen rund um die Schwangerschaft und Geburt und die erste Zeit mit dem Baby besprochen werden. Auch zu Themen wie Bewegung und Ernährung während der Zeit der Schwangerschaft, über Geburtsvorbereitung und Geburtsmethoden kann sich die Schwangere beraten lassen.

Weitere Leistungen der freiberuflichen Hebammen – wie Geburtsvorbereitungskurse, Schwangerschaftsbegleitung, Betreuung der Geburt und Nachsorgetätigkeiten – sind grundsätzlich selbst zu finanzieren. Unter bestimmten Voraussetzungen erstattet die Krankenversicherung auf Antrag einen Teil der Kosten. Über die jeweiligen Ansprüche muss man sich direkt beim Sozialversicherungsträger, bei der Hebamme oder bei Elternberatungszentren selbst informieren.

Wenn man bedenkt, dass der Hebammenberuf ursprünglich „erfunden" wurde, um die physiologischen Aspekte von Schwangerschaft, Geburt und Säuglingszeit als normale bio-psycho-soziale Phasen zu unterstützen, so scheint durch die Selbstbezahlung dieser Weg reichlich erschwert.

Bedeutet das, dass die Gesellschaft mehr Wert auf eine medizinische Vereinnahmung dieser Lebensphasen legt? Und zahlt sich das volkswirtschaftlich aus? Das sind Fragen, die nicht nur ich mir mittlerweile stelle. Aber zurück zur Hebammensprechstunde.

Die Hebamme kann für das Beratungsgespräch frei gewählt werden, aber nicht jede Hebamme bietet diese Form der Beratung an. Es kann daher sinnvoll sein, sich bereits frühzeitig über das entsprechende Angebot zu informieren und die Rahmenbedingungen mit der Hebamme abzuklären. Manchmal kommt es vor, dass die Kosten für das Beratungsgespräch von der Schwangeren vorfinanziert werden müssen und die Krankenkasse dann auf Antrag das Salär rückerstattet.

Das Beratungsgespräch mit der Hebamme ersetzt allerdings keine der im Mutter-Kind-Pass verankerten ärztlichen Untersuchungen. Einer seit Langem geforderten Wahlfreiheit zwischen Hebammen- und Arztbetreuung, wie sie in vergleichbaren europäischen Ländern Alltag ist, entspricht dieses Modell also nicht. Die Erwähnung der Hebamme im Mutter-Kind-Pass mag jedoch ein erster kleiner Schritt in die richtige Richtung sein.

Die Präsidentin des Österreichischen Hebammengremiums, Petra Welskop, und ihre Stellvertreterin, Gerlinde Feichtlbauer, zeigen sich jedenfalls im Hebammen-Newsletter vom Juni 2013 über die politische Entscheidung zur Aufnahme des einstündigen Beratungsgespräches durch eine Hebamme in den Mutter-Kind-Pass erfreut, weil sie einerseits glauben, darin einen Ausdruck der Wertschätzung gegenüber der Hebammenarbeit erkennen zu können, und andererseits die Hoffnung hegen, den werdenden Müttern durch den Kontakt in der Mitte der Schwangerschaft die Bedeutung der Hebammenarbeit und deren Chancen näherzubringen.

Die Arbeit der Hebamme zielt grundsätzlich darauf ab, Frauen in ihrer Selbstständigkeit zu unterstützen, was ihren Umgang mit den täglichen

Fragen und Problemen anbelangt. Aber wollen die Frauen das? Man kann nur hoffen, dass das Hebammenangebot als Ressource für die einzelne Frau erkannt und angenommen wird.

Pränataldiagnostik

Normalerweise beschäftigen sich Menschen nur dann mit pränataldiagnostischen Methoden, wenn sie Eltern werden und direkt damit konfrontiert werden. Doch unter welchen besonderen Umständen passiert dies?

Nun, so „besonders" müssen die Umstände gar nicht sein! Eigentlich wird jeder schwangeren Frau im Rahmen der Mutter-Kind-Pass-Untersuchungen auch die eine oder andere pränataldiagnostische Methode angeboten. Die Ärzte sind nämlich dazu verpflichtet, die Schwangere über jene Möglichkeiten aufzuklären, die sie diesbezüglich hat. Normalerweise sieht diese „Aufklärung" allerdings so aus, dass ganz einfach einzelne Untersuchungen wie beispielsweise die Nackentransparenzmessung oder das Organscreening angesprochen und direkt angeboten werden.

Meist gibt es nur wenig Information darüber, was Inhalt und Umfang der einzelnen Untersuchungen sind und was mögliche unerwünschte Ergebnisse zur Folge haben können. Der Zeitdruck in der Arztpraxis ist groß, und das Thema Pränataldiagnostik sehr umfassend und für Laien teilweise schwierig nachzuvollziehen.

Jede Schwangere ist daher gut beraten, wenn sie sich vor (!) Inanspruchnahme einer pränataldiagnostischen Untersuchung gut informiert und unabhängig (beispielsweise in einem Eltern-Kind-Zentrum) darüber beraten lässt.

Frauen oder Eltern, die keine Pränataldiagnostik wollen, müssen sich bewusst sein, dass sie sich aktiv gegen etwas entscheiden, das ihnen als normaler Standard verkauft wird. Die werdenden Eltern sollten sich also über die Auswirkungen und auch über mögliche Risiken der Untersuchung(en) im Klaren sein. Und sie sollten sich bereits im Vorfeld gut überlegen, wie sie im Falle einer ungünstigen Prognose verfahren wollen. Aus einem „Ich wollte nur eine Bestätigung, dass alles in Ordnung ist" kann ganz leicht eine Situation entstehen, die alle Beteiligten überfordert.

Die werdenden Eltern müssen sich also nicht nur für oder gegen eine Untersuchung entscheiden, sondern möglicherweise auch für oder gegen ihr Kind. Nicht-invasive Pränataldiagnostik bietet zudem nur eine Wahrscheinlichkeitsberechnung und zieht im Fall der Fälle den sprichwörtlichen Rattenschwanz an Folgeuntersuchungen nach sich. Nur selten können festgestellte Krankheiten oder Abweichungen von der Norm auch geheilt werden. Im Fall des Nachweises einer Chromosomenstörung beispielsweise gibt es keine „Heilung".

Letztendlich geht es also in den meisten Fällen um die Entscheidung, ein Kind mit einer Behinderung zu akzeptieren oder die Schwangerschaft abzubrechen. Kommt eine künstliche Schwangerschaftsbeendigung für die werdenden Eltern sowieso nicht in Betracht, stellt sich die Frage, ob die angebotenen Untersuchungen überhaupt sinnvoll sind und ob die emotionale Belastung die restliche Schwangerschaft durch die möglicherweise ungünstigen Befunde nur erschwert.

Frauen, die im Laufe ihrer Schwangerschaften pränataldiagnostische Methoden in Anspruch genommen haben, beklagen häufig im Nachhinein, dass sie zu wenige Informationen erhalten hätten. Viele berichten auch über große Verunsicherung, Überforderung, Angst, Verzweiflung und Depression (vgl. STRACHOTA 2006).

Die emotionale Belastung, die durch pränatale Diagnose verursacht wird, kann enorm sein. Selbst wenn der Befund letztendlich keine Auffälligkeiten zeigt, so können allein die Zeit der Untersuchung und das Warten auf das Testergebnis zu einem regelrechten Albtraum werden. Die Schwangerschaft verläuft eigentlich ohne Problem, aber trotzdem wird sich die werdende Mutter gedanklich mit der Was-wäre-wenn-Frage beschäftigen. Spätestens dann ist die Schwangerschaft keine Zeit der reinen Vorfreude auf das Kind mehr, sondern auch geprägt von Unsicherheiten, Zweifeln und Ängsten. Wie verträgt sich dieses Ergebnis mit der ärztlich geforderten Haltung, nicht zu schaden?

Hinzu kommt, dass die Treffsicherheit diverser pränataldiagnostischer Methoden mehr als zweifelhaft ist. Falsch positive oder falsch negative Ergebnisse sind keine Seltenheit.

Der Sendung „Die Grenzen der Schwangerenvorsorge" war zu entnehmen, dass das Ersttrimester-Screening bei 100.000 getesteten Frauen in 5008 Fällen zu einem falschen Ergebnis geführt hat. 17 Frauen erhielten ein falsch negatives Ergebnis. Das bedeutete, dass ihnen gesagt wurde, sie würden ein gesundes Kind erwarten, obwohl das Kind in ihrem Bauch das Down Syndrom aufwies. 4.991 Mal wurde ein falsch positives Testergebnis übermittelt, obwohl das Kind in Wahrheit nicht vom Down Syndrom betroffen war.

Viele dieser mit einem falsch positiven Testergebnis konfrontierten Schwangeren entschieden sich in weiterer Folge zu invasiven Testmethoden, um das erste Ergebnis abklären zu lassen. Von diesen Frauen verloren 30 ihre Kinder, weil es aufgrund des medizinischen Eingriffs zu einer Fehlgeburt kam (vgl. WDR 2015).

Pränataldiagnostische Methoden im Überblick

Viele Frauen und Paare tappen gewissermaßen in die pränataldiagnostische Falle, weil es sich eingebürgert hat, dass diverse Untersuchungen im Rahmen des Mutter-Kind-Pass-Vorsorgeprogramms von den Ärzten angeboten werden (müssen). Im Folgenden beziehe ich mich überwiegend auf Informationen von PRENET, dem Netzwerk für kritische Auseinandersetzung mit Pränataldiagnostik.

Ohne medizinische Notwendigkeit sind die Kosten für pränataldiagnostische Maßnahmen in der Regel selbst zu bezahlen. In begründeten Fällen – beispielsweise bei bekannten genetisch bedingten Vorbelastungen – übernimmt normalerweise die Sozialversicherung die Untersuchungskosten. Folgende pränataldiagnostische Methoden werden derzeit angeboten:

Nackenfaltenmessung

Die Nackenfalten- oder Nackentransparenzmessung gilt als zusätzliche Untersuchung zum Mutter-Kind-Pass und wird von der Sozialversicherung nicht übernommen. Sie wird zwischen der 11. und 14. Schwangerschaftswoche durchgeführt und liefert sofort ein Ergebnis. Per Ultraschalluntersuchung wird die Dicke der Nackenfalte gemessen. Dabei handelt es sich um Gewebsflüssigkeit im Nacken des Kindes. Das Lymphsystem und die Nieren entwickeln sich gerade, sodass die Flüssigkeit noch nicht abgeleitet werden kann und es zu einer Lymphansammlung im Bereich des kindlichen Nackens kommt. Dieser Flüssigkeitsstau bildet sich im Verlauf der weiteren Entwicklung wieder zurück.

Diese Untersuchung ist eigentlich kein diagnostisches Verfahren, sondern eher so etwas wie ein Suchtest, der lediglich einen Hinweis auf ein Down-Syndrom oder andere Chromosomenveränderungen sowie Herzfehler liefert. Je größer die Nackendicke, desto höher ist die Wahrscheinlichkeit einer Fehlbildung.

Wie bereits erwähnt, ist es völlig normal, dass Babys zwischen der 11. und 14. Schwangerschaftswoche über eine Flüssigkeitsansammlung im Nackenbereich verfügen, deren durchschnittlicher Wert bei etwa 1 bis 2,5 Millimeter liegt. Ab 3 Millimetern gilt der Wert als deutlich erhöht, Werte um die 6 Millimeter gelten als stark erhöht. Tendenziell kann eine Verschiebung der Grenzwerte nach unten beobachtet werden. Einzelne Ärzte raten bereits ab einem Wert von 2,5 Millimeter zu einer weiteren Abklärung.

Die Nackentransparenzmessung hat nur relativ geringe Aussagekraft. Da die Untersuchungsergebnisse oft keine eindeutigen Ergebnisse liefern und unterschiedliche Ärzte bei ein und derselben Patientin im gleichen Schwangerschaftsalter nicht selten unterschiedliche Messwerte erheben, ist es von großer Bedeutung, dass der Arzt gut ausgebildet ist und viel Erfahrung mit dieser Art der Untersuchung hat. Außerdem ist ein hochauflösendes Ultraschallgerät notwendig, und auch die Durchführung mehrerer Messungen, aus denen dann ein Durchschnittswert ermittelt wird, wird empfohlen.

Dennoch bleibt zumindest das folgende Problem bestehen: Ein unauffälliges Untersuchungsergebnis schließt eine mögliche Behinderung des Kindes nicht aus, ein auffälliger Befund kann trotzdem ein vollkommen gesundes Kind zur Folge haben. Es kommt also immer wieder zu falsch negativen oder falsch positiven Befunden. Unklare oder auffällige Befunde erfordern weitere invasive und belastende Untersuchungen, um eine möglichst genaue Aussage zu erhalten.

Combined Test

Dieses Verfahren wird zwischen der 11. und 14. Schwangerschaftswoche angewandt. Das Ergebnis liegt innerhalb weniger Tage vor. Es handelt sich hierbei um eine Wahrscheinlichkeitsrechnung, bei der mit Hilfe einer Kombination aus Nackenfaltenmessung, Alter der Schwangeren und einer speziellen Untersuchung des mütterlichen Blutes Aufschluss über eine mögliche Chromosomenveränderung (Trisomie 21, Trisomie 13, Trisomie 18) gezogen wird. Zusätzlich kann die Verknöcherung des kindlichen Nasenbeines als Risikofaktor in die Berechnung mit einbezogen werden.

Ein auffälliges Ergebnis bedeutet nicht zwangsläufig, dass das Kind eine Behinderung aufweist. Bei einer weiteren Abklärung zeigt sich nämlich häufig ein normaler Chromosomenbefund. Auf der anderen Seite schließt ein unauffälliges Testergebnis eine Behinderung des Kindes nicht aus.

Organscreening

Beim sogenannten Organscreening handelt es sich um eine detaillierte Ultraschalluntersuchung in der 20. bis 22. Schwangerschaftswoche, bei der die inneren Organe wie Gehirn, Herz, Nieren, Lunge, Harnblase, Leber und Magen ebenso einer genauen Untersuchung unterzogen werden wie die Extremitäten und Körperkonturen. Das Ergebnis der Untersuchung kann sofort mitgeteilt werden.

Bei Auffälligkeiten kann das Kind möglicherweise bereits intrauterin oder unmittelbar nach der Geburt behandelt werden. Oft wird bei einem vermeintlichen Handicap des Ungeborenen ein Kaiserschnitt geplant. Zur genauen Abklärung kann zusätzlich eine Chromosomenuntersuchung notwendig werden.

Triple-Test

Beim Triple-Test handelt es sich um einen nicht unumstrittenen Bluttest bei der Mutter, bei dem unter Berücksichtigung des Alters der Schwangeren drei bestimmte Hormone im Verhältnis zueinander gemessen werden. So wird versucht, ein individuelles Risiko für Chromosomenveränderungen zu berechnen.

Dieser Test findet in der 16. bis 18. Schwangerschaftswoche statt, das Testergebnis liegt nach rund einer Woche vor. Zeigt der Befund Auffälligkeiten, wird zur genaueren Abklärung eine Fruchtwasserpunktion angeraten. Diese wird dann von der Krankenkasse bezahlt.

Mittlerweile wurde der Triple-Test überwiegend durch den Combined Test ersetzt, der zwar ebenso eine Wahrscheinlichkeitsrechnung darstellt, dessen Aussagekraft aber deutlich höher liegt und der früher vorgenommen wird.

Kommt es bei einem der nichtinvasiven Verfahren zu auffälligen Untersuchungsergebnissen oder werden beispielsweise mittels Ultraschall andere Auffälligkeiten beim Kind festgestellt, kann durch die folgenden invasiven pränataldiagnostischen Methoden der kindliche Chromosomensatz bestimmt werden.

Chorionzottenbiopsie / Plazentabiopsie

Eine Chorionzottenbiopsie oder Plazentabiopsie (gleiches Verfahren) wird ab der 11. Schwangerschaftswoche angeboten. Das Ergebnis des Schnelltests liegt nach etwa zwei bis drei Tagen vor.

Diese Untersuchung dient der Gewinnung kindlicher Zellen, die im Anschluss daran auf numerische und strukturelle Chromosomenveränderungen hin untersucht werden. Auch DNA- und biochemische Untersuchungen des kindlichen Zellmaterials sind möglich.

In 1 bis 2 Prozent der Fälle ist das Gewebe der Plazenta nicht genau identisch mit dem des Embryos, was wiederum zu Fehlinformationen und weiteren Untersuchungen führen kann.

Um Gewebe aus der Plazenta zu entnehmen, wird unter Ultraschallkontrolle und lokaler Betäubung eine Punktionsnadel durch die Bauchdecke der schwangeren Frau eingeführt. Trotz der frühen Diagnosemöglichkeit beinhaltet dieses Verfahren einige Gefahren. Es besteht das Risiko einer Fehlgeburt. Die diesbezüglichen Angaben schwanken zwischen 0,5 und 2 Prozent und sind vermutlich auch von der Erfahrung des durchführenden Arztes abhängig. Auch Bauchschmerzen und leichte Blutungen zählen zu den möglichen Risiken.

Unklare Befunde sind möglich, diese erfordern dann eine weitere Abklärung mittels Fruchtwasseruntersuchung. Behinderungen des Kindes, die andere Ursachen haben, können mit Hilfe der Chorionzottenbiopsie nicht erfasst werden.

Amniozentese / Fruchtwasserpunktion

Die Amniozentese oder Fruchtwasserpunktion kann ab der 16. Schwangerschaftswoche durchgeführt werden und liefert innerhalb von zwei bis drei Wochen ein Endergebnis. Ein Schnelltest kann nach etwa zwei bis drei Tagen ersten Aufschluss geben.

Bei dieser Untersuchung wird unter Ultraschallkontrolle eine lange Nadel durch die Bauchdecke der Frau bis in die Fruchtblase gestochen und etwas Fruchtwasser entnommen. Die darin enthaltenen Zellen des Feten werden in einer Zellkultur angelegt und auf numerische und strukturelle Chromosomenveränderungen hin untersucht.

Auch eine DNA- und biochemische Untersuchung (Blutgruppenunverträglichkeit) sind möglich. Andere genetische Erkrankungen und Behinderungen mit anderer Ursache werden nicht erfasst.

Das Fehlgeburtsrisiko ist ähnlich hoch wie bei der Chorionzottenbiopsie. Zusätzlich können Komplikationen wie ein Blasensprung, Infektionen, Krämpfe, Wehen und Blutungen auftreten.

NIPT (Nicht-Invasiver Pränataler Test)

Der NIPT (Nicht-Invasiver Pränataler Test) ist ein noch neues und nur vereinzelt angebotenes Verfahren, das im Blut der Mutter befindliche Bruchstücke der kindlichen Erbinformation analysiert.

Dabei wird das Mengenverhältnis zwischen mütterlicher und kindlicher Erbsubstanz berechnet. Kommt es zu Abweichungen im Bereich eines Genoms vom Normwert, wird das als Zeichen für überzähliges und fehlendes Genmaterial im Fötus gewertet.

Laut Angaben eines österreichischen Anbieters solcher Untersuchungen können 98 Prozent aller relevanten genetischen Erkrankungen mit dieser Untersuchung „ausgeschlossen" werden. Diese Angabe ist freilich irreführend, denn ausschließen kann man durch dieses Testverfahren keine einzige Erkrankung, da es sich eben um ein Diagnose- und nicht um ein Therapieverfahren handelt. Was in Folge ausgeschlossen werden kann, ist lediglich die Tatsache, dass das auf diese Weise als krank oder fehlerhaft identifizierte Kind später einmal auch tatsächlich geboren wird.

Dieses neue Testverfahren wird als „gut erprobt" und „zuverlässig" beworben, da es invasive Verfahren in vielen Fällen ersetzen kann. Tatsächlich kann der Test schon relativ früh in der Schwangerschaft durchgeführt werden, nämlich bereits ab der vollendeten 10. Schwangerschaftswoche nach Befruchtung. Auf das Testergebnis warten die werdenden Eltern 10 bis 14 Tage.

Praktischerweise liefert der Test neben den relevanten genetischen Merkmalen auch gleich die Antwort auf die brennende Frage: Mädchen oder Junge? Nach Angaben eines weiteren Anbieters kann der Test in jeder Schwangerschaft ohne spezifische Indikation durchgeführt werden. Sollte das Testergebnis auffällige Befunde liefern, wird eine Abklärung durch invasive Methoden wie Amniozentese oder Chorionzottenbiopsie empfohlen.

Die Kosten dieser nicht-invasiven Untersuchung belaufen sich auf 500 bis 1.250 Euro und sind von den werdenden Eltern zu begleichen.

War dieses Testverfahren zu Beginn seiner Entwicklung vor allem auf das Aufspüren einer Trisomie 21 (Down-Syndrom) beschränkt, so nimmt die Vision der Pränataldiagnostiker, den Eltern ein gesundes Kind nach Wunsch garantieren zu können, langsam aber sicher Gestalt an. Die Tendenz ist wahrnehmbar, dass immer früher immer mehr genetische Merkmale untersucht werden.

Es ist anzunehmen, dass sich die nicht-invasive Blutdiagnostik zur vorgeburtlichen Routineuntersuchung entwickeln wird.

Im Dschungel der Untersuchungen

Im Folgenden sollen noch einmal im Detail die Untersuchungen betrachtet werden, mit denen sich eine Frau im Verlaufe ihrer Schwangerschaft (teilweise verpflichtend) konfrontiert sieht, welche Bedeutung die einzelnen Untersuchungen haben und aus welchem Grund sie angeboten werden oder sogar verpflichtend durchzuführen sind. In einem weiteren Schritt folgen Überlegungen zur Notwendigkeit der einzelnen Untersuchungen.

Eines der Ziele der Mutter-Kind-Pass-Untersuchungen ist die Unterscheidung zwischen „normaler" und sogenannter „Risikoschwangerschaft". Frauen, die aufgrund diverser Befunde aus ärztlicher Sicht besondere Belastungsfaktoren aufweisen, werden intensiver überwacht als andere Schwangere. Für die betroffenen Frauen bedeutet das meist ein Mehr an Untersuchungen und engmaschigere Kontrolltermine.

Bereits die allgemeine, geburtshilfliche und gynäkologische Anamnese, die Bestandteil der ersten Mutter-Kind-Pass-Untersuchung ist, soll dem Arzt ermöglichen, einen Großteil der Belastungsfaktoren zu identifizieren.

Inhalt des Anamnesegespräches sind aktuelle Beschwerden, frühere Erkrankungen, familiäre Vorbelastungen (hier sind vor allem genetische und psychische Erkrankungen, Fehlbildungen, Diabetes und Hypertonie, also Bluthochdruck, von Interesse), Berufsverhältnisse und Fragen zum Lebensstil.

So hat die werdende Mutter über folgende Aspekte Auskunft zu erteilen:

- *mögliche frühere Schwangerschaften*
- *Früh- oder Fehlgeburten*
- *Geburten reif geborener Kinder sowie Geschlecht, Alter, Größe und Gewicht bereits geborener Kinder*
- *mögliche Geburtskomplikationen*
- *vorangegangene Operationen*
- *schwere Erkrankungen*
- *eingenommene Medikamente*
- *Alkohol- und Zigarettenkonsum*

Von weiterem Interesse für den behandelnden Arzt sind psychosoziale Belastungen wie berufliche, familiäre oder wirtschaftliche Probleme, Allergien, Impfstatus und Infektionskrankheiten, Blutungs- oder Thromboseneigung und eventueller Drogenkonsum. Gemeinsam mit anderen, noch nicht genannten, möglicherweise aber bedeutenden Zusatzinformationen und persönlichen Angaben zum körperlichen Zustand der werdenden Mutter wie Größe, Gewicht, Alter, Menses, erstem Tag der letzten normalen Regelblutung und eventuellen Sterilitätsbehandlungen werden diese Daten in den Mutter-Kind-Pass eingetragen.

Durch diese Informationen kann der Arzt mögliche Belastungsfaktoren abschätzen, welche für die aktuelle Schwangerschaft problematisch werden könnten oder eine Gesundheitsgefährdung für Mutter und/oder Kind darstellen. In einem solchen Fall werden vermutlich weiterführende Untersuchungen vorgeschlagen, die nicht routinemäßig vorgesehen sind. Zumindest wird der Arzt die erhobenen Befunde im Auge behalten und die Schwangerschaft mit besonderer Sorgfalt begleiten.

Die Anamnese hat eine große Bedeutung in der Schwangerenvorsorge, wird aber leider oft vernachlässigt. Durch die rechtzeitige Kenntnis von Erkrankungen und Beachtung der Vorgeschichte kann die Wahrscheinlichkeit für Komplikationen in der aktuellen Schwangerschaft besser eingeschätzt werden.

Angemerkt werden muss an dieser Stelle aber, dass es nicht unbedingt einen Arzt braucht, um eine Anamnese zu erheben. Auch Hebammen sind dazu in der Lage und könnten die schwangere Frau im Bedarfsfall an einen Facharzt verweisen.

Körperdaten der Mutter

Besonderes Augenmerk wird im Rahmen der Mutter-Kind-Pass-Untersuchungen auf die Körperdaten der Mutter gelegt. Bei der Erstuntersuchung werden neben dem Alter der werdenden Mutter auch ihre Größe und ihr Gewicht vor der Schwangerschaft erfragt und in den Pass eingetragen. Bei dieser ersten und jeder weiteren Untersuchung wird das aktuelle Gewicht erfasst, der Blutdruck gemessen und ein Harnbefund erhoben. Außerdem wird nach Ödemen und Varizen gefragt.

Der Urintest wird bei jedem Besuch in der Arztpraxis gemacht. Über den Urin lassen sich bestimmte Stoffe im Körper nachweisen. Die Schwangere sammelt dazu etwas Harn in einem Becher. Ein in den Urin getauchter Teststreifen gibt relativ rasch Auskunft darüber, ob Zucker, Eiweiß, Erythrozyten, Leukozyten oder Nitrit im Urin nachzuweisen sind. Der pH-Wert des Urins lässt u. a. Aufschluss darüber zu, ob eine Harnwegsinfektion vorliegt.

Glukose, also Zucker im Urin, kann ein ernster Hinweis auf einen Gestationsdiabetes (Schwangerschaftsdiabetes) sein. Ist Eiweiß nachweisbar, liegt vielleicht eine Nierenerkrankung oder eine Infektion vor. Eiweiß im Urin kombiniert mit einem erhöhten Blutdruck in der zweiten Hälfte der Schwangerschaft deutet auf eine sogenannte „Präeklampsie" (eine Erkrankung, die im schlimmsten Fall zum Krampfanfall führt) hin.

Neben dem Blutdruck wird auch das Gewicht der Schwangeren kontrolliert. Eine unverhältnismäßige Gewichtszunahme kann einen Hinweis auf krankhafte Wassereinlagerungen und auch einen Gestationsdiabetes liefern oder in Kombination mit einem erhöhten Blutdruck und Eiweiß im Harn Symptom für eine Präeklampsie sein. Weitere Symptome dieser Schwangerschaftserkrankung können sein: Ödeme, starke Kopfschmerzen, Flimmern vor den Augen, Oberbauchschmerzen sowie Abnahme der Urinausscheidung.

Die Untersuchung der Urinprobe gibt dem Arzt Hinweise auf eine bestehende Infektion oder eventuell vorhandene Krankheitsfaktoren, die Einfluss auf den Verlauf der weiteren Schwangerschaft haben können. Zu bedenken ist allerdings, dass mit den Testergebnissen Erkrankungen nicht immer frühzeitig erkannt oder eindeutig zugeordnet werden können.

Der Zuckergehalt im Urin beispielsweise entspricht nicht den Verhältnissen im Blut, da vor allem im letzten Schwangerschaftsdrittel über die Nieren Zucker ausgeschieden werden kann, obwohl keine Blutzuckerstörung vorliegt.

Unterschiedliche Faktoren wie Stress oder körperliche Aktivität können außerdem Einfluss auf den Eiweißgehalt im Urin haben, sodass auch die diesbezüglichen Schlussfolgerungen auf eine mögliche Gestose/Präeklampsie nicht mit absoluter Sicherheit getroffen werden können (vgl. DEANS 2007, HERBST 2007). Bei Letzteren handelt es sich um Erkrankungen, die nur in der Schwangerschaft auftreten und deren Ursachen weitgehend unbekannt sind.

Gynäkologische Untersuchung

Es gibt wohl keine erwachsene Frau, die eine vaginale Untersuchung durch einen Frauenarzt nicht schon über sich ergehen hätte lassen.

Bei der gynäkologischen Inspektion, die bei allen fünf Mutter-Kind-Pass-Untersuchungen vorgesehen ist, wird Vaginalsekret entnommen und untersucht. Bei der Erstuntersuchung wird für gewöhnlich auch ein PAP-Test (Krebsabstrich) durchgeführt. Dieser liefert während der Schwangerschaft hormonbedingt aber möglicherweise falsch positive Ergebnisse, die dann nach der Geburt genauer abgeklärt werden müssen. Bis dahin sorgen sie bei der betroffenen Frau zumindest für Unruhe.

Gynäkologische Schwangerschaftsuntersuchungen sollen beispielsweise Hinweise auf eine sogenannte Zervixinsuffizienz („Muttermundschwäche") oder die Gefährdung der Schwangerschaft durch Blutungen liefern. Allerdings stellt sich die Frage, ob eine Frau tatsächlich einen Arzt braucht, der ihr sagt, dass sie Blutungen hat. Höchstwahrscheinlich wird eine Schwangere, die Blutungen hat, dies auch ohne Hilfe eines Arztes erkennen können und dann im Bedarfsfall für eine Abklärung sorgen.

Eine Zervixinsuffizienz kann heute mittels Ultraschall diagnostiziert werden, wobei klare Diagnosekriterien in diesem Zusammenhang fehlen. Wegen des geringen Nutzens wird daher von einer routinemäßigen Screeninguntersuchung bei Frauen mit niedrigem Risiko abgeraten. Ein erhöhtes Risiko lässt sich aus der Anamnese ableiten (vgl. BELLER & HOLZGREVE 2004).

Von Interesse ist in diesem Zusammenhang auch, dass evidenzbasierte (maßnahmengerechte) Untersuchungsempfehlungen bezüglich Blutungen während der Schwangerschaft vor allem eine ausführliche Anamnese zur Identifizierung von möglichen Belastungsfaktoren sowie die Weitergabe von Empfehlungen für eine positive Beeinflussung des Schwangerschaftsverlaufes anraten. Blutungen während der Schwangerschaft können mehrere Ursachen haben. Aber keine kann durch pränatale Versorgung beseitigt werden (vgl. Kirkham et al. 2005b).

Gerade in der Frühschwangerschaft (Alles-oder-nichts-Prinzip) können harmlose leichte Einnistungsblutungen (Nidationsblutungen) auftreten, die von selbst wieder verschwinden.

Wenn es also nicht um medizintherapeutische Maßnahmen geht, sondern vor allem um Risikoabwägung und Beratung, dann stellt sich die Frage, warum nicht auch eine Hebamme diese Aufgabe übernehmen könnte. Im Bedarfsfall wird sie die Frau zur genauen medizinischen Abklärung an einen Facharzt überweisen.

Frauen berichten vereinzelt auch darüber, dass sie ohne Auffälligkeiten zur gynäkologischen Untersuchung gingen und nach der Vaginaluntersuchung plötzlich leichte Blutungen hatten. Diese werden als „Kontaktblutungen" bezeichnet und durch das Manipulieren in der Vagina oder am Muttermund ausgelöst.

In den wenigsten Fällen bedeuten sie eine ernste Gefahr für das Kind. Sehr wohl eine Bedrohung für das Kind kann jedoch ein verfrühter Blasensprung sein, der in seltenen Fällen ebenfalls durch eine vaginale Untersuchung (bzw. durch eine dadurch ausgelöste aufsteigende Infektion) ausgelöst wird. Ist das Kind noch nicht geburtsbereit, kann dadurch das Risiko für Frühgeburten, Nabelschnurvorfälle, Lageanomalien und Infektionen deutlich ansteigen.

Ein weiterer Aspekt, der hinsichtlich der vaginalen Untersuchung der Frau zu beachten ist, ist die Tatsache, dass das Einführen von Gegenständen oder den Fingern des Arztes (auch bei penibler Einhaltung aller notwendigen Hygienemaßnahmen) immer ein gewisses Risiko für eine Infektion birgt.

Der grundsätzlich leicht saure pH-Wert der Scheide verändert sich in der Schwangerschaft durch den Anstieg des Östrogenspiegels zum Alkalischen hin, was die Vermehrung von Keimen begünstigt (vgl. GRAF 2010).

Ist die Schwangere also beschwerdefrei und hat nicht das Bedürfnis, vaginal untersucht zu werden, sollte auf diese Art der Untersuchung gerade in der Schwangerschaft möglichst verzichtet werden. Außerdem ist eine Vaginaluntersuchung immer auch ein sehr intimes Ereignis (siehe Kapitel „Die Untersuchung des weiblichen Körpers", Seite 155), bei dem der Arzt sehr achtsam vorzugehen hat. Es sollte vor jeder Untersuchung und somit Berührung des Intimbereichs der Frau um Erlaubnis gefragt werden, ob dieses Vorgehen für sie in Ordnung ist.

Alfred Rockenschaub, der bekannte ehemalige Leiter der Semmelweis-Frauenklinik der Stadt Wien, stellt die häufige vaginale Untersuchung ebenfalls in Frage. In einem Interview mit Petra Otto gibt er zu bedenken:

„Zumindest wer die äußere Untersuchungstechnik beherrscht, bedarf nur ausnahmsweise einmal einer vaginalen oder Ultraschalluntersuchung. Bei den routinemäßigen vaginalen Untersuchungen geht es meines Erachtens um die Demonstration eines Machtverhältnisses, dass nämlich die Frau diesen intimen Eingriff selbst auch dann zu dulden hat, wenn er rein willkürlich und nach Gutdünken erfolgt." (OTTO 2005)

Eine Untersuchung der weiblichen Brust auf Veränderungen oder mögliche Knoten ist im Rahmen der Schwangerenvorsorge nur in der Erstuntersuchung vorgesehen.

Bei nach innen gezogenen Brustwarzen kann das Stillen erschwert sein. Hebammen und ausgebildete Stillberaterinnen helfen jungen Müttern dabei, auch in diesem Fall eine erfolgreiche Stillbeziehung zu ihrem Kind aufzubauen.

Labor

Der Mutter-Kind-Pass sieht zwei Blutuntersuchungen im Labor vor. Auf die erste Untersuchung im Labor wird die Schwangere bei der gynäkologischen Erstuntersuchung hingewiesen. Sie findet also bis Ende der 16. Schwangerschaftswoche statt. Neben der umfangreichen Untersuchung des Blutes wird auch ein Urintest durchgeführt.

Die zweite Überweisung erhält die werdende Mutter im Zuge der dritten Mutter-Kind-Pass-Untersuchung, also zwischen der 25. und 28. Schwangerschaftswoche. Auch bei dieser werden ein Urintest und eine Blutuntersuchung durchgeführt. Unabhängig von dieser Untersuchung ist die Schwangere verpflichtet, einen oralen Glukose-Toleranztest (oGTT) durchführen zu lassen. Auch dafür muss sie ein entsprechendes Labor aufsuchen.

Urintest

Bei jedem Besuch im Labor wird der Harn untersucht. Dabei wird der pH-Wert bestimmt und der Harn auf das Vorkommen von Nitrit, Eiweiß, Zucker, Ketonkörper, Urobilinogen, Bilirubin, Blut und Leukozyten getestet. Auch auf mögliche Sedimente (Leukozyten, Bakterien, Schleimfäden usw.) und die Farbe des Harns wird geachtet.

Die Untersuchung im Labor ist wesentlich umfangreicher und genauer als der Schnelltest mittels Teststreifen, der für gewöhnlich in der Arztpraxis durchgeführt wird und sehr fehleranfällig ist. So wird das Testergebnis auch von der Flüssigkeitsmenge beeinflusst, die die schwangere Frau vorab zu sich genommen hat. Liefert der Urin-Schnelltest im Zuge der Mutter-Kind-Pass-Untersuchung einen auffälligen Befund, wird der Arzt die Schwangere zum Abklären der genauen Ursache ein weiteres Mal ins Labor schicken.

Blutuntersuchungen

Ist die Blutgruppe unbekannt, wird diese bei der ersten Untersuchung im Labor bestimmt und der Rhesusfaktor ermittelt.

Bei jeder Laboruntersuchung wird das mütterliche Blut in Bezug auf Hämoglobin und Hämatokrit, Erythrozyten, Thrombozyten und Leukozyten untersucht. Diese Blutwerte geben Auskunft über die Anzahl der roten Blutkörperchen (Erythrozyten), die Anzahl der weißen Blutkörperchen (Leukozyten), die für die Immunabwehr von Bedeutung sind, und die Anzahl der Thrombozyten (Blutblättchen), die für die Blutgerinnung verantwortlich sind.

Der Hämoglobingehalt in den roten Blutkörperchen steht in Zusammenhang mit dem Eisengehalt des Blutes, sollte aber nicht überbewertet werden, da ein etwas verringerter Wert in der Schwangerschaft durchaus normal ist. Der Hämatokrit zeigt den Anteil der roten Blutzellen in Prozent zum Gesamtvolumen pro Milliliter Blut. Beide Werte stehen in Zusammenhang mit einer möglichen Schwangerschaftsanämie (Blutarmut).

Auch ein Rötelantikörpertest ist beim ersten Laborbesuch vorgesehen. Er gibt Aufschluss über die Immunität der Mutter gegenüber einer möglichen Rötelinfektion. Der Test muss bei einem auffälligen Befund zu einem späteren Zeitpunkt nochmals überprüft werden.

Die Lues-Reaktion (TPHA-Test) gibt Auskunft darüber, ob die werdende Mutter mit Treponema pallidum, dem Erreger der Syphilis, infiziert ist. Ein positives Testergebnis erfordert weitere Schritte zur genauen Abklärung.

Das Blut der Mutter wird außerdem einem HIV- und einem Toxoplasmose-Test unterzogen. Ein positiver HIV-Test bedeutet, dass die Mutter mit dem HI-Virus infiziert oder bereits an Aids erkrankt ist. Diese Immunschwächekrankheit kann auf das ungeborene Kind übergehen. Um das Risiko einer Übertragung auf das Kind zu reduzieren, kann die schwangere Frau medikamentös behandelt werden. Außerdem wird die Entbindung mittels Sectio empfohlen.

Beim Toxoplasmose-Test wird das Blut auf vorhandene Antikörper untersucht. Eventuell ist auch hier eine Kontrolluntersuchung im Zuge der zweiten Laboruntersuchung notwendig. Frauen, die bereits eine Toxoplasmose-Infektion hatten, bilden Antikörper gegen den Erreger (Toxoplasma gondii, ein einzelliger Parasit, der durch Katzenkot, verschmutzte Erde oder rohes beziehungsweise halbrohes Fleisch auf den Menschen übertragen werden kann) und sind somit immun. Auch das Ungeborene ist geschützt. Kommt es allerdings in der Schwangerschaft zu einer erstmaligen Infektion, kann das zu Schädigungen beim Kind führen.

Sind im Blut der Schwangeren also keine Antikörper nachzuweisen, ist Vorsicht geboten, um eine Infektion zu verhindern. Auf der anderen Seite kann davon ausgegangen werden, dass eine Frau, bei deren vorhergehender Schwangerschaft bereits Antikörper im Blut diagnostiziert wurden, auch bei einer erneuten Schwangerschaft vor einer Toxoplasmose-Infektion geschützt ist.

Die Hepatitis B-Untersuchung ist Bestandteil der zweiten Laboruntersuchung. Ist eine schwangere Frau akut oder chronisch mit dem Hepatitis-B-Virus infiziert, kann diese Erkrankung (Leberentzündung) auch auf das Kind übertragen werden. Eine Übertragung erfolgt meist während einer vaginalen Geburt, weshalb auch in diesen Fällen zu einer Sectio geraten wird.

Neben den eben genannten Untersuchungen kann es möglicherweise zu weiteren Überweisungen ins Labor kommen, wenn es im Laufe der Schwangerschaft zu Auffälligkeiten kommt oder Befunde nochmals überprüft oder abgeklärt werden müssen.

Oraler Glukose-Toleranztest (oGTT)

Gestationaler Diabetes mellitus, also Schwangerschaftsdiabetes, zählt neben Harnwegsinfekten zu den wichtigsten Erkrankungen, die durch eine Schwangerschaft ausgelöst werden können. Dabei handelt es sich um eine

Glukosetoleranzstörung, die während der Schwangerschaft erstmals auftritt oder erstmals diagnostiziert wird.

Meist verschwindet diese Form der „Zuckerkrankheit" nach der Geburt wieder. Dennoch ergibt sich für die werdenden Mütter ein erhöhtes Risiko für Bluthochdruck und Präeklampsie, Infektionskrankheiten wie Harnwegsinfekte und Scheidenpilze. Die Wahrscheinlichkeit einer Kaiserschnittentbindung steigt ebenfalls. Außerdem kommt es in etwa 50 Prozent der Fälle bei einer erneuten Schwangerschaft wieder zu einem Schwangerschaftsdiabetes, und auch die Wahrscheinlichkeit zur Entwicklung eines Typ II-Diabetes im Laufe von fünf Jahren nach der Entbindung ist erhöht.

Auch für die Kinder können sich aufgrund der mütterlichen Erkrankung Probleme ergeben, die ihre Gesundheit eventuell langfristig gefährden. Unerkannte, unbehandelte schwere Fälle von Gestationsdiabetes können sogar zum intrauterinen Tod führen (vgl. LEIPOLD 2002).

Ein Teststreifen-Harnbefund auf Glykosurie (Zucker im Urin) kann einen ersten Hinweis auf eine mögliche Erkrankung liefern. Der Körper scheidet Zucker allerdings erst bei sehr hohen Blutzuckerwerten über den Urin aus, sodass sich ein Schwangerschaftsdiabetes mit einer Urinuntersuchung erst relativ spät entdecken lässt.

Ein positiver Teststreifen-Befund kann in weiterer Folge durch einen oralen Glukose-Toleranztest abgeklärt werden. In der Praxis ist es allerdings so, dass der Glukose-Toleranztest (oGTT) flächendeckend für alle schwangeren Frauen im Rahmen der Mutter-Kind-Pass-Untersuchungen durchzuführen ist – unabhängig von den individuellen Belastungsfaktoren für diese Erkrankung.

Wurde bei der Anamnese zu Beginn der Schwangerschaft ein erhöhtes Risiko für einen gestationalen Diabetes mellitus festgestellt, wird die schwangere Frau bereits zu einem früheren Zeitpunkt im ersten Trimester zur Untersuchung gebeten. Der Test wird im Bedarfsfall zu einem späteren Zeitpunkt in der Schwangerschaft wiederholt.

Zu den Belastungsfaktoren für die werdenden Mütter zählen:

- *mütterliches Alter: Hier scheint sich die Literatur nicht ganz einig zu sein. Einzelne Quellen geben bereits ein Alter von über 25 Jahren als Risikofaktor an, an anderer Stelle ist von 35 Jahren die Rede.*
- *Typ II-Diabetes (Altersdiabetes) in der Familie*
- *Übergewicht der Schwangeren*
- *Bluthochdruck der Schwangeren*
- *Schwangerschaftsdiabetes während einer früheren Schwangerschaft*
- *Kinder mit einem Geburtsgewicht von über 4.500 Gramm aus früheren Geburten (An anderer Stelle wird bereits ein Gewicht von 4.000 Gramm als Risikofaktor für spätere Schwangerschaften genannt.)*
- *mehr als drei Fehlgeburten hintereinander*
- *Zucker im Harn*
- *erhöhter Nüchternblutzucker und gestörte Glukosetoleranz (>100mg/dl) vor der Schwangerschaft*
- *ethnische und geografische Einflüsse*

Auch beim Auftreten von Diabetes-spezifischen Symptomen oder anderen klinischen Auffälligkeiten wie Durst, Polyurie (krankhaft erhöhte Urinausscheidung), Glykosurie (Ausscheidung und Nachweisbarkeit von Zucker im Urin) und Makrosomie (unverhältnismäßige Größe des Kindes) wird der oGTT trotz unauffälliger Anamnese und unabhängig von der aktuellen Schwangerschaftswoche sofort durchgeführt (vgl. BANCHER-TODESCA et al. 2010).

Es gibt eine Reihe unterschiedlicher Testverfahren, die sich in der Menge der verabreichten Glukose (50–100g), dem Zeitpunkt der Glukosebestimmung, der Dauer des Tests und der Anzahl der Blutabnahmen sowie in verschiedenen Grenzwerten unterscheiden. Keiner dieser Tests ist ideal oder generell anerkannt, wie Heinz Leipold von der Universitätsklinik für Frauenheilkunde Wien in einem Artikel zum Gestationsdiabetes anführt (vgl. LEIPOLD 2002).

Bei positiven Testergebnissen muss der Test zur Bestätigung wiederholt werden. Grenzwertige Testergebnisse verlangen nach einer Wiederholung der gesamten Prozedur nach etwa drei bis vier Wochen.

Behandelt wird der Gestationsdiabetes vorwiegend durch eine Ernährungsumstellung. Bleibt diese ohne positive Auswirkungen, kann in seltenen Fällen auch die Insulintherapie erforderlich sein. Ein ein- bis dreiwöchiges Monitoring (Blutdruck, Gewichtszunahme, Harnbefund, Therapieanpassung, Blutglukose-Profil) durch eine geburtshilfliche oder internistische Ambulanz wird notwendig.

Ist die Schwangerschaft zum Zeitpunkt der Diagnose bereits weit fortgeschritten, das heißt, in Nähe des errechneten Geburtszeitraums, wird über die möglichst baldige Beendigung der Schwangerschaft entschieden (vgl. BANCHER-TODESCA 2010). Eine Terminüberschreitung aus frauenärztlicher Sicht soll in jedem Fall verhindert werden.

Das ist mit einer der Gründe dafür, dass Frauen mit der Diagnose Schwangerschaftsdiabetes ein erhöhtes Risiko für Kaiserschnittgeburten tragen.

Für ein aussagekräftiges Testergebnis ist – wie wir gesehen haben – eine ganze Reihe von Faktoren zu berücksichtigen, die einzeln oder in Summe zu falschen Testergebnissen führen können. So scheint es beispielsweise auch einen Zusammenhang zwischen Glukosemenge und Körpergewicht der werdenden Mutter zu geben, der unberücksichtigt die Aussagekraft des oGTT beeinflussen kann (vgl. WEISS 1998).

Aufgrund der zahlreichen zu berücksichtigenden Faktoren kommt es immer wieder zu falsch positiven Ergebnissen, die schwangere Frauen erst einmal sehr verunsichern, sich bei weiterführenden Untersuchungen aber als haltlos erweisen. Dennoch erhalten die betroffenen Frauen neben der psychischen Belastung auch eine entsprechende Eintragung im Mutter-Kind-Pass, die sie als Risikoschwangere ausweist.

Eine weitere Überlegung betrifft die Tatsache, dass ein einmalig durchgeführter Test keine Garantie darstellt, nicht zu einem späteren Zeitpunkt der Schwangerschaft an dieser Form des Diabetes zu erkranken, obwohl die Wahrscheinlichkeit dafür zugegebenermaßen sehr gering ist.

Unabhängig von einem wie auch immer gearteten Testergebnis ist es für schwangere Frauen daher unbedingt notwendig, ihren Körper zu beobachten, Veränderungen wahrzunehmen und diese gegebenenfalls mit ihrer Hebamme zu besprechen – und vor allem auch auf eine gesunde und ausgewogene Ernährung und ausreichend Bewegung zu achten.

Die Ernährung Schwangerer sollte eiweißbetont und kohlehydratreduziert sein. Oder aber es wird auf eine tägliche sportliche Betätigung geachtet, da über die vermehrte Muskelarbeit Glukose abgebaut wird.

Mit der Diagnose Schwangerschaftsdiabetes im Gepäck verändert sich das Empfinden der schwangeren Frau. Sorgen, Ängste, vermehrte Kontrolluntersuchungen und ein Gefühl von Krankheit begleiten die Schwangere von nun an, und aus der vielleicht bis dahin unbeschwerten Schwangerschaft wird eine Risikoangelegenheit – mit allen Konsequenzen. So führt die Einstufung in den Bereich der Risikoschwangerschaft nicht nur zu zusätzlichen Untersuchungen und vermehrten Aufenthalten in Arztpraxen und Krankenhäusern, sondern kann eventuell auch den Geburtsverlauf entscheidend prägen.

Eine geplante Geburtshausgeburt oder auch eine geplante Hausgeburt erscheint oft nicht mehr möglich, wenn es sich um eine Risikoschwangerschaft handelt, da meist weder Hausgeburtshebammen noch die Hebammen eines Geburtshauses die Gefahr eingehen wollen, für einen unerwünschten Ausgang der Geburt zur Rechenschaft gezogen zu werden. Eine Krankenhausgeburt wird dann zur Pflicht.

Mit dem Hinweis auf eine Risikoschwangerschaft werden alle zuständigen Fachkräfte ein besonders wachsames Auge auf die Gebärende haben und eher schneller als langsamer zu Interventionen tendieren, denn schließlich möchte sich auch das Krankenhaus gegen mögliche Klagen absichern. Und dazu ist laut gängiger Lehrmeinung der beste Weg nicht das Beobachten und Abwarten, sondern das Handeln und Schneiden.

Die wissenschaftliche Literatur ist sich jedenfalls über die Sinnhaftigkeit eines flächendeckenden Screenings auf Schwangerschaftsdiabetes nicht einig. Es gibt genügend Hinweise darauf, dass diese Maßnahme zu keinem verbesserten Ergebnis führt (vgl. TIEU 2010). Es bleibt dabei: Vor allem durch eine ausführliche Anamnese können Frauen der Risikogruppe erkannt und dann gezielt getestet werden.

Eine von Hebammen empfohlene Alternative zum oGTT ist die Analyse des persönlichen Blutzucker-Tagesprofils. Durch diese zu Hause durchzuführende Feststellung des Blutzuckerwertes durch einen kleinen Stich in die Fingerkuppe über den Zeitraum eines Tages ergibt sich die Möglichkeit, die individuelle Befindlichkeit einschätzen zu können.

Nüchtern sollte der Blutzuckerwert unter 90 mg/dl liegen, nach dem Essen nicht über 130 mg/dl. Diese Methode ist ebenso aussagekräftig wie der oGTT, aber weniger belastend für den mütterlichen und kindlichen Organismus. Hinzu kommt, dass die überwiegende Mehrzahl der untersuchten Menschen aus dem oGTT keinen gesundheitlichen Nutzen ziehen, viele aber dadurch oder durch weiterführende Folgeuntersuchungen Schaden (beispielsweise in Form von Verunsicherung) nehmen können.

Ein weiterer – von der Ärztin Jael Backe angesprochener Punkt – betrifft die Aussagekraft des Untersuchungsergebnisses, denn letztendlich bedeutet ein positives Testergebnis nicht automatisch auch eine tatsächliche Erkrankung. Es kommt immer wieder vor, dass Testergebnisse zwar positiv ausfallen, die betroffene Person an der Krankheit aber nie wirklich erkrankt. So wird möglicherweise ein erhöhtes Risiko behandelt, und nicht etwa eine tatsächliche Krankheit (vgl. BACKE 2012).

Dazu kommt, dass sich die Behandlung von Schwangerschaftsdiabetes nicht auf das Verhindern mütterlicher oder kindlicher Todesfälle auswirkt. Ein erhöhter mütterlicher Blutzuckerwert ist für Mutter und Kind nicht grundsätzlich lebensgefährlich, wie auch eine Analyse der Cochrane Collaboration ergibt, die keine positiven Effekte des Screenings auf die mütterliche und kindliche Gesundheit identifizieren konnte (vgl. TIEU 2010).

Internistische Untersuchung

Die internistische Untersuchung, in Österreich auch als „interne" bezeichnet, wird im Rahmen der zweiten Mutter-Kind-Pass-Untersuchung angeordnet. Dafür muss die Schwangere einen Facharzt für Innere Medizin aufsuchen. Dort werden die Nase, der Rachen, Herz und Kreislaufsystem ebenso einem kritischen Blick unterzogen wie die Lunge, Abdomen, Haut, Nervensystem, Skelett und Extremitäten. Auch die Zähne werden überprüft.

Das klingt nach einer sehr aufwendigen und langwierigen Untersuchung. Immerhin wird praktisch der ganze Körper von Kopf bis Fuß durchgecheckt.

In Wahrheit verläuft die Körperbeschau aber viel unspektakulärer, als der angeordnete Untersuchungsumfang vermuten lässt. Der Blutdruck wird gemessen, Herz und Lunge werden abgehört, vielleicht wird ein Blick in den weit geöffneten Mund geworfen, der Rest wird für gewöhnlich mit einem Abfragen nach Besonderheiten oder Auffälligkeiten abgehakt.

Da es keine Vergleichsdaten und Studien zur Effektivität dieser Untersuchung gibt, ist offen, welche zusätzlichen Belastungsfaktoren oder Krankheiten durch diese Untersuchung erkannt werden können, die nicht ohnehin durch eine ausführliche Anamnese und ein kontinuierliches geburtshilfliches Betreuungsverhältnis (z. B. durch eine Hebamme) auffallen würden.

Ultraschalluntersuchungen

Ursprünglich im Zweiten Weltkrieg zum Aufspüren von feindlichen Unterseebooten entwickelt, ist die Technik des Ultraschalls heute zur lukrativen Massenanwendung in der modernen Schwangerenkontrolle geworden.

Die Sonographie ist die Anwendung von Ultraschallwellen zur Untersuchung von organischem Gewebe. Für diese Untersuchung wird ein Schallkopf benötigt, der Ultraschallwellen aussendet, die im Körper je nach Art des Gewebes absorbiert oder reflektiert werden. Gleichzeitig dient der Schallkopf auch als Empfänger, wobei die reflektierten Schallwellen in elektrische Impulse verwandelt, verstärkt und am Bildschirm dargestellt werden.

Die Ultraschalldiagnostik hat die Entwicklung von einer Hebammen geleiteten Geburtshilfe hin zu einer technischen Geburtsmedizin, der das Vertrauen und das Verständnis über die natürlichen Vorgänge des Gebärens fehlen, beschleunigt (vgl. PROPPE 2008) und die Schwangerenvorsorge nachhaltig geprägt.

Über Sinn und Unsinn routinemäßiger Ultraschalluntersuchungen an Schwangeren scheiden sich die Geister. Sowohl innerhalb der Ärzteschaft als auch zwischen einzelnen Müttern herrschen darüber sehr unterschiedliche Meinungen. Ultraschall-Befürworter sind begeistert über die Möglichkeiten, die sich durch den Einsatz dieser technischen Errungenschaft ergeben, und vor allem die werdenden Eltern freuen sich über die Echo-Bilder ihres Kindes aus dem Inneren des Bauches. Sie meinen, eine Vorstellung davon zu bekommen, was da so unsichtbar vor sich geht.

Vor allem für die werdenden Väter bietet die Ultraschalluntersuchung eine Möglichkeit, mit dem Ungeborenen ersten Kontakt aufzunehmen. Und das lange bevor die Kindsbewegungen von außen spürbar sind.

Zunehmend wird die Ultraschalluntersuchung aber auch für die werdenden Mamas zu einem „Event". Babys Herzschlag zum ersten Mal sehen, die unscharfen Konturen des kleinen Körpers, eventuell sogar ein „Winken" vom Baby – all das löst bei der Schwangeren ein Gefühl der Freude aus und trägt mitunter dazu bei, dass die Mutter eine Vorstellung von der Person bekommt, die da in ihrem Bauch heranwächst. Oftmals hilft dieses technisch geprägte Sehen dabei, Kontakt und eine erste Verbindung zum Ungeborenen aufzunehmen.

Die Historikerin und Feministin Barbara Duden spricht in diesem Zusammenhang davon, dass sich die Frauen früher, in Zeiten, als es diese technischen Hilfsmittel noch nicht gab, auf ihr Gefühl verlassen mussten. Das haptische Empfinden, das Fühlen des Kindes, quasi das ursprüngliche Bauchgefühl, standen im Vordergrund, waren die Brücke zum ungeborenen Kind. Die Verbindung zum heranwachsenden Leben wurde über das körperliche Fühlen, die „Innenschau" – ohne Ultraschall – hergestellt (vgl. DUDEN 2002).

Heute verlassen sich viele Frauen zunehmend auf einen Arzt, der als eine dritte Person über den Umweg eines technischen Hilfsmittels den Kontakt zum Kind im eigenen Bauch herstellt. Körperkompetenz wird durch das Verlassen auf technische Möglichkeiten ersetzt, was unter anderem dazu führen kann, dass Frauen die ersten Kindsbewegungen oft erst relativ spät selbst spüren.

In diesem Zusammenhang kann beobachtet werden, dass durch die Form der Untersuchung auch der direkte Kontakt zwischen Arzt und „Patientin" auf ein Minimum reduziert wird. Die Ärzteschaft verlässt sich zunehmend auf ihre technischen Geräte, um den Zustand von Mutter und Kind zu beurteilen. Welcher Arzt tastet noch den Bauch ab?

Praktischerweise unterstreicht diese Entwicklung die Distanz, die grundsätzlich zwischen Ärzten und ihren Patientinnen herrscht, und die im Sinne der Untermauerung und Aufrechterhaltung der gängigen hierarchischen Strukturen und emotionaler Unbefangenheit seitens der Ärzteschaft anscheinend aufrechterhalten werden muss.

Kein Mensch wird einer Frau körperlich je wieder so nahe und so innig mit ihr verbunden sein wie ein ungeborenes Kind in ihrem Körper. Dennoch ist das Bedürfnis in den Vordergrund gerückt, mithilfe eines Ultraschallgerätes Kontakt zu diesem Kind aufzunehmen. Für viele Frauen ist der Stellenwert dieser Untersuchung so beträchtlich, dass sie, abgesehen von den im Rahmen der Mutter-Kind-Pass-Untersuchungen vorgesehenen Ultraschalluntersuchungen, die von der Krankenkasse bezahlt werden, zusätzliche selbst zu finanzierende Untersuchungen vornehmen lassen.

Neben dem Ereignis des Babywatchings und der Kontaktherstellung mit dem Ungeborenen vermittelt die Ultraschalluntersuchung den Eindruck von (vermeintlicher) Sicherheit. Bei dieser bildgebenden Untersuchung handelt es sich jedoch nicht in erster Linie um ein klassisches Diagnoseverfahren (wie z. B. im Bereich der Pränataldiagnostik). Eine solche Untersuchungsmethode wird in der Regel eingesetzt, um beim Verdacht auf das Vorliegen einer Krankheit eine Diagnose, eine Prognose und eine Therapiemöglichkeit zu erstellen. Die Ärzteschaft ist sich dessen bewusst, dass mit der Ultraschalluntersuchung nur ungefähre Aussagen getroffen werden können. Dies zeigt sich schon allein in den häufigen Fehleinschätzungen des Geburtsgewichts.

Den werdenden Eltern vermittelt sich aber oft etwas ganz anderes. Ein „großer Kopf" hat andere Auswirkungen als ein „alles in bester Ordnung" des Arztes. Letzteres ist zweifellos eine beruhigende Aussage, täuscht aber leider über die Tatsache der Unberechenbarkeit des Lebens hinweg. Sicherheit über den weiteren komplikationslosen Schwangerschaftsverlauf gibt der Ultraschallbefund also keineswegs.

Außerdem kann mittels Ultraschall nur eine relativ geringe Anzahl von Fehlentwicklungen beim Kind überhaupt aufgespürt werden. Eine australische Studie fand heraus, dass etwa 40 Prozent der Abnormitäten mittels Ultraschall nicht gefunden werden konnten (CHAN 1997, zitiert nach PROPPE 2007).

Davon abgesehen, ist die Auswahl der Therapiemöglichkeiten sehr beschränkt. Gleichzeitig bringt der routinemäßige Ultraschall keinen Vorteil gegenüber der medizinisch indizierten Ultraschalluntersuchung. Das bedeutet, dass der Routineultraschall ohne medizinische Indikation keine Verbesserung des perinatalen Ergebnisses bewirkt, und so konnte bisher kein Nutzen dieser flächendeckenden Anwendung nachgewiesen werden (vgl. EWIGMAN 1993, NEILSON 2000 zitiert nach PROPPE 2007).

Trotzdem wurde aus der Ultraschalluntersuchung, die in den 1960er und 1970er Jahren nur mit eindeutiger medizinischer Indikation bei Risikoschwangerschaften durchgeführt wurde, mittlerweile eine Routineuntersuchung. Das mag – neben dem aktuellen soziokulturellen Phänomen des erhöhten Sicherheitsbedürfnisses sowohl auf Seiten der werdenden Eltern als auch der behandelnden Ärzteschaft – auch an betriebswirtschaftlichen Gegebenheiten liegen. Die Anschaffung eines modernen, hochauflösenden Ultraschallgerätes (ohne das eine moderne Frauenarztpraxis heute kaum noch vorstellbar wäre) ist mit hohen Kosten verbunden. Erst durch möglichst viele und zu bezahlende Untersuchungen wird sich die Investition lohnen.

Und dann ist da unser inzwischen offenbar stark erhöhtes Bedürfnis nach Selbstdarstellung. „Selfies" zu posten gehört mittlerweile zum guten Ton. Auch Fotos vom ungeborenen Kind wollen in soziale Netzwerke gestellt sein, um möglichst früh das Geschlecht preisgeben und das Aussehen begutachten zu lassen. Ob das Kind damit einverstanden wäre, würde man es fragen?

Werdende Eltern sollten sich all dieser Überlegungen bewusst sein, wenn sie sich für die Durchführung von Ultraschalluntersuchungen entscheiden. Laut Mutter-Kind-Pass sind drei Ultraschalluntersuchungen vorgesehen, welche auch von der Krankenkasse finanziert werden. Allerdings sind diese Untersuchungen nicht verpflichtend. Verzichten die werdenden Eltern auf dieses Angebot, haben sie keine finanziellen Einbußen zu befürchten.

In diesem Zusammenhang können auch die immer wieder diskutierten möglichen körperlichen Gefahren für das Ungeborene durch den vermehrten Einsatz von Ultraschallüberwachung nicht außer Acht gelassen werden. Die Hebamme Kirsten Proppe befasst sich unter anderem in ihrem „Plädoyer für eine natürliche Geburtshilfe ohne Routine-Ultraschall" intensiv mit diesem Thema und weist auf die oft verkannten Nebenwirkungen von Ultraschalluntersuchungen aus medizinischer Sicht hin.

So haben Studien unter anderem ein erhöhtes Risiko für Zellstörungen, Beeinträchtigungen des Gehirnwachstums und Nervensystems, einen negativen Einfluss auf die Augenentwicklung, erhöhtes Fehl- und Frühgeburtsrisiko, aber auch langfristige Verhaltensauffälligkeiten und Konzentrationsstörungen ergeben. Als besonders gefährlich gelten Dopplersonographie, Ultraschall während der frühen embryonalen Entwicklung und vaginaler Ultraschall (vgl. PROPPE 2007).

Solange die Langzeitfolgen dieser Auswirkungen nicht ausreichend dokumentiert und untersucht sind, sollten Ultraschalluntersuchungen nur aus medizinischer Notwendigkeit und durch geschulte Personen durchgeführt werden, wie auch die U.S. Food and Drug Administration (FDA) kürzlich empfahl (vgl. PAWLOWSKI 2014).

Der Zusammenhang von pränatalem Ultraschall und den möglichen Folgewirkungen ist freilich schwierig zu beweisen, und Kritik wird oftmals als zweifelhaft abgetan. Da andererseits aber auch belegt werden konnte, dass die routinemäßige Anwendung von Ultraschall während der Schwangerschaft keinerlei medizinischen Vorteil für Mutter und/oder Kind bringt, sollte der Einsatz dieser Technik grundsätzlich hinterfragt werden, also im Einzelfall individuell entschieden werden (z. B. bei unklaren Blutungen, fehlenden Kindsbewegungen, bei zu viel oder zu wenig Fruchtwasser).

Die Hauptargumente für den Einsatz von Ultraschall sind zum einen die Feststellung der Schwangerschaft und die möglichst genaue Bestimmung des Geburtstermins, zum anderen die Überwachung des kindlichen Wachstums und das Überprüfen der Herztätigkeit. All diese Dinge erfordern aber nicht grundsätzlich eine Ultraschalluntersuchung, wie auch Kirsten Proppe festhält: Die Feststellung der Schwangerschaft kann auch mit anderen Methoden erfolgen, die Geburtszeitraumbestimmung ist mit herkömmlichen Methoden ebenso sicher, und eine erfahrene Hebamme erzielt durch Abtasten sogar verlässlichere Ergebnisse, was das Wachstum des Kindes betrifft, als dies mit Ultraschallberechnungen möglich ist.

Auch die Lage des Kindes, die eventuell für die Geburt ausschlaggebend ist, kann durch erfahrene Hebammenhände bestimmt werden (vgl. PROPPE 2007). Und sogar durch die Mutter selbst, wie Sarah Schmid in ihrem Buch „Alleingeburt" praktischerweise skizziert (SCHMID 2014a).

Realistischerweise wird es wohl immer sowohl Studien geben, die sich gegen den Einsatz von Ultraschall aussprechen und dessen Gefährlichkeit für die Gesundheit und Entwicklung des Kindes aufzeigen, als auch Untersuchungen, die scheinbar genau das Gegenteil belegen. Aber bereits ein Verdacht auf eine mögliche Schädigung darf Eltern dazu veranlassen, diese Methode in Frage zu stellen und verantwortungsbewusst mit den Möglichkeiten der Ultraschalldiagnostik umzugehen.

Das Ungeborene scheint die von Ultraschall ausgelösten Schwingungen wahrzunehmen. Viele Frauen berichten davon, dass sich das Kind mit stärkeren Bewegungen bemerkbar macht. Diese Bewegungen werden eher als Unmuts- und Abwehrbewegungen gedeutet. Im Zweifel ist es also ratsam, unangenehme Belastungen zu vermeiden und dem eigenen Bedürfnis, das Kind zu schützen, wieder mehr zu vertrauen.

Verpflichtendes Angebot

Der Mutter-Kind-Pass ist so gestaltet und organisiert, dass die einzelnen Untersuchungen hinten im Pass auf einem Extrablatt, das dann in weiterer Folge herausgenommen werden kann und der Vorlage beim Sozialversicherungsträger dient, durch den Arzt bestätigt werden. Datum, Stempel und Unterschrift sind dafür ausreichend. Die während der einzelnen Untersuchungen erhobenen Daten, Laborbefunde oder sonstige die Schwangerschaft betreffende Fakten werden weiter vorne im Mutter-Kind-Pass dokumentiert und nicht an Dritte (also beispielsweise die Krankenkasse) übermittelt.

Prinzipiell sind alle Untersuchungen, die im Mutter-Kind-Pass vermerkt sind, Voraussetzung für die Gewährung des vollen Kinderbetreuungsgeldes. Formuliert wird das im Mutter-Kind-Pass derzeit folgendermaßen:

„Eine Untersuchung bis Ende der 16. Schwangerschaftswoche einschließlich Blutuntersuchungen, eine Untersuchung in der 17. bis einschließlich 20. Schwangerschaftswoche, die eine interne Untersuchung mitumfasst, eine Untersuchung in der 25. bis einschließlich 28. Schwangerschaftswoche, die eine Blutuntersuchung mitumfasst, eine Untersuchung in der 30.

bis einschließlich 34. Schwangerschaftswoche und eine Untersuchung in der 35. bis einschließlich 38. Schwangerschaftswoche."

Die drei Ultraschalluntersuchungen und auch die Hebammenberatung werden zwar von der Krankenkasse finanziert, müssen jedoch nicht durchgeführt werden. Wenn eine Frau diese Angebote ablehnt, hat sie also keinerlei finanzielle Verluste zu befürchten. Auch sämtliche pränataldiagnostischen Methoden können ohne Angabe von Gründen abgelehnt werden.

Was Inhalt der fünf großen Untersuchungen ist, ist für den Arzt vorgegeben. Es gibt dazu Formulare, die auszufüllen sind. Niemand kontrolliert aber, wie genau und ausführlich – oder eben nicht – der Arzt das Anamnesegespräch führt, ob ein gynäkologischer Befund erhoben wurde oder ob die Kindslage festgestellt wurde.

Je nach Sorgfältigkeit des Arztes sind die Befunde in den Mutter-Kind-Pässen auch sehr unterschiedlich dokumentiert. Manchmal fehlen einzelne Daten, andere Pässe wiederum werden sehr penibel geführt. Nachdem aber niemand die tatsächlich erhobenen Befunde und Daten überprüft und nur die Durchführung der Untersuchung mittels Stempel und Unterschrift bestätigt und an die Krankenkasse übermittelt wird, bedeutet das, dass es einen gewissen individuellen Spielraum zwischen Arzt und Patientin gibt, was die Durchführung der einzelnen Untersuchungen betrifft.

Kommen beide – Arzt und Patientin – darin überein, dass die ein oder andere Untersuchung zum gegebenen Zeitpunkt nicht notwendig erscheint oder die werdende Mutter beispielsweise keine vaginale Untersuchung möchte, liegt es im Ermessen des Arztes, ob er mit Stempel und Unterschrift die Durchführung der jeweiligen Mutter-Kind-Pass-Untersuchung trotzdem bestätigt. Zu diesem Schritt sind jedoch nicht viele Ärzte bereit, denn sie haften für die korrekte Durchführung der vorgegebenen Untersuchungen. Diese rechtliche Grauzone kann daher juristische Folgen für den Arzt nach sich ziehen.

Der Mutter-Kind-Pass ist also ein Angebot, das zumindest teilweise verpflichtend ist, aber gleichzeitig so gestaltet ist, dass ein gewisser Spielraum gegeben ist.

Und wenn das Kind erst einmal geboren ist?

Hat die Schwangere alle Vorsorgeuntersuchungen wahrgenommen, dann wurde sie in den Monaten der Schwangerschaft daran gewöhnt, in regelmäßigen Abständen den einen oder anderen Arzt aufzusuchen, Körperflüssigkeiten im Labor abzugeben und diese dort untersuchen zu lassen und ins Krankenhaus zu gehen, obwohl sie nicht krank ist. Der Dauerlauf von Arztpraxis zu Arztpraxis ist für gewöhnlich Teil des Lebens einer schwangeren Frau und gehört heute zu einer Schwangerschaft irgendwie dazu.

Nun ist das Kind geboren. Möglicherweise ist die Geburt komplikationslos und schnell verlaufen. Vielleicht gab es auch unerwartete Schwierigkeiten. So oder so ist die Familie nun um ein Mitglied reicher. Die neue Familie lernt sich gerade kennen, begrüßt den Ankömmling in ihrer Mitte. Und fast könnte man annehmen, dass der jungen Mutter nun langweilig wird, wo sich doch die ärztlichen Untersuchungen nicht mehr wie ein roter Faden durch ihr Leben ziehen.

Aber keine Sorge: Der Arztmarathon geht weiter! Der Mutter-Kind-Pass hat noch einige Untersuchungen vorgesehen, welche die junge Mutter nun zu absolvieren hat. Diesmal geht es aber nicht um ihren eigenen Körper – die Nachuntersuchung nach der Geburt wird in Österreich im Gegensatz beispielsweise zu Deutschland nicht im Mutter-Kind-Pass dokumentiert –, sondern um den des neugeborenen Kindes.

Die Umstände der Geburt werden im Mutter-Kind-Pass ebenso vermerkt wie die Grunddaten des Neugeborenen kurz nach der Geburt. Diese erste Untersuchung umfasst Länge, Gewicht, Kopfumfang, Apgar-Werte (Lebenszeichen) und die Untersuchung des Nabelschnurblutes. Besonderheiten und andere Auffälligkeiten werden ebenfalls notiert. Eine Seite des Mutter-Kind-Passes ist für Besonderheiten des Wochenbettes reserviert.

Danach folgen Eintragungen zu den ärztlichen Untersuchungen des neugeborenen Kindes: Die erste umfassende Untersuchung ist in der ersten Lebenswoche vorgesehen und wird bei einer Krankenhausgeburt mit anschließendem Aufenthalt gleich dort vorgenommen. Hat die Mutter zu Hause oder im Geburtshaus geboren, muss sie für diese Untersuchung bereits im Frühwochenbett die Wohnung verlassen oder sich gegebenenfalls einen Kinderarzt suchen, der bereit ist, einen Hausbesuch durchzuführen. Für den Hüftultraschall, der ebenfalls in der ersten Lebenswoche vorgesehen ist, müssen Mutter und Kind aber in jedem Fall eine Arztpraxis oder ein Krankenhaus aufsuchen.

Die nächste Untersuchung steht dann in der vierten bis siebenten Lebenswoche an, gefolgt von einem weiteren Hüftultraschall in der sechsten bis achten Lebenswoche. Ebenfalls zwischen der vierten und siebenten Lebenswoche ist eine erste orthopädische Untersuchung des Kindes vorgesehen.

Im dritten bis fünften Lebensmonat und zwischen dem siebenten und neunten Lebensmonat stehen dann wieder kinderärztliche Untersuchungen auf dem Programm. Zwischen dem siebenten und neunten Lebensmonat gibt es außerdem eine HNO-Untersuchung, gefolgt von einer weiteren Untersuchung beim Kinderarzt zwischen dem 10. und 14. Lebensmonat des Kindes. In diesem Zeitraum ist auch eine Augenuntersuchung beim Augenarzt vorgesehen.

Zwischen dem 22. und 26. Lebensmonat folgt erneut ein Termin beim Kinderarzt, gefolgt von einer weiteren Augenuntersuchung im selben Zeitraum beim Augenarzt. Zwischen dem 34. und 38. Lebensmonat und dem 46. und 50. Lebensmonat sind wieder kinderärztliche Untersuchungen vorgesehen, die letzte Untersuchung des Kindes vor Schuleintritt ist zwischen dem 58. und 62. Lebensmonat angesetzt.

Es sind also insgesamt mindestens 16 Untersuchungen des gesunden Kindes vorgesehen. Kommt es bei einer der Untersuchungen zu Auffälligkeiten oder sind spezielle Behandlungen notwendig, dann erhöht sich die Anzahl der Arztbesuche dementsprechend.

Zur Gewährung des vollen Kinderbetreuungsgeldes müssen die Untersuchungsbescheinigungen der ersten fünf genannten Termine – jener im ersten Lebensjahr des Kindes – unbedingt zeitgerecht bei der Krankenkasse vorgelegt werden. Interessanterweise ist im Mutter-Kind-Pass zu lesen:

„Erfolgt der Nachweis dieser Untersuchungen nicht ordnungsgemäß, so wird das Kinderbetreuungsgeld je nach gewählter Variante halbiert bzw. reduziert [...] es sei denn, die rechtzeitige Vornahme bzw. der Nachweis der Untersuchung unterbleibt aus Gründen, die vom beziehenden Elternteil nicht zu vertreten sind."

Gründe, die vom beziehenden Elternteil nicht zu vertreten sind? Da diese Gründe im Mutter-Kind-Pass nicht näher erläutert sind, habe ich mich auf die Suche nach Antworten gemacht. Ein Vertreter des Bundesministeriums für Familie und Jugend, das für die Ausbezahlung des Kinderbetreuungsgeldes zuständig ist, hat mir auf Anfrage erklärt: „Gründe, die von den Eltern nicht zu vertreten sind, liegen nach der Intention des Gesetzgebers vor allem bei Adoptiv- bzw. Pflegeeltern vor, die für die unterlassenen Untersuchungen der leiblichen Eltern nicht zur Verantwortung gezogen werden sollen, weil ihnen eine Einflussnahme nicht möglich war."

Das „My-body-my-choice"-Argument, das für die Untersuchungen während der Schwangerschaft zum Tragen kommt, gilt nicht mehr, wenn es um die Untersuchung des bereits geborenen Kindes geht. Dennoch tragen letztendlich die Eltern die Verantwortung für die gesundheitliche Entwicklung ihres Kindes und müssen auch mit den Konsequenzen ihrer Entscheidungen leben. Daher gilt auch für diesen Bereich des Mutter-Kind-Passes: Es ist wichtig, sich unabhängige Informationen über Ablauf und Umfang der Untersuchungen einzuholen, um bewusste Entscheidungen treffen zu können.

Dabei gibt es zwei wesentliche Aspekte der Untersuchungen des Kindes, über die sich die Eltern im Klaren sein sollten. Zum einen geht es bei den vorgeschriebenen Untersuchungen um die gesundheitliche Kontrolle der Kinder. Krankheiten und Entwicklungsstörungen sollen möglichst früh entdeckt und gegebenenfalls behandelt werden. Es geht also vordergründig um die Gesunderhaltung unserer Kinder.

Der zweite Aspekt, der hinsichtlich der Mutter-Kind-Pass-Untersuchungen für unsere Kinder von Bedeutung ist, ist die Tatsache der medizinischen Sozialisation. Gesunde Kinder werden von klein auf regelmäßig in die Arztpraxis zitiert und somit an ein System gewöhnt, in dem Krankheit und nicht Gesundheit im Zentrum der Aufmerksamkeit steht. Wir werden vom Beginn des Lebens an zu Patienten gemacht, obwohl wir vielleicht gar nicht krank sind. Wir gehen in die Arztpraxis, um Informationen darüber einzuholen, wie es uns selbst geht. Wir lernen von klein auf, die Verantwortung für unseren Körper und für gesundheitliche Belange abzugeben. Wir werden an ein Verhalten gewöhnt, das dann später nicht mehr so leicht in Frage gestellt wird.

Unabhängig davon spricht die Hebamme Teresa Angerer einen wichtigen Punkt an: „Zurzeit werden Mütter [...] oft gleich in der ersten Woche zwei bis drei Mal zum Arzt geschickt [...]. Das ist wirklich stressig für die junge Familie [...]. In den ersten zwei Wochen brauchen Entbundene viel Ruhe und gute Verpflegung, damit sie wieder zu Kräften kommen und sich in die neue Situation eingewöhnen können. Dies muss der Mutter-Kind-Pass fördern, und nicht verhindern."

Es stellt sich also die Frage, inwieweit die Regeneration und Erholung der frisch entbundenen Frau gewährleistet werden kann, wenn bereits so kurz nach der Geburt ärztliche Termine eingehalten werden sollen, um nicht einen teilweisen Verlust des Kinderbetreuungsgeldes in Kauf nehmen zu müssen.

Gerade die frühe Wochenbettphase ist besonders wichtig, um eine stabile Bindung zwischen Mutter und Kind aufzubauen. Der Beginn der Stillbeziehung fällt ebenfalls in diese Zeit. Es handelt sich dabei um eine äußerst sensible Phase, in der der kleine Mensch gerade dabei ist, im Leben anzukommen, und die Mutter noch höchst empfindsam (nicht nur körperlich, sondern auch psychisch) und zwischen den Welten stehend agiert. Der Hormonhaushalt verändert sich, das Leben mit dem Neugeborenen ist ungewohnt und womöglich stressig. Die Nächte sind vielleicht unruhig, alles muss sich erst einspielen, einen Rhythmus finden. Da kann es dann höchst irritierend sein, wenn man weiß, dass am nächsten Morgen ein fester Termin ansteht.

Kommt es in dieser sensiblen Zeit zu unvorhergesehenen Störungen, kann das Gleichgewicht von Mutter und Kind schnell außer Kontrolle geraten. Und statt Babyfreuden sieht sich die junge Mutter plötzlich mit Stillproblemen, einem nervösen Neugeborenen, schlaflosen Nächten und möglicherweise daraus resultierenden psychischen Störungen konfrontiert, die sich in einer postpartalen Depression äußern können.

In vielen anderen Kulturen hat daher die sensible Wochenbettzeit einen außergewöhnlich hohen Stellenwert. Der Ruhe, der Regeneration und der Unterstützung von Mutter und Kind werden oberste Priorität zugeschrieben, um dem neuen Leben in dieser ersten Zeit nach der Geburt einen guten Start zu ermöglichen.

Das Bedürfnis junger Mütter nach Schutz und Sicherheit liegt auf der Hand. Aber kann es nur medizinisch befriedigt werden?

Solange sich die Mütter medizinischer Überwachung unterwerfen, lassen sie zu, dass sich bei uns genau dieses kulturelle Ritual weiterentwickelt.

Der Mutter-Kind-Pass im internationalen Vergleich

Im Jahr 2009 wurde eine vergleichende wissenschaftliche Studie zu den pränatalen Untersuchungsprogrammen in 15 europäischen Ländern durchgeführt. Im Folgenden beziehe ich mich auf eine Veröffentlichung des Ludwig Boltzmann Instituts für Health Technology Assessment aus dem Jahr 2009 (vgl. ABUZAHRA 2009) unter dem Titel „Mutter-Kind-Pass. Ein internationaler Vergleich zu den Untersuchungen an schwangeren Frauen".

Nationale Programme zur Pränatalversorgung

In der erwähnten Veröffentlichung ist nachzulesen, dass von den 15 betrachteten Ländern (Belgien, Dänemark, Deutschland, Finnland, Griechenland, Kosovo, Kroatien, Litauen, Niederlande, Norwegen, Österreich, Portugal, Schweiz, Türkei, Ungarn) folgende Länder ein nationales Programm für pränatale Versorgung haben:

Dänemark, Deutschland, Finnland, Kroatien, Litauen, Norwegen, Österreich, Portugal, Schweiz, Türkei und Ungarn. Diese Länder empfehlen eine unterschiedliche Anzahl an Untersuchungen für schwangere Frauen. In Finnland sind es zwei, in Dänemark zwölf Untersuchungen.

Leider ist aus den Daten nicht ersichtlich, ob es sich bei den angeführten Untersuchungen um komplexe geburtshilfliche Untersuchungen handelt oder ob zusätzliche Leistungen wie etwa Ultraschalluntersuchungen in die Datenerhebung mit einbezogen wurden. Österreich liegt mit fünf vorgesehenen Untersuchungen im unteren Mittelfeld.

Wenn man die Empfehlungen für die Durchführung der ersten Schwangerschaftsuntersuchung der deutschsprachigen Länder vergleicht, so zeigt sich, dass diese in Österreich bis zur 16. Schwangerschaftswoche vorgesehen ist. Die Schweiz empfiehlt diese erste Untersuchung für die achte bis zehnte Schwangerschaftswoche, und in Deutschland wird „möglichst frühzeitig nach Feststellung der Schwangerschaft" zum ersten Mal untersucht.

Die internistische Untersuchung der schwangeren Frau ist in Österreich, aber in keinem anderen europäischen Schwangerenprogramm vorgesehen.

In den USA wird im Zuge der Erstuntersuchung eine körperliche Untersuchung empfohlen, Umfang und Ausmaß dieser Empfehlung werden aus den Daten allerdings nicht ersichtlich.

Ähnliche Unterschiede ergeben sich bei den einzelnen Untersuchungen und den entsprechenden Empfehlungen. So werden einzelne Laborwerte und Testergebnisse in einigen Ländern erhoben, in anderen nicht. Ein Test auf Vorliegen einer Hepatitis B-Infektion wird beispielsweise in den meisten befragten Ländern durchgeführt, in Norwegen, dem Kosovo und Litauen allerdings wird dieser Test nicht routinemäßig durchgeführt.

In Deutschland, dem Kosovo und den Niederlanden wird außerdem kein Blutbild erstellt, die routinemäßige Überprüfung der Rhesus-Antikörper entfällt in der Schweiz, der Türkei, in Griechenland, im Kosovo und in Portugal.

Der orale Glukose-Toleranztest (oGTT) wird lediglich in sieben der befragten fünfzehn Länder durchgeführt. Aus den Daten wird allerdings nicht ersichtlich, ob und in welchem Umfang sich durch die unterschiedlichen Angebote auch unterschiedliche Ergebnisse hinsichtlich mütterlicher und kindlicher Gesundheit ableiten lassen. Vermutlich liegt das daran, dass die Auswertung der Effektivität der angebotenen Leistungen der Schwangerenvorsorge nur unzureichend erfolgt.

Besonders spannend ist die Tatsache, dass die für die schwangeren Frauen kostenlosen Leistungen der pränatalen Versorgung in den meisten Ländern von verschiedenen Anbietern erbracht werden können. Das bedeutet, dass die Frauen die Wahl haben, ob sie die Untersuchungen von einem Allgemeinmediziner, einem Gynäkologen oder einer Hebamme durchführen lassen möchten.

Auch hier scheint Österreich einen eigenen Weg zu gehen, denn es ist das einzige untersuchte Land, in dem eine solche Betreuung nach den Mutter-Kind-Pass-Richtlinien allein durch eine Hebamme NICHT zulässig ist.

115

Eine Frau kann sich hierzulande selbstverständlich von einer Hebamme begleiten lassen, aber eben völlig unabhängig vom Mutter-Kind-Pass und nur auf eigene Kosten.

Keine Angaben dazu gibt es aus Griechenland und Kroatien, aber in allen anderen Ländern können Hebammen diese Aufgabe übernehmen. Es stellt sich die Frage, warum die österreichischen Hebammen, ausgebildet um Frauen durch diese spezielle Lebensphase zu begleiten, nicht dieselben Aufgaben übernehmen dürfen wie ihre europäischen Kolleginnen.

Der deutsche Mutterpass

In Deutschland erhält die schwangere Frau den sogenannten „Mutterpass", in den sämtliche Daten und Befunde der Schwangerschaft eingetragen werden. Der deutsche Mutterpass ist nicht gelb wie sein österreichisches Pendant, sondern er ist in einem hellen Blau gehalten. Und auch das Bundeswappen ist auf dem Deckblatt des Mutterpasses nicht zu finden. Zu sehen ist die stilisierte Darstellung einer Mutter, die ihr Kind im Arm hält. Die ärztliche Untersuchung der Frau während der Schwangerschaft wird zwar ausdrücklich empfohlen, dennoch stellt der Mutterpass nur ein Angebot dar.

Herausgegeben wird der Mutterpass vom Gemeinsamen Bundesausschuss. Das ist das oberste Beschlussgremium der gemeinsamen Selbstverwaltung der Ärzte, Zahnärzte, Psychotherapeuten, Krankenhäuser und Krankenkassen in Deutschland. Der Gemeinsame Bundesausschuss legt in Form von Richtlinien den Leistungskatalog der gesetzlichen Krankenversicherung fest. In den Mutterschafts-Richtlinien sind die Art und der Umfang der medizinischen Schwangerenvorsorge aufgeführt:

„Durch die umfassende Betreuung sollen mögliche Gefahren für Leben und Gesundheit von Mutter oder Kind abgewendet und Gesundheitsstörungen rechtzeitig erkannt und behandelt werden", wie der Homepage des Gemeinsamen Bundesausschusses zu entnehmen ist (vgl. LÖFFLER & GOLKOWSKI 2015).

Im Unterschied zum österreichischen Vorsorgemodell und in Übereinstimmung mit den meisten anderen europäischen Ländern können beinahe alle Vorsorgeuntersuchungen auch von einer Hebamme durchgeführt werden. Eine Betreuung durch einen Allgemeinarzt ist in Deutschland nicht mehr vorgesehen. Für die Ultraschalluntersuchungen sucht die schwangere Frau praktisch immer eine gynäkologische Praxis auf. In den meisten Fällen werden die Laboruntersuchungen direkt vom Gynäkologen veranlasst. Außerdem wird den Frauen geraten, bei auftretenden Beschwerden in jedem Fall einen Facharzt aufzusuchen.

Die Schwangerenvorsorge sieht in Deutschland mindestens zehn Untersuchungen vor. Der Mutterpass wird der Schwangeren beim ersten Termin überreicht. Er enthält Raum für Angaben zum Gesundheitszustand der Mutter, zum Schwangerschaftsverlauf und zur Geburt. Außerdem werden die ersten erhobenen Gesundheitsdaten des Neugeborenen eingetragen. Die im österreichischen Mutter-Kind-Pass verzeichneten weiteren Untersuchungen des Kindes sind in Deutschland ins gelbe Kinder-Untersuchungsheft ausgelagert. Die empfohlenen kindlichen Vorsorgeuntersuchungen sind in einigen deutschen Bundesländern verpflichtend, weil daran die „soziale Zuverlässigkeit" der Eltern festgemacht wird.

Die einzelnen Untersuchungen während der Schwangerschaft unterscheiden sich nicht wesentlich von den Untersuchungen, die im österreichischen Mutter-Kind-Pass angeboten werden. Die Laboruntersuchungen sind weniger umfangreich. Sie beschränken sich auf die Feststellung der Blutgruppenzugehörigkeit, die Überprüfung des Rötelschutzes, den Nachweis einer möglichen genitalen Chlamydien-Infektion, Syphilis und Hepatitis B. Gegebenenfalls werden die einzelnen Testergebnisse zu einem späteren Zeitpunkt in der Schwangerschaft nochmals überprüft.

Ein HIV-Antikörpertest soll jeder schwangeren Frau empfohlen werden, ist allerdings nicht grundlegender Bestandteil des Mutterpasses. Um den Test durchzuführen, bedarf es der Aufklärung der Schwangeren und deren Einwilligung.

Ein Glukose-Toleranztest zur Feststellung eines möglichen Schwangerschaftsdiabetes wird den schwangeren Frauen in Deutschland seit 2012 im Rahmen der Mutterschaftsrichtlinien angeboten. Dieser Test kann aber auch abgelehnt werden. Möchte die Schwangere den Test in Anspruch nehmen, werden im sechsten beziehungsweise siebten Schwangerschaftsmonat zwei Testungen angeboten. Es gibt einen Vortest, bei dem die Schwangere ein Glas Wasser mit 50 Gramm Zucker zu sich nimmt. Dabei muss sie nicht nüchtern sein. Nach einer Stunde wird Blut abgenommen und die Höhe des Blutzuckers bestimmt. Ist das Testergebnis auffällig (> 135 mg/dl), wird ein weiterer Test angeordnet. Dieser ist aufwendiger und entspricht dem oralen Glukose-Toleranztest, den die österreichischen Frauen verpflichtend wahrnehmen müssen.

Da das vorrangige Ziel der Schwangerenvorsorge die Früherkennung von Risikoschwangerschaften und Risikogeburten ist, wird im Mutterpass eine ganze Reihe von Kriterien aufgelistet, die diese Zuordnung mit all ihren problematischen Folgen ermöglichen soll.

Die Belastungsfaktoren sind in zwei Kataloge unterteilt:

„Katalog A" befasst sich mit der Anamnese und allgemeinen Befunden der Schwangeren. Die hier aufgelisteten Belastungsfaktoren betreffen beispielsweise familiäre Belastungen (wie psychische oder genetische Krankheiten), Allergien, besondere soziale Belastungen, Skelettanomalien und Kleinwuchs ebenso wie ein Alter unter 18 oder über 35 Jahren, Zustand nach Sectio usw. Insgesamt werden an dieser Stelle 26 Belastungsfaktoren aufgeführt. Wird auch nur bei einem dieser Punkte das „Ja"-Kästchen angekreuzt, gilt die Schwangerschaft als Risikoschwangerschaft und bedarf nach Meinung der Ärzteschaft einer besonders intensiven und aufmerksamen ärztlichen Begleitung – mit all ihren Begleiterscheinungen.

„Katalog B" befasst sich mit Befunden, die während des Schwangerschaftsverlaufes erhoben werden. Hier werden weitere 26 Risikofaktoren angeführt, die die gesunde Schwangere möglichst nicht beherbergen sollte. Diese reichen von besonderen psychischen Belastungen über Terminunklarheiten bis hin zu Harnwegsinfektionen und Einstellungsanomalien. Insgesamt sind es in Deutschland also 52 Faktoren, die als besonders risikobehaftet eingestuft werden und die ärztliche Aufmerksamkeit im Besonderen erregen.

Drei Ultraschalluntersuchungen, die im dritten, sechsten und achten Schwangerschaftsmonat durchgeführt werden, gehören nach Empfehlungen der Mutterschafts-Richtlinien zur normalen Schwangerenvorsorge. Die werdende Mutter kann seit Juli 2013 bei der zweiten Ultraschalluntersuchung zwischen der Basisuntersuchung und einer erweiterten Basis-Ultraschalluntersuchung wählen, deren Kosten ebenfalls übernommen werden.

Der Mutterpass endet mit der zweiten gynäkologischen Untersuchung der Mutter nach der Geburt zwischen der 6. und 8. Woche nach der Entbindung.

Vieles, was für den österreichischen Mutter-Kind-Pass gilt, trifft auch für den deutschen Mutterpass zu. Die grundlegendsten Unterschiede in den beiden Schwangerenvorsorgeprogrammen ist die Tatsache, dass die Frauen in Deutschland die Entscheidungsfreiheit haben, ob sie die Vorsorgeuntersuchungen von einem Gynäkologen durchführen lassen wollen, oder ob sie sich lieber von einer Hebamme durch die Schwangerschaft begleiten lassen. Auch der völlige Verzicht auf jegliche Begleitung ist ohne finanzielle Einbußen möglich. Der gesellschaftliche Druck auf Frauen, die sich nicht betreuen lassen möchten, ist nichtsdestoweniger immens.

Das Recht auf freie Entscheidung haben österreichische Frauen nur unter Inkaufnahme finanzieller Verluste. Der Druck, der in Österreich über den finanziellen Anreiz ausgeübt wird, ist daher beträchtlich.

Die Situation in der Schweiz

In der Schweiz gibt es keinen offiziellen Mutterpass/Mutter-Kind-Pass. Viele Ärzte stellen allerdings aus eigenem Antrieb einen Mutterpass aus Papier aus oder stellen der Mutter die erhobenen Daten in digitaler Form zur Verfügung (beispielsweise auf einer Kreditkarte mit Chip oder auf einem USB-Stick).

Vor allem der Schweizerische Hebammenverband drängt seit Jahren auf die Einführung eines einheitlichen Mutterschaftspasses, da er den Frauen Autonomie und Sicherheit bieten würde. Bislang scheiterte die Umsetzung am föderalistischen Gesundheitssystem.

So wird den Schweizerinnen vor allem vor dem Antritt von Reisen während der Schwangerschaft geraten, die relevanten Gesundheitsdaten in ausgedruckter Form bei sich zu führen, um diese im Notfall griffbereit zu haben (vgl. BABYWELTEN 2014).

Das Risiko der Sicherheit

G uter Hoffnung sein? Das war einmal! Heute sind wir im besten Fall gerade nicht verunsichert. Die Schwangerschaft ist zum Risikofaktor geworden oder wird uns zumindest als solcher präsentiert. Auf der Suche nach möglichst großer Sicherheit für uns und für die Gesundheit des Kindes sehen wir uns mit unerwarteten und bis dahin unbekannten Themen konfrontiert, die nun Bestandteil unseres Lebens als Schwangere sind.

Risikoorientierung

Wie in vielen anderen Lebensbereichen haben Risiken auch im medizinischen Diskurs heute einen ganz zentralen Stellenwert eingenommen. Der Begriff „Risiko" ist eine kulturelle Konstruktion, deren Definition sehr variabel ist und sich von Kultur zu Kultur, von Zeit zu Zeit ändert.

Das biomedizinische Modell stützt sich auf eine sehr defizitäre Sichtweise von Gesundheit, die nämlich als Abwesenheit von Krankheit verstanden wird. Dabei finden demografische Variablen ebenso wenig Berücksichtigung wie kulturelle, institutionelle, soziale, gesellschaftliche und individuelle psychische Rahmenbedingungen.

Quantitativ messbare biologische Größen stehen im Zentrum des medizinischen Interesses (vgl. BAUMGÄRTNER & STAHL 2011). Das führt dazu, dass durch statistische Messungen erhobene Belastungsfaktoren quasi losgelöst vom betroffenen Menschen betrachtet und behandelt werden. Der individuelle und soziale Kontext wird in der Bewertung der Belastungsfaktoren vernachlässigt.

Schwangerschaft und Geburt scheinen heute besonders risikoreich zu sein. Zumindest wird uns das von der Medizin suggeriert. Das wird unter anderem in den Risikokatalogen A und B im deutschen Mutterpass deutlich. Hier werden insgesamt 52 Risiken aufgelistet, die die Schwangerschaft potenziell gefährden können.

Im Rahmen des österreichischen Mutterpasses wird diesbezüglich nicht so plakativ vorgegangen, die Risikoorientierung ist allerdings die gleiche. Schwangerschaft wird in der Darstellung von Ärzten als risikoreiches Ereignis definiert, das nur durch medizinische Überwachung und Kontrolle ohne Schaden überstanden werden kann. Die Schwangerschaft (und mit ihr auch die Geburt) wird zunehmend pathologisiert und medikalisiert. Gesundheitsfördernd ist das vermutlich nicht.

Im Gegenteil: Durch das Heraufbeschwören von Risiken aller Art wird ein immer höheres Bedürfnis nach Sicherheit erweckt, das die „Kundin" an das medizinische Angebot bindet, gleichzeitig aber keine letztendliche Sicherheit bieten kann. So ist die Zeit der Schwangerschaft heute längst keine Zeit der guten Hoffnung mehr, sondern sie ist zu einer Zeit des bangen Abwartens geworden (vgl. EHGARTNER 2010).

Die Verwendung des Begriffs „Risiko" in Zusammenhang mit Schwangerschaft und Geburt ist durchaus problematisch, weil den werdenden Müttern das Gefühl einer unbestimmten und nicht greifbaren Gefahr vermittelt wird, die es so womöglich gar nicht gibt. Als Alternative bietet sich der Begriff „Belastungsfaktor" an.

Der Mutter-Kind-Pass als Präventionsinstrument

Unter „Prävention" wird die Verhütung von Krankheiten durch das Ausschalten von Krankheitsursachen, durch Früherkennung und Frühbehandlung oder durch das Vermeiden des Fortschreitens einer bestehenden Krankheit verstanden (vgl. FRANZKOWIAK 2003, zitiert nach BAUMGÄRTNER & STAHL 2011).

Grundlegend wird zwischen Primär-, Sekundär- und Tertiärprävention unterschieden, wobei es in der Primärprävention um die Verhütung der Krankheitsentstehung geht. Das betrifft Umweltfaktoren, Lebens- und Arbeitsbedingungen ebenso wie psychosoziale Faktoren.

In der Sekundärprävention sollen Erkrankungen zum frühestmöglichen Zeitpunkt erkannt werden, um Gegenmaßnahmen setzen zu können. Hierzu zählen vor allem Screeningprogramme.

In der Tertiärprävention sollen bereits bestehende Krankheitsbilder vor einer Verschlechterung bewahrt und Rückfälle vermieden werden. Das geschieht beispielsweise durch Rehabilitationsprogramme (vgl. BAUM-GÄRTNER & STAHL 2011).

Prävention hat zwar in der Individualmedizin eine Berechtigung, sie wird allerdings in ihren Anwendungsgebieten und in ihrer Effektivität deutlich überschätzt (vgl. ABHOLZ 1994). Wie der Präsident der Österreichischen Ärztekammer Artur Wechselberger im Geleitwort zu „40 Jahre Mutter-Kind-Pass. Ein Symposium der Österreichischen Ärztekammer" schreibt, handelt es sich bei dem Heftchen um ein Präventionsinstrument, das zwei Aspekte beinhaltet: Mit Maßnahmen zur Primärprävention können Mütter bereits sehr früh in der Schwangerschaft erreicht und in Fragen der Gesundheit beraten werden, und mit der Sekundärprävention können Krankheiten frühzeitig erkannt und therapiert werden (vgl. WECHSELBERGER 2014).

Gerade der Aspekt der Primärprävention wird aber in der ärztlichen Praxis nur wenig berührt. Wenn es um die Verhütung der Entstehung von Krankheiten, um Umweltfaktoren, Lebens- und Arbeitsbedingungen und psychosoziale Faktoren geht, dann hat die Schulmedizin relativ wenig zu bieten. Außerdem stellt sich für mich die Frage, warum dieses frühe Erreichen der Schwangeren und die Beratung in Gesundheitsfragen nicht auch eine Hebamme übernehmen kann.

In Wahrheit hat nämlich gerade die persönliche Beratung auf individueller Ebene in der ärztlichen Schwangerenvorsorge nur unzureichend Platz. Hebammen – wohlgemerkt auf freiwilliger Basis hinzugezogen – könnten diesen Aspekt der Primärprävention viel besser bedienen, als dies in der gängigen, risiko- und zeitzentrierten Schwangerenvorsorge möglich ist.

Wenden wir uns also dem zweiten Aspekt des Mutter-Kind-Passes zu, nämlich der Sekundärprävention. Hierbei geht es um das frühzeitige Erkennen von Krankheiten.

Durch Einführung des Mutter-Kind-Passes sollte das Ziel der flächendeckenden ärztlichen Versorgung von schwangeren Frauen und Kleinkindern erreicht werden, um, wie in der Österreichischen Ärztezeitung aus dem Jahr 1982 zu lesen ist,

1. *die Gesundheit der werdenden Mutter zu überwachen und schwangerschaftsbedingte Beeinträchtigungen ihres Wohlbefindens zu erkennen,*

2. *normal verlaufende Schwangerschaften von Risikogruppen zu trennen,*

3. *die normale Entwicklung von Embryo und Fetus zu beobachten und im positiven Sinne zu beeinflussen und*

4. *Abweichungen von der normalen Entwicklung zu erkennen (vgl. BAUMGARTEN 1982).*

Der Mutter-Kind-Pass orientiert sich grundlegend an möglichen Risiken, an Fehlentwicklungen und potenziellen Gefahren für Mutter und Kind. Das Aufspüren und Abschätzen diverser Belastungsfaktoren soll dabei helfen, Komplikationen im Schwangerschaftsverlauf frühzeitig aufzuspüren.

Es geht also um das Überwachen, das Beobachten und Beeinflussen von Mutter und Kind. Immer wieder ist dabei die Rede von „normal" und „Risiko".

Normal ist, was in einer vorgegebenen Kohorte einer zahlenmäßigen Norm entspricht, sich in ein Schema einfügen lässt und den gestellten Anforderungen entspricht. Passen die erhobenen Parameter nicht, so kann das ein Hinweis auf eine mehr oder weniger ernsthafte Fehlentwicklung sein.

Das Abweichen von der Norm bedeutet aber nicht automatisch, dass die untersuchte Person krank oder behandlungsbedürftig ist. Es bedeutet nur, dass man zum Zeitpunkt der Untersuchung nicht in ein vorgegebenes Schema gepasst hat. Für die einzelne Person können also auf diese Weise keine verlässlichen Aussagen gemacht werden.

Ein errechnetes „Risiko" sagt für den individuellen Fall ebenfalls nichts aus. Anders ausgedrückt: Eine Frau kann durchaus mehrere sogenannte „Risikofaktoren" auf sich vereinen und bleibt trotzdem gesund, hat eine unkomplizierte Geburt und ein gesundes Kind.

Sekundärprävention: Das Auffinden von Risikofaktoren

Im Zusammenhang von Sekundärprävention geht es um das Definieren, Erkennen und Bewerten von Belastungsfaktoren. Wichtig dabei ist zu wissen, dass Risikofaktoren zwar die Wahrscheinlichkeit erhöhen, an einer bestimmten Krankheit zu erkranken. Sie sind aber nicht zwangsläufig ein Hinweis auf eine bereits bestehende oder sich entwickelnde Krankheit.

Es kann daher nur die Aussage über ein mögliches Erkrankungsrisiko getroffen werden. Ob eine individuelle Person letztendlich trotz vorhandener Belastungsfaktoren an einer bestimmten Krankheit auch tatsächlich erkranken wird, kann nicht vorhergesagt werden.

Risikoorientierte Untersuchungen sind vor allem ein Spiel mit der Angst und führen zu Verunsicherung. Das ist aus einem ethischen Gesichtspunkt zumindest bedenklich, vor allem, wenn der tatsächliche Nutzen dieses Wissens um ein bestimmtes Risiko nicht bewertet werden kann oder nicht ersichtlich ist.

Es ist nämlich tatsächlich so, dass sich die Grenzziehung zwischen unbedenklichen Werten und jenen Werten, ab denen von einem erhöhten Risiko ausgegangen wird, von statistischen Durchschnittswerten ableitet. Menschen mit nur gering ausgeprägten Belastungsfaktoren profitieren daher nur in sehr geringem Ausmaß oder gar nicht von deren Früherkennung und Behandlung (vgl. Rosenbrock et al. 1994, zitiert nach BAUMGÄRTNER & STAHL 2011).

Außerdem ist eine eindeutige Grenzziehung zwischen normal und pathologisch nicht immer möglich. Als Beispiel kann hier die Hypertonie genannt werden. Bei einer sehr engen Grenzziehung erhöht sich die Anzahl der potenziell gefährdeten Personen, wodurch gleichzeitig die Anzahl derer, die tatsächlich von einer Behandlung profitieren, weiter abnimmt. Die Zahl der unnötig behandelten Personen steigt, ebenso die Anzahl der Personen, die an Nebenwirkungen der Behandlung zu leiden haben (vgl. BAUMGÄRTNER & STAHL 2011).

Trotzdem hat sich die Anzahl der als Risikoschwangerschaft definierten Schwangerschaften in den letzten Jahren drastisch erhöht. Es ist allerdings nicht so, dass die schwangeren Frauen in den letzten Jahren plötzlich um so vieles ungesünder wären oder schwangerschaftsbedingte Probleme zugenommen hätten.

Der Anstieg der sogenannten Risikoschwangerschaften ist vor allem durch den Anstieg der als Risiko definierten Gegebenheiten zu erklären. Es gibt einen Katalog an Risiken, der ständig erweitert wird. Nicht die Anzahl der behandlungs- und kontrollbedürftigen Abweichungen von der Norm hat also in Wahrheit zugenommen, sondern die Definition von dem, was als Risiko gilt, wird immer weiter.

Das ist in vergleichbaren Ländern nicht anders. In Deutschland wird bereits jede zweite Schwangerschaft als Risikoschwangerschaft eingestuft und behandelt, in manchen Gegenden sind sogar 80 Prozent aller Schwangeren mit einem scheinbaren Risiko behaftet (vgl. GRABNER 2008).

Leider ist mit einer Risikoschwangeren weitaus mehr Geld zu verdienen als mit Frauen, die ganz normale und unauffällig verlaufende Schwangerschaften durchleben. Bei etwa 40 Prozent der Risikoschwangeren (vgl. COLLATZ 1991) verlaufen Schwangerschaft und Geburt problemlos. Hier kommt vor allem der Umstand zum Tragen, dass viele Frauen zunächst fälschlicherweise als Risikoschwangere eingestuft werden.

Es entsteht der Eindruck, dass die durchgeführten Interventionen ihren Zweck erfüllen, obwohl eben ein Teil der Frauen, die eine Behandlung erfahren haben, in Wahrheit nie gefährdet war (vgl. BAUMGÄRTNER & STAHL 2011). Der (scheinbare) Nutzen eines Screeningverfahrens kann jedoch leicht konstruiert werden. Und wenn man sich mit statistischen Tricks nicht so gut auskennt, fällt es schwer, die Angemessenheit der Prozeduren zu bezweifeln.

Die Fokussierung auf „Risiken" hat noch einen entscheidenden Nachteil für die werdenden Mütter und ihre Kinder: Häufig führt die Diagnose einer „Risikoschwangerschaft" zu weiterführenden Untersuchungen, möglicherweise unnötigen Interventionen und Krankenhausaufenthalten. Sie hat auch direkte Auswirkungen auf den Geburtsverlauf. Präventive Kaiserschnitte sind keine Seltenheit. Auch das die Schwangerschaft und Geburt begleitende medizinische Personal wird den Vermerk „Risikoschwangerschaft" zur Kenntnis nehmen und möglicherweise Konsequenzen daraus ziehen.

Hausgeburtshebammen müssen sich beispielsweise besonders absichern und werden eine Frau mit erhöhtem Risiko vielleicht nicht bei ihren Plänen zur Hausgeburt unterstützen, weil sie für das Geschehen zu leicht die Verantwortung zugeschoben bekommen und gegebenenfalls juristisch belangt werden können. Auch bei einer Geburt im Krankenhaus wird das im Mutter-Kind-Pass vermerkte Risiko die Geburt beeinflussen und sehr wahrscheinlich zu vermehrten und unnötigen Interventionen führen.

Letztendlich hat die mittels Ankreuzverfahren erwirkte Diagnose einer Risikoschwangerschaft auch auf das individuelle Empfinden der werdenden Mutter Auswirkungen. Aus psychologischer Sicht können sich Verunsicherung und Sorgen manifestieren, die womöglich völlig unbegründet sind. Dennoch haben diese Sorgen Auswirkungen auf das psychische Wohlbefinden. Man nennt das auch den „Nocebo-Effekt" (Nocebo, latein: Ich werde schaden).

Emotionale Belastungen in der Schwangerschaft, wie das Risiko-Kreuzchen eine darstellt, sind durchaus mit Auswirkungen auf das ungeborene Kind verbunden und können einen ungünstigen Einfluss auf den weiteren Verlauf der Schwangerschaft haben. So betont Michel Odent: „Geringstmögliche Angst ist auch die Vorbedingung für das optimale Wachstum und die bestmögliche Entwicklung des Babys im Mutterleib." (ODENT 2005: 125)

Untersucht werden und sicher sein

„Sicherheit ist ein Mythos – es gibt sie nicht. Das hält uns jedoch nicht davon ab,
ihr dauernd nachzujagen. " (HODGKINSON 2009: 21)

Sicherheit ist gesellschaftspolitisch ein großes Thema. Sicherheit in Bezug
auf unser Leben, unser mühsam Erspartes, Sicherheit vor verbrecheri-
schen Handlungen und Terrorismus. Sicherheit für unser Haus und unsere Kinder. Alles wird ver-sicher-t, und wir sichern uns tausendfach ab.

Zunehmende staatliche Kontrolle lässt uns in dem Glauben, dass wir sicher wären. Unser Geld ist sicher, weil der Staat sich um die gesetzlichen
Rahmenbedingungen kümmert. Wir sind sicher vor Terrorismus und Ver-
brechen, weil Überwachung und Kontrolle scheinbar sämtliche Sicher-
heitsrisiken ausschließen. Doch stimmt das wirklich? Spätestens seit der
brutalen Anschläge von Paris im Spätherbst 2015 wissen wir alle: Nein.

Auch im medizinischen Bereich, in der Schwangerschaftsvorsorge und
bei der Geburt wird uns die Sicherheit von Schwangerschaft und Geburt durch ständige Kontrollen der körperlichen Vorgänge suggeriert.
Die Überwachung unserer Werte und Körperdaten soll dazu führen, dass
ein Vorgang, der sich unserer Kontrolle entzieht, sicherer gemacht wird.
Schwangerschaft, Geburt und das Leben im Allgemeinen waren allerdings
schon immer und sind nach wie vor Bereiche, für die es keine Garantie
und keine Sicherheit gibt. Auch die ständige Kontrolle der „Normalität"
kann letztendlich nichts daran ändern.

Was passiert also, wenn eine Schwangere von der Norm abweicht, wenn
die vermeintliche Sicherheit in Frage gestellt wird? Schneller als sie schau-
en kann, findet sich die vermeintliche Risikoschwangere in einer Maschinerie wieder, aus der es nur schwer ein Entkommen gibt. Zusätzliche
Kontrolltermine, permanente Überwachung, Angst um das ungeborene
Kind, Sorgen und Zweifel prägen den weiteren Schwangerschaftsverlauf.

Mit dem ersten Gang in die Arztpraxis setzt sich ein Kreislauf in Gang,
der ganz schnell aus dem Ruder laufen kann. Dabei geht es auch um Ei-

genverantwortung und autonome Entscheidungen, denn diese werden der Schwangeren relativ schnell abgesprochen und entzogen, handelt es sich bei den inspizierten Vorgängen doch um einen medizinischen Fachbereich, bei dem die werdende Mutter als Laiin kein Mitspracherecht hat.

Aus einem gut gemeinten medizinischen Angebot können ganz schnell der Zwang zur Kontrolle und der Verlust der Eigenmacht resultieren. Das ist vor allem in Hinblick auf das ungeborene Kind von Bedeutung, denn um das Leben und das Wohlergehen dieses Kindes geht es allen Beteiligten letztendlich. Da wird dann schnell mit der scheinbaren Verantwortungslosigkeit der Eltern argumentiert, wenn sie die eine oder andere medizinische Maßnahme in Frage stellen. Eine Frau, die regelmäßig zu den Vorsorgeuntersuchungen geht, wird hingegen als verantwortungsbewusst bezeichnet.

Aber ist es nicht genau umgekehrt? Bin ich die Verantwortung nicht gerade dann los, wenn ich sie an eine außenstehende Person abgebe? Darüber scheint sich wohl niemand wirklich Gedanken zu machen. Verantwortliches Handeln wird gesellschaftlich definiert als Handeln nach jenen Vorgaben, an die sich die Mehrheit der Bevölkerung hält. In der Schwangerschaft lassen sich alle denkbaren Interventionen durchsetzen. Der Zauberspruch heißt: „Es geht doch um die Sicherheit des Kindes!"

Das ausgeprägte Sicherheitsdenken hat die Kreißsäle und Arztordinationen auch deshalb erobert, weil sich die grundsätzliche Haltung gegenüber dem Vorgang der Schwangerschaft und Geburt im Laufe der Zeit dramatisch verändert hat. Was vor einigen Jahren noch als normale, aber vielleicht seltene Geburtsform erachtet wurde (z. B. Beckenendlagengeburt, Mehrlingsgeburt usw.), wird heute als potenzielle Gefahr wahrgenommen und auch entsprechend behandelt.

Die medizinisch überwachte Schwangerschaft und Geburt werden als „sicher" verkauft. Sollte es dennoch zu Komplikationen kommen, die für Mutter und/oder Kind gesundheitliche Folgen haben, werden Schuldige gesucht. Daher geht es für die Ärzte darum, alles medizinisch Mögliche getan zu haben, um sämtliche juristische Risiken für die eigene Person auszuschließen.

Im Ernstfall wird versucht, sich selbst vor (juristischen) Konsequenzen zu schützen, statt zu überprüfen, ob ein bestimmtes Vorgehen wirklich zum Wohle von Mutter und Kind ist. Die körperliche und seelische Unversehrtheit von Frau und Kind tritt in den Hintergrund. Es darf nicht aus den Augen verloren werden, dass grundsätzlich nicht alles medizinisch Mögliche auch tatsächlich getan werden muss, um ein gutes Ergebnis – nämlich eine gesunde und glückliche Mutter und ein gesundes Kind – zu erzielen.

Die Ärztin Jael Backe schreibt im Vorwort zu ihrem Buch „Schwangerschaft ist keine Krankheit" sehr selbstkritisch: „Ich bin aus rechtlichen Gründen verpflichtet, über zahlreiche sogenannte Schwangerschaftsrisiken aufzuklären. Selbst wenn ich den Risikogedanken nicht verbreiten will, muss ich beispielsweise eine Schwangere über 35 Jahren über das altersabhängige Fehlbildungsrisiko des Babys aufklären. Das verlangt das Gesetz. Ich sitze als Ärztin in der Aufklärungsfalle und ziehe die werdende Mutter gleich mit hinein." (BACKE 2012: 9)

Es geht im Zusammenhang mit Schwangerschaft und Geburt ganz stark um Verantwortung. Irgendwie scheint es sich eingebürgert zu haben, dass für diese Vorgänge die Verantwortung abgegeben wird. Mediziner und Hebammen scheinen für uns die Verantwortung zu tragen – und für das ungeborene Kind gleich mit. Nicht wir als Mütter werden in die Verantwortung genommen, sondern wir geben die Verantwortung an Personen ab, die dafür scheinbar besser geeignet sind als wir selbst.

Sarah Schmid erzählt in ihrem Buch „Alleingeburt" so wunderbar die Begebenheit, als ihre damalige Ärztin sie mit dem Satz konfrontierte: „Das kann ich aber nicht verantworten!" (vgl. SCHMID 2014a)

Haben wir diesen Satz in dieser oder einer ähnlichen Form nicht alle schon einmal gehört, wenn wir uns gegen eine Maßnahme ausgesprochen haben, die routinemäßig vorgesehen gewesen wäre? Der Arzt trägt anscheinend die Verantwortung für uns, für das Geschehen, und wird letztendlich auch zur Verantwortung gezogen, wenn etwas nicht so läuft wie geplant.

131

Das ist eine sehr gefährliche Entwicklung, denn damit einher geht auch die Angst, die mittlerweile zu einer ständigen Begleiterin geworden ist. Das geburtsmedizinische Personal hat Angst davor, etwas zu übersehen, nicht alle Möglichkeiten in Betracht gezogen oder einen Laborwert vernachlässigt zu haben und letzten Endes dafür irgendwann zur Rechenschaft gezogen zu werden. Und diese Angst begleitet die Ärzte, begleitet vielfach auch die Hebammen in ihrem Umgang mit den schwangeren Frauen.

Angst vergiftet das Klima, das eigentlich kooperativ und harmonisch sein sollte. Fragen nach Fehlentwicklungen, Auffälligkeiten und dem Abweichen von Normwerten stehen im Raum. Es scheint so, als würde so lange fieberhaft gesucht werden, bis die ominöse Abweichung von der Norm endlich gefunden ist. Dieses angstbesetzte Vorgehen überträgt sich auch auf die Schwangere und ihr Kind und belastet beide mit womöglich unnötigen Gedanken und Sorgen.

Und dafür spielt es kaum eine Rolle, ob die Untersuchungen – wie in Österreich – praktisch angeordnet sind oder – wie beispielsweise in Deutschland – formal freiwillig erfolgen. Sich regelmäßig ärztlichen Kontrolluntersuchungen zu unterziehen mag zwar auf den ersten Blick das subjektive Sicherheitsempfinden bedienen, führt aber bei genauerem Hinsehen auch häufiger zu Problemen, die ohne Untersuchungen gar nicht erst entstanden wären.

Beispielsweise weisen Routineuntersuchungen in der Schwangerschaft eine sehr hohe Fehlerquote auf, wie auch Sheila Kitzinger betont. Es kann sowohl zu falsch-negativen als auch zu falsch-positiven Diagnosen kommen. Das bedeutet, dass ein Problem nicht erkannt wird, obwohl es existiert, gleichzeitig aber auch Probleme diagnostiziert werden, die es gar nicht gibt. Beide Fälle können für Mutter und Kind gefährlich werden.

Vor allem die falsch-positiven Diagnosen können zu einer erheblichen psychischen Belastung führen. Die Mutter oder die werdenden Eltern machen sich grundlos Sorgen. Außerdem kann es zu unnötigen Eingriffen kommen, die letztendlich die Schwangerschaft sogar eher gefährden, als diese möglichst sinnvoll zu schützen (vgl. KITZINGER 2003).

Das Bedürfnis der Frau nach größtmöglicher Sicherheit spiegelt sich im regelmäßigen Gang zu den Routineuntersuchungen wider. Der Arzt ist in unserer Gesellschaft die erste Anlaufstelle, was Schwangerschaft und Geburt betrifft.

Eine großangelegte Befragung von schwangeren Frauen hat deutlich gezeigt, dass die durchgeführten Untersuchungen aber nur scheinbar das Sicherheitsbedürfnis befriedigen. Vor allem die Tatsache, eine erfahrene Person an seiner Seite zu haben, das Bedürfnis, mit Fragen und Zweifeln nicht allein gelassen zu werden, Veränderungen und Beobachtungen mitteilen zu können und Entscheidungen gemeinsam mit einer Person des Vertrauens besprechen und treffen zu können, spielt beim subjektiven Sicherheitsempfinden eine bedeutende Rolle (vgl. BAUMGÄRTNER & STAHL 2011).

Außerdem von großer Bedeutung in Zusammenhang mit subjektiver Sicherheit ist die Grundeinstellung der werdenden Mutter. Es scheint sich dabei um eine Charaktereigenschaft zu handeln, die eine Basis für die subjektive Wahrnehmung von Sicherheit bildet.

Ist die Frau grundlegend ein kaum oder ein sehr ängstlicher Mensch, eher optimistisch orientiert oder konzentriert sie sich überwiegend auf negative Vorstellungen und Wahrnehmungen? Zu dieser emotionalen Grundausstattung kommt die Sozialisation der Frau im Hinblick auf ihr Körpergefühl (siehe Kapitel „Im Frauenkörper – Frau im Körper", Seite 144).

Letztendlich spielt auch das soziale Umfeld eine tragende Rolle. Ein ermutigender und stärkender Familien- und Freundeskreis kann großen Einfluss haben und unterstützend dabei wirken, ein Bewusstsein für die eigenen Kräfte zu entwickeln (vgl. BAUMGÄRTNER & STAHL 2011).

Tom Hodgkinson schreibt in seinem gesellschaftskritischen Werk „Die Kunst, frei zu sein. Handbuch für ein schönes Leben", dass die Institutionen und Geräte, die unserer Sicherheit dienen sollen, eigentlich genau das Gegenteil bewirken, weil sie uns dauernd an Gefahren erinnern. Mit den „Gefängniswärtern" Gesundheit und Sicherheit werden seiner Meinung nach die Menschen letztendlich in ihrer Freiheit eingeschränkt (vgl. HODGKINSON 2009).

Ärzte, die machtvollen Risikomanager

Wir haben uns alle mehr oder weniger an die ständigen ärztlichen Kontrollen in der Schwangerschaft gewöhnt. Diese Vorgehensweise wird nur wenig hinterfragt. Sie gehört heute fast zwangsläufig zur Schwangerschaft dazu. Dass wir mit dem Verlust der Kontrolle über den eigenen Körper auch ein großes Stück Eigenmacht abgeben, ist uns dabei nicht bewusst. Anders ausgedrückt: Dadurch, dass wir unsere Körper von dritten Personen kontrollieren lassen, begeben wir uns in ein ungleiches Machtverhältnis.

Hodgkinson spricht in diesem Zusammenhang von „entmündigender Expertenherrschaft". Er meint, dass sich Menschen, die sich dem Professionalismus eines anderen unterwerfen, einräumen, auf einem bestimmten Gebiet Schwächen zu haben. Wir haben die Macht über uns selbst an eine äußere Autorität abgetreten, wir haben uns unterworfen (vgl. HODGKINSON 2009).

Als Schwangere gestehen wir sozusagen ein, den körperlichen Vorgängen nicht gewachsen zu sein und professionelle Hilfe in Anspruch nehmen zu müssen. Wir brauchen sogenannte Experten, die sich unserer annehmen und uns mit ihrem Wissen und ihrer Erfahrung durch die Zeit der Schwangerschaft leiten. Im Fall der medizinischen Schwangerenvorsorge handelt es sich dabei um Personen, die ihre Aufgabe darin sehen, unsere Körper zu überwachen und nach fehlerhaften Entwicklungen zu suchen.

Da wir eingestanden haben, beim Austragen unserer Kinder professionelle Überwachung zu benötigen, haben wir auch die Möglichkeit eigenmächtiger Entscheidungen weitgehend abgegeben. Wir haben uns als Laiinnen auf dem Gebiet der Kinderproduktion zu erkennen gegeben und damit das Recht verwirkt, auf gleicher Augenhöhe mit dem Arzt zu agieren.

Die Machtverhältnisse sind klar verteilt: Der Arzt ist der Experte, die Schwangere eine hilfsbedürftige Patientin. Ärzte genießen in unserer Gesellschaft einen hohen Stellenwert. Sie stellen eine Autorität dar, die nur selten in Frage gestellt wird und sich im ungleichen Machtverhältnis zwischen Arzt und Patientin widerspiegelt.

Durch die Art und Weise, wie Ärzte mit ihren Patientinnen umgehen, haben sie großen Einfluss auf den Verlauf der Schwangerschaft. Selbst wenn der schwangeren Frau die endgültige Entscheidung über das Vorgehen nicht abgesprochen wird, so befindet sich der Arzt in einer Position, die es ihm erlaubt, grundlegenden Einfluss auf die Entscheidungsfindung auszuüben.

Ich möchte den Medizinern keine mutwillige Manipulation unterstellen, aber ihr Verhalten, ihre persönlichen Wertvorstellungen und Einstellungen können, wenn sie nicht durch Selbstreflexion immer wieder auf den Prüfstand gehoben werden, auch unbewusst die Interaktion mit den schwangeren Frauen und werdenden Eltern so beeinflussen, das diese eher abhängig als selbstständig agieren.

Die angebliche Gefahr von Schwangerschaft und Geburt fördert deren maximale Überwachung. Schwangerschaft ist zu einem „Risiko" (im Sinne einer gefahrvollen Phase) geworden. Ärzte bieten den werdenden Müttern sozusagen an, dieses Risiko für sie zu managen – also zu untersuchen und zu beurteilen. Dadurch geraten die Schwangeren in ein ungesundes Abhängigkeitsverhältnis, denn es wird ihnen suggeriert, dass sie für die erfolgreiche Bewältigung der Schwangerschaft die Hilfe und Unterstützung ihres Risikomanagers, also ihres Arztes, brauchen.

Der Mutter-Kind-Pass ist ein Arbeitsmittel jenes Risikomanagers. Wir haben also ein Medizinsystem, das den schwangeren Frauen vor allem eines macht: Angst. Angst vor Komplikationen, Angst vor Risiken, Angst vor Abweichungen, Angst vor körperlichem Versagen. Die Liste ließe sich endlos fortsetzen.

Die Unsicherheit ist groß. All die Untersuchungen verringern die unterschwellige oder manchmal auch ganz offensichtliche Angst nicht, sondern lenken den Fokus nur noch intensiver auf die vielfältigen Möglichkeiten von Fehlbildung bis hin zur Früh- und Fehlgeburt. Es wird fleißig gegen die Angst untersucht, analysiert, prognostiziert. Aber die Angst bleibt.

Zur Aufrechterhaltung der Macht ist das auch gut so, denn nur wer Angst hat, ist manipulierbar und kontrollierbar. Angst zu schüren bedeutet, Macht auszuüben. Aber Angst und Panik sind schlechte Weggefährten für eigenmächtiges Handeln.

Abwarten, zentrieren, Kräfte sammeln und im richtigen Moment sinnvolle Entscheidungen treffen – das wären die Alternativen. Situationsangepasst im Einklang mit der eigenen Intuition und bei klarem Verstand. Viel zu oft wird die schwangere Frau in für sie beängstigenden Situationen überrumpelt. Angst und Überforderung erleichtern die Machtübernahme durch Fachpersonen, die der Frau dann ihre eigene Meinung als einzig gangbaren Lösungsweg überstülpen und somit die „Patientin" aus der Eigenverantwortung entlassen.

Ganz allgemein ist die Medikalisierung von Gesundheit durch die moderne Medizin bereits sehr weit fortgeschritten. Die Schulmedizin hat ein Monopol darauf, festzulegen, was noch als gesund und was bereits als krank gilt. Und sie allein diagnostiziert und behandelt die so definierten Krankheiten (vgl. BACKE 2012).

In diesem Fall gilt also: Wer die Kontrollen durchführt, bestimmt auch die Richtwerte, nach denen kontrolliert wird. Die Definitionsmacht liegt ebenso in den Händen der Medizin wie die Diagnose und letztendlich auch die Behandlung von Personen, die den zuvor festgelegten Grenzwerten und Normen nicht entsprechen.

Neben der Abhängigkeit vom Arzt, neben der scheinbaren Unterwerfung unter ein alles überwachendes und kontrollierendes Medizinsystem, darauf spezialisiert, Krankheiten zu behandeln und nicht, Menschen zu heilen, erhebt auch die Gesellschaft in Form des Staates ein Recht darauf, die Schwangerschaft zu beeinflussen.

Der Staat stellt mit dem Mutter-Kind-Pass ein Instrument zur Verfügung, das die flächendeckende Kontrolle und körperliche Überwachung aller schwangeren Frauen gewährleistet. Unter dem Leitsatz, die Schwangerschaft möglichst sicher zu gestalten und gesunde Mütter und Babys zu produzieren, werden die schwangeren Frauen zur Untersuchung gebeten.

Da, wo ein Verweigern mit finanziellen Einbußen bedacht wird, kann man durchaus von einem gewissen Zwang reden. Auch wenn es sich formal gesehen um freiwillige Transferleistungen handelt und rein rechtlich keine Diskriminierung stattfindet, weil alle Verweigerinnen gleich behandelt werden.

Die Gesellschaft hat natürlich ein großes Interesse an gesunden Bürgern, daher wird dieses System auch von den Sozialversicherungsträgern (mit-) finanziert. So rücken der Zustand der Schwangeren, ihr Gewicht, ihre Ernährung, ihr Lebensstil und ihre Krankengeschichte ins Zentrum des öffentlichen Interesses. Jael Backe stellt diesbezüglich die berechtigte Frage, wie weit die Medizin gehen darf. Wie weit darf im Namen der Vorsorge in das private Leben, in die Intimsphäre der Frau eingedrungen werden? (vgl. BACKE 2012).

Spannend wird dieser Gedanke vor allem dann, wenn man ihn noch ein wenig weiterspinnt und auch emotionale Befindlichkeiten in die Überlegung mit einbezieht. Mit welchem Gefühl geht die Frau zum Arzt? Und mit welchen Gefühlen wird sie bei der Untersuchung konfrontiert? Handelt sie ihren Bedürfnissen entsprechend oder passt sie sich an die Forderungen anderer an? Auch diese Faktoren haben Auswirkungen auf das ungeborene Kind und den weiteren Verlauf der Schwangerschaft.

Wird von der Frau Gehorsam gefordert, weil auch die Ärzte glauben, dass sie selber nur noch Pflichterfüllende sind, dann ist die „totalitäre Schwangerenvorsorge", wie Jael Backe sie nennt, nicht mehr weit.

Im Brennpunkt dieses Machtdiskurses steht der Frauenkörper. Letztendlich geht es um Macht über ihn, um Macht über Frauen und um Macht über Sexualität, wie auch der Frauenarzt Volker Korbei in einem Interview zu bedenken gibt (vgl. FREUDENSCHUSS & LECHNER 2010). Und solange Ärzte bereit sind, gegen besseres Wissen Untersuchungen und Eingriffe durchzuführen, nur weil sie glauben, sie „müssten" so handeln, halten sie ein bedenkliches System aufrecht.

VorSORGEn

„Gesundheit bezeichnet den Zustand eines Menschen, der nicht häufig ge-
nug untersucht wurde." (MAXEINER & MIERSCH 1996)

Damit es nicht allzu oft passiert, dass ein Mensch sich gesund fühlen darf, wird kräftig untersucht. Selbst dann, wenn eigentlich kein Bedarf besteht. Wir nennen das ganze Unternehmen in diesem Fall Vorsorgeuntersuchung, was so viel heißt wie: Es finden Untersuchungen statt, obwohl kein Anlass dazu besteht.

Schwangere sind prädestiniert für den Gang zur Vorsorgeuntersuchung. Schließlich ist die Schwangerschaft doch ein sehr außergewöhnlicher Lebensabschnitt, und die werdenden Eltern wollen für den ersehnten Nachwuchs nur das Beste.

Das beginnt bereits im Bauch. Wir möchten keine Unregelmäßigkeiten übersehen und hoffen durch den regelmäßigen Gang zur Vorsorgeuntersuchung, ein gesundes Baby zur Welt zu bringen. Unnötige Untersuchungen an gesunden Frauen führen aber mitunter zu unnötigen Behandlungen mit all ihren unerwünschten Nebenwirkungen wie Sorgen, Ängsten und großer Unsicherheit.

Vorsorgeuntersuchungen erfreuen sich großer gesellschaftlicher Akzeptanz. Nur wenige Menschen hinterfragen dieses Prinzip der vermeintlichen Gesunderhaltung, das in Wahrheit wohl nicht als Präventionsinstrument bezeichnet werden dürfte, denn durch eine bloße Untersuchung wird keine Krankheit verhindert. Manchmal kann eine negative Entwicklung zwar frühzeitig entdeckt und abgewendet werden, aber nicht einmal dafür gibt es eine Garantie.

Sorgen wir also vor! Oder sollen wir uns vielleicht schon vorab Sorgen machen? Immerhin steckt im Wort „Vorsorge" die Sorge bereits mit drin. Und gerade Schwangere neigen grundsätzlich dazu, sich gerne über alles Mögliche Sorgen zu machen. Warum also nicht auch über die eigene Gesundheit und die des ungeborenen Kindes?

Schneller, als sie es begreifen können, werden Schwangere als Risiko-schwangere abgestempelt.

Caroline Oblasser formuliert das so: „Allzu oft werden an und für sich zufriedene Schwangere mit unnötigen Vorsorgeuntersuchungen belästigt, und verschieden formulierte Risikokataloge decken dann etwaige Mängel auf, die von der jeweiligen Frau aber gar nicht als solche erkannt wor-den wären, weil der ‚Mangel' für sie persönlich einfach ganz normal war und zu ihrem Leben dazugehörte. Die wenigsten von uns werden mit Durchschnittswerten beschrieben, und fast jede(r) weicht von der ‚Norm' ab. Doch im Falle der Schwangerschaft wird dieses Abweichen von der Norm mitunter als Gefahr gedeutet, weil das Geheimnis des Kinderkrie-gens eben bis heute etwas Sagenhaftes und Unerforschtes in sich trägt." (OBLASSER 2013: 65)

Vorsorgeuntersuchungen werden nicht nur während der Schwangerschaft empfohlen, sondern erfreuen sich ganz allgemein zunehmender Beliebt-heit. Gerade in der Schwangerschaft sind es jedoch Frauenkörper, die von der ärztlichen Begutachtung betroffen sind.

Im Frauenkörper

Was bedeutet es eigentlich, in einem Frauenkörper geboren zu werden und mit einem Frauenkörper durchs Leben zu gehen? Welches Gefühl haben wir für unseren Körper? Welches Bild wird uns von der eigenen Mutter, von der Familie, der Gesellschaft über unseren Frauenkörper vermittelt?

Oftmals wird es uns unmöglich gemacht, ein positives Körperbewusstsein zu entwickeln. Vielmehr scheint Frausein an sich beinahe schon als Krankheit zu gelten. Von klein auf wird uns eingeredet, dass mit uns etwas nicht stimmt, dass wir behandelt und optimiert werden müssen. Dem gesellschaftlich anerkannten und von zahlreichen Medien transportierten Frauenbild entsprechen die wenigsten. Das müssen bereits ganz junge Mädchen feststellen, wenn sie noch in der Volksschule die erste feste Zahnspange aufgezwungen bekommen, und in diesem Gefühl des Nicht-Perfektseins wachsen sie auf.

Der weibliche Körper wird nicht erst in der Schwangerschaft zum Objekt der Begutachtung und Überwachung – und letztendlich zum Objekt der Manipulation. Der weibliche Körper ist selten gut genug, so wie er ist. Das vermittelt den Frauen das Gefühl, dass ihre Körper, ja dass sie selbst nicht passen, nicht gut genug sind; dass Hilfe in Form von Eingriffen von außen notwendig ist. Diese „Hilfe" bietet uns dann die Medizin, ein patriarchales und zum Teil gewalttätiges System.

Damit meine ich auch die Medizinerinnen, die männlich indoktriniert wurden. Ihre Ausbildung dient der Rationalisierung und der Desensibilisierung. Einfühlsam sein, feinfühlig handeln, mit Gefühlen anderer umgehen können – diese Disziplinen sind nicht Teil des Studiums. Die Medizin bekämpft diese und jene Krankheit, und es macht den Anschein, dass auch der weibliche Körper auf die eine oder andere Art gezähmt und korrigiert werden muss. Mediziner führen einen immerwährenden Kampf gegen den unberechenbar reagierenden Körper der Frau, und die Anzahl der behandlungsbedürftigen Auffälligkeiten nimmt beständig zu.

Hier kommt die Definitionsmacht zum Tragen, die darüber entscheidet, wer oder was als krank gilt. Frausein als Krankheit, Schwangerschaft als interventionspflichtige Pathologie – in diese Richtung läuft es.

Die Gynäkologie reduziert Frauen fast ausschließlich auf ihre Geschlechtsorgane (vgl. DALY 1991), und mit dieser Reduktion geht gleichzeitig eine Normierung und Pathologisierung der weiblichen Geschlechtlichkeit einher (vgl. SCHINDELE 1993). Wir Frauen leben in einem Körper, von dem wir häufig glauben gemacht werden, dass er nicht gut genug sei. Das spiegelt sich auch in den unzähligen Produkten, die wir konsumieren sollen, um unsere Körper zu optimieren – diverse Kosmetik- und Hygieneartikel, Diätprodukte und so weiter.

Wir brauchen Haarpflegeprodukte für das Kopfhaar, an anderer Stelle verwenden wir Enthaarungsmittel, weil eben auch an Körperstellen Haare sprießen, wo sie angeblich niemand sehen will. Wir bringen unsere Körper in Schuss, strampeln uns im Fitnessstudio ab und laufen Schönheitsidealen hinterher, die wir sowieso nie erreichen können.

Aber eines wird uns bei der Jagd nach dem optimalen Körper schon sehr früh klar: nämlich dass wir alle nicht makellos sind. Uns wird das Gefühl vermittelt, fehlerhaft und reparaturbedürftig zu sein. Wir sind es gewohnt, dass wir selbst oder andere an unserem Körper herum manipulieren, daher sind wir nicht darüber überrascht, dass auch die Medizin dieses Körperbild transportiert. Wir kennen es ja nicht anders.

Nur selten wird in Frage gestellt, wenn der Frauenkörper für wirtschaftliche oder andere Zwecke instrumentalisiert wird. Die Medizin ist ein starker Wirtschaftszweig, und der Frauenkörper ein willkommenes Objekt, um diesen Motor am Laufen zu halten. Es entspricht unserem technischen Weltbild, dass der menschliche Körper, also auch der Frauenkörper, als Maschine gesehen wird. Die klassische Schulmedizin kann als „Reparaturmedizin" (GRAF 2010: 16) bezeichnet werden. Es geht um Schadensbehebung ohne Ursachenforschung.

Aber das Leben ist so viel mehr, ist so viel vielschichtiger. Ein Symptom wie beispielsweise erhöhter Blutdruck wird registriert/diagnostiziert und entsprechend behandelt, also medikalisiert. Aber die Ursache für das Symptom, in diesem Fall Bluthochdruck, kann auch psychisch sein. Angespanntheit oder Stresszustände können beispielsweise zum Ansteigen des Blutdrucks beitragen.

Die medikamentöse Behandlung führt vielleicht vorübergehend zu einer Besserung der Messwerte und sogar zum Verschwinden der Symptome, aber die eigentliche Ursache wird nicht behoben. Und so wird sich früher oder später ein anderes Ventil öffnen, um dem grundlegenden Umstand der Disharmonie Ausdruck zu verleihen. Dass Körper und Geist eine Einheit bilden und jede physische Krankheit immer auch eine geistige und psychische Dimension hat, wie auch die Gynäkologin und Geburtshelferin Christiane Northrup betont (vgl. NORTHRUP 2010), findet in der Schulmedizin nur wenig Beachtung.

Frau im Körper

In Hinblick auf das individuelle Körperempfinden ist unter anderem auch die Sozialisation der Frau von Bedeutung. Konnte im Laufe der Entwicklung ein starkes Vertrauen in die körperlichen Vorgänge aufgebaut werden, dann wird dieses auch im Laufe der Schwangerschaft nicht so leicht aus dem Gleichgewicht zu bringen sein. Häufig ist es allerdings so, dass bereits ganz junge Mädchen weibliche Körpervorgänge mit defizitären Bewertungen und Kontrollbedürftigkeit in Zusammenhang bringen (vgl. BAUMGÄRTNER & STAHL 2011).

Auch Eva Schindele beschäftigt sich ausführlich mit dem Zustandekommen und der Förderung dieser defizitären Sichtweise auf weibliche körperliche Vorgänge. Sie meint, die Ursache dafür in der medizinischen Übernahme des weiblichen Körpers identifizieren zu können.

Von der Pubertät über Schwangerschaft und Geburt bis hin zum Klimakterium wird der Frauenkörper einer ständigen medizinischen Kontrolle unterzogen, und die damit verbundene Botschaft eines behandlungsbedürftigen Körpers hat Auswirkungen auf die Selbstwahrnehmung der Frau (vgl. SCHINDELE 1993). Die gesellschaftliche und medizinische Entwertung des weiblichen Körpers führt dazu, dass viele Frauen Misstrauen in ihren Körper und die natürliche Körperprozesse haben (vgl. NORTHRUP 2010).

Heute wird bei der ersten Regelblutung kein Fest gefeiert und das Mädchen als Frau im Kreis der anderen (fruchtbaren) Frauen willkommen geheißen, sondern die Menarche wird zum Fall für den Arzt. Das junge Mädchen wird frühestmöglich zum Frauenarzt geschickt, um zu kontrollieren, ob alles passt. Und der Arzt schickt das Mädchen nicht mit beruhigenden Worten einfach wieder nach Hause, sondern er bedient es mit dem Ritual der Untersuchung.

Beim Frauenarzt ein- und auszugehen ist für Heranwachsende nicht selten ein ähnlich wichtiges Statussymbol wie die erste Zigarette oder der eigene Führerschein. Der weibliche Körper, der normale physiologische Vorgang im weiblichen Körper, gilt als kontrollbedürftig. Aber den „Führerschein" für den eigenen Leib gibt es beim Gynäkologen sicher nicht.

Mit ähnlich großer Unbedarftheit geht eine moderne Frau in die Schwangerschaft, wo sich das Prinzip der gezielten Desinformation dann zwangsläufig fortsetzt (vgl. SCHÖNE & HERRMANN 2011). Sie erfährt zwar nur selten etwas über ihre eigene Kompetenz oder die des Ungeborenen, dafür aber viel über die Fehleranfälligkeit der „Mutter-Kind-Einheit".

Wir bekommen sie also antrainiert, diese Sichtweise auf den Frauenkörper. Wir sind Frauen in einem Körper, der potenziell fehlerhaft und behandlungsbedürftig ist, was wir vielleicht nicht merken und weshalb wir ständiger Kontrolle und Überwachung bedürfen. Zunehmend erleben wir uns als abgetrennt von diesem Körperkonstrukt, das so wenig unserer Selbstwahrnehmung entspricht. Wir verlieren mehr und mehr den Kontakt und den Zugang zu unserem Körperempfinden. Der Körper wird zu einem fremden Wesen. Und wir werden zu hilfsbedürftigen Analphabeten, wenn es um die Kommunikation mit diesem fremden Wesen geht, das im Grunde genommen doch unser ganz eigenes ist.

Das fremde Eigene

Das richtige Gefühl für den eigenen Körper fehlt, wir fühlen uns oftmals unsicher und fremd in ihm. Wir haben nicht den Eindruck, dieser Körper zu sein in seiner Ganzheit, sondern wir haben einen Körper. Wir bewegen uns in einem Körper, so als würden wir in einem Auto fahren. Wir sitzen im Auto, aber wir sind nicht dieses Auto.

Wenn es Probleme mit unserem Wagen gibt, fahren wir in die Werkstatt und lassen das Fahrzeug reparieren. Manchmal kann es vorkommen, dass uns das Auto nach einer Zeit zu klein erscheint oder uns einfach nicht mehr gefällt. Vielleicht ist die Farbe des Wagens nicht mehr so trendy wie zum Zeitpunkt des Autokaufs oder das Auto ist technisch nicht mehr auf dem neuesten Stand. Oder wir haben einfach wieder einmal Lust auf etwas Neues. Das soll es ja auch geben. Und dann kaufen wir uns eben ein neues Auto. Wir steigen aus unserem alten Wagen aus und hüpfen in freudiger Erwartung in den Neuwagen. Das ist leicht.

Doch mit dem Körper ist das eine andere Sache, der kann nämlich nicht einfach eingetauscht werden, wenn er nicht mehr funktioniert oder nicht mehr gefällt. Vielleicht sind wir also doch mehr der Körper, als dass wir ihn haben?

Ingrid Olbricht, ehemalige Chefärztin der psychosomatischen Abteilung der Wicker-Klinik in Bad Wildungen, konnte beobachten, dass Frauen, die eine gesunde Beziehung zu ihrem Körper haben, auch eine positive Einstellung zu ihrer Menstruation haben. Frauen, die Probleme mit ihrer Weiblichkeit haben, klagen häufiger über Menstruationsbeschwerden und empfinden diesen körperlichen Vorgang als schmerzhafte Plage. Olbricht kritisiert, dass manche Mediziner den „Zustand Frau" an sich schon für behandlungsbedürftig halten, was es vor allem jungen Mädchen schwer machen würde, ein positives Körperbewusstsein zu entwickeln (vgl. MARGOTSDOTTER-FRICKE 2004).

Wie wir unseren Körper wahrnehmen, hat also Einfluss auf unser Befinden. Haben wir ein gesundes Verhältnis zu unserem Körper und fühlen wir uns in unserem Frausein wohl? Dann haben wir auch einen guten Zugang zu unserem Körper und können Körpervorgänge meist richtig einordnen – und beeinflussen.

Doch anscheinend ist uns das Gefühl für unseren eigenen Körper irgendwann und irgendwo verloren gegangen. Der Körper ist uns fremd geworden. Und um mit diesem fremden Wesen in Kontakt zu treten, brauchen wir offenbar professionelle Hilfe.

An dieser Stelle tritt der Arzt als Vermittler zwischen mir und meinem Körper auf. Der Arzt beurteilt meinen Körper und klärt mich sogar über meine Befindlichkeiten und Bedürfnisse auf. Er wird also zum Experten für meine Empfindungen. In unserer Gesellschaft wird es als normal angesehen, wenn sogenannte Experten unser eigenes Urteil und unsere Empfindungen in Frage stellen und abwerten. Gleichzeitig wird die Fähigkeit zur Selbstheilung und eigenständigen Gesundheitsvorsorge ohne ständige Hilfe von außen weitgehend geleugnet oder abgewertet, wie auch Northrup kritisiert (vgl. NORTHRUP 2010).

Das ärztliche Konzept der Schwangerenvorsorge, nämlich Risiken und Pathologien in den Fokus zu rücken, hat Auswirkungen darauf, wie Frauen sich und ihren Körper, wie sie ihre Schwangerschaft erleben.

Die Körper- und Medizinhistorikerin Barbara Duden spricht in einem „Standard"-Interview über das Körperkonzept und die Selbstwahrnehmung von Frauen. Sie kritisiert dabei die zunehmende Medikalisierung und medizinische Überwachung der Schwangerschaft, die den Frauen erheblichen Schaden zufügen. Duden meint, dass die technischen Interventionen im notwendigen Einzelfall durchaus eine Berechtigung haben, dass sie als reguläre Praxis die Frauen jedoch daran hindern, das zu tun, was sie können: Nämlich Kinder ohne Interventionen austragen und zur Welt zu bringen.

Entscheidend dabei ist, was die Anwendung technischer Errungenschaften den Frauen vermittelt: Der Körper wird dabei zu einer Sache, einem Gegenstand, über den die Frau bei jedem Arztbesuch eine Instruktion erhält. Dabei geraten die Frauen ihrer Meinung nach in eine Abhängigkeit von „professioneller Prophetie", wie Duden es nennt, denn sie verlieren ihre Zuversicht, sich auf ihre Sinne zu verlassen, und glauben selbst nicht mehr zu wissen, wie es um sie steht (vgl. FREUDENSCHUSS 2014).

Und um „Prophetie" handelt es sich, wenn statt der Ausrichtung auf Symptome und der Erstellung einer Diagnose mit einer prognostischen Aussage eine Berechnung der Risikoeintrittswahrscheinlichkeit stattfindet.

An anderer Stelle schreibt Duden, dass das haptische, ertastende Erleben einer Schwangerschaft aus früheren Zeiten dem visualisierten Erleben im Technikzeitalter gewichen ist. Die Feststellung der Schwangerschaft ist heute kein spürbares Erfühlen mehr, sondern ein nüchterner Befund. Es kommt zu einer Kluft zwischen dem, was eine Frau fühlt, und dem, was eine Frau sein soll. Duden spricht auch von der „entkörperten Frau" (vgl. DUDEN 2002).

Durch die Reduktion auf körperliche Messwerte und statistische Daten in einem technisch orientierten Kontext geht die subjektive Wahrnehmung der eigenen Befindlichkeit (und damit das Wesentliche!) zunehmend verloren. Die schwangere Frau verlässt sich auf durch Experten ermittelte und beurteilte Werte, die dann an die einzelne Schwangere vermittelt werden und Auskunft über ihren Körperzustand geben. Die Unterscheidung zwischen krank und gesund wird anhand abstrakter Zahlen getroffen, wie auch Baumgärtner und Stahl angeben, wobei dem individuellen Krankheitsgefühl keine große Bedeutung zukommt.

Dadurch wird die Distanz der einzelnen Frau zu ihrem Körper und zu ihrem Körpergefühl gefördert, da der körperliche Zustand offenbar nicht mehr selbst beurteilt werden kann, sondern dafür die Hilfe eines Experten notwendig ist. Gleichzeitig wird dem eigenen Körpergefühl das Vertrauen abgesprochen (vgl. BAUMGÄRTNER & STAHL 2011).

Denn was passiert, wenn man einen auffälligen Befund übermittelt bekommt, gleichzeitig aber kein individuelles Krankheitsgefühl verzeichnet werden kann? Es mag dann schwerfallen, die diagnostizierte mögliche Krankheit zu akzeptieren. Doch wenn man den Messwerten keinen Glauben schenkt, bedeutet das letztendlich, dass man die gesamte medizinische Vorgehensweise und Behandlung in Frage stellen muss. Eine Grundsatzfrage, die intensiv an den Grundfesten unserer medizinischen Sozialisation rüttelt.

Oder man verlässt sich auf die Aussagekraft der Testergebnisse und darauf, was der Experte über den Körper der „Patientin" zu glauben meint, obwohl das Körpergefühl andere Informationen vermittelt. Der Wiener Gynäkologe Volker Korbei merkt dazu an: „Misstrauen gegenüber dem eigenen Körper ist nicht gesundheitsfördernd. Dass man das Vertrauen in den eigenen Körper untergräbt, ist auch Teil einer männlichen, negativen Medizin: Angst macht Umsatz." (zitiert nach FREUDENSCHUSS & LECHNER 2010)

Verschiedene Untersuchungen haben gezeigt, dass schwangere Frauen durch die Vielzahl der medizinisch-technischen Untersuchungen in ihrem subjektiven Körperempfinden stark beeinflusst werden. Die Risikoorientierung in der Schwangerenvorsorge hindert die Frauen eher, als dass sie das Vertrauen in ihren Körper fördert oder ihre intuitiven Fähigkeiten stärkt.

Durch die Fokussierung auf medizinische Belange in der Schwangerenvorsorge wird ein Bild von Schwangerschaft und Geburt geprägt, das diese als potenziell gefährlich, überwachungs- und behandlungsbedürftig darstellt. Mit dem im Bauch wachsenden Kind wachsen die Ängste der werdenden Mutter. Ganz nach dem Motto: Auch wenn im Moment alles in Ordnung ist, besteht doch die Möglichkeit, dass jederzeit Komplikationen auftreten können. Dadurch wird das Vertrauen der Frau in sich und ihren Körper massiv untergraben, und gleichzeitig wird die Abhängigkeit der Frau von einem Expertenurteil gefördert (vgl. BAUMGÄRTNER & STAHL 2011).

Auf diese Weise lernen wir Frauen, blindes Vertrauen in Gynäkologen zu haben, die uns mit Informationen über unseren eigenen Körper versorgen, welche uns von allein nicht zugänglich sind. Wir vertrauen auf deren gute Absichten, auf ihr Wissen und ihre Erfahrung, die sie zu Experten über unsere Körper machen. Der eigenen inneren Stimme schenken wir wenig bis kein Gehör. Körperweisheit wird zur romantischen Illusion.

Hilfreich wäre es, Kontakt zum Kind aufzubauen, wie auch die Hebamme Kirsten Proppe anmerkt. Sie sagt, dass die Natur es so eingerichtet habe, dass schwangere Frauen hormonell bedingt sehr emotional seien. Diese Feinfühligkeit könne ihnen helfen, Liebe und Vertrauen aufzubauen und ein gutes Gespür für ihr Kind zu entwickeln. Gelinge es, diese innige Vertrauens- und Liebesbeziehung zum Kind in der Schwangerschaft zu entwickeln, dann entwickele sich gleichzeitig auch die Fähigkeit, wahrzunehmen, was die Frau selbst und ihr Kind brauchen (vgl. PROPPE 2008).

Der Umgang mit dem Körper, wie wir „moderne" Frauen ihn gewohnt sind, macht es uns schwer, uns mit den Veränderungen im Zuge einer Schwangerschaft und Geburt abzufinden. Das aktuelle Körperbild ist geprägt von gesellschaftlich vorgegebenen Schönheitsidealen, die frau möglichst alle erfüllen will: Schlank, schön, leistungsfähig, sportlich. Um diese Zielvorgaben zu erreichen, halten wir unseren Körper mit Fitnesstraining, Diäten und kosmetischen Behandlungen unter Kontrolle.

Und dann kommt die Schwangerschaft! Haben wir uns anfangs noch versucht einzureden, dass alles ganz normal weiterlaufen wird und wir unseren bisherigen Lebensstil aufrecht erhalten, belehrt uns der ständig wachsende Bauch eines Besseren. Irgendwie scheint doch nichts mehr so zu sein, wie es einmal war. Der Körper verändert sich unaufhaltsam, und unsere bisherigen Strategien zur Körperkontrolle erweisen sich als nicht mehr haltbar.

Uns modernen Frauen ist oftmals nicht bewusst, dass der Weg in die Mutterschaft genau das von uns fordert: die Aufgabe der Kontrolle! Wir müssen erst mühsam wieder erlernen, unserem sich verändernden Körper zu vertrauen und uns auf unsere „Säugetiernatur" einzulassen, wie es auch Viresha Bloemeke in ihrem Artikel „Die Eroberung eines fremden Landes" für das Fachmagazin des Deutschen Hebammenverbandes beschreibt. Sie hält darin fest, dass das, was in der Entwicklung unserer westlichen Gesellschaft den Mädchen schon früh im Leben abtrainiert wird – nämlich der Kontakt zum eigenen weiblichen Körper, die Wertschätzung von Fruchtbarkeit, Rhythmus und Vertrauen, Weichheit und Hingabefähigkeit –, nicht plötzlich mit Eintreten der Schwangerschaft wieder da sein kann. Bloemeke rät daher neben der intellektuellen Vorbereitung auf die Geburt unbedingt zur intensiven Körperarbeit, um die körpereigenen Kompetenzen zu stärken und das eigene Körpergefühl wieder bewusster wahrzunehmen (vgl. BLOEMEKE 2013).

Die gute Nachricht ist: Die Entfremdung vom eigenen Körper kann wieder rückgängig gemacht werden. Das Hineinspüren, das Zuhören, das Annehmen erfordern aber Zeit, und manchmal auch Anleitung. Wir dürfen die Sicherheit im Fühlen wieder erlernen. Wir können die Zeichen unseres Körpers wieder verstehen lernen. Wir können uns das wieder aneignen, was uns fremd geworden ist: unser Fühlen im eigenen Körper.

Und wir sollten weiterdenken und uns auch darüber Gedanken machen, welche (Körper-)Bilder wir unseren Kindern, besonders unseren Töchtern, mit auf ihren Lebensweg geben. Wir können bereits ganz früh damit beginnen, die Weichen zu stellen, und unseren Kindern beispielsweise durch Massagen und Worte ihre Körperlichkeit bewusst machen. Wir können unsere Kinder mit Wissen über ihre Körper ausstatten, mit Wissen über ihre Körperfunktionen. Und wir können den natürlichen Umgang damit fördern.

Auf sehr liebevolle und anschauliche Weise werden junge Mädchen in dem Buch „Vom Mädchen zur Frau. Ein märchenhaftes Bilderbuch für alle Mädchen, die ihren Körper neu entdecken." (vgl. SCHÄUFLER 2015) an ihre Körperlichkeit herangeführt und auf ihr Frausein vorbereitet. Gelingt es unseren Töchtern, ein gesundes Verhältnis zu ihren Körpern aufzubauen und ein gutes Körpergefühl zu entwickeln, dann wird sich später nicht so leicht der Eindruck einstellen, dass es jemanden geben könnte, der beispielsweise besser über ihre Geschlechtsorgane Bescheid weiß als sie selbst. Diese Ansicht vertritt auch Mithu M. Sanyal in ihrem empfehlenswerten Buch „Vulva" über die Kulturgeschichte des weiblichen Geschlechts (vgl. SANYAL 2009).

Oftmals haben wir Frauen nicht nur ein seltsames Verhältnis zu unserem Körper, sondern auch ein gespaltenes Verhältnis zur Macht. Ohnmacht ist etwas, das eher Frauen zugesprochen wird. Eine mächtige Frau, eine eigenmächtige Frau bringt das System ins Wanken.

Wer will eigenmächtige Frauen? Die können ganz schön unbequem sein! Aber wäre es nicht eine gute Idee, unbequem zu sein? „Lasst uns doch hin und wieder einmal Eigenmacht und Selbstbestimmtheit entwickeln, gerade wenn es um unseren Körper und unser Leben geht! Lasst uns die Verantwortung für uns, für unser Leben und das unserer Kinder wieder selbst tragen!", möchte ich daher all jene ermutigen, die daran zweifeln.

Verkaufte Körper

„Niemand zwingt eine Schwangere, während der Zeit der guten Hoffnung auch nur ein einziges Mal zum Arzt oder zur Hebamme zu gehen oder ein bestimmtes Krankenhaus für die Geburt aufzusuchen. Jede Frau ist frei, darüber zu entscheiden, wenngleich in manchen Ländern (z. B. in Österreich) finanzielle Einbußen mit der absoluten Selbstbestimmung in Schwangerschaftsfragen verbunden sind." (SCHMID 2014a: 21)

Eine Besonderheit der Alpenrepublik dürfte die Kopplung des Mutter-Kind-Passes an die Auszahlung des Kinderbetreuungsgeldes in voller Höhe sein. Es stimmt: Niemand kann eine Frau zwingen, während der Schwangerschaft einen Arzt aufzusuchen, aber diese Tatsache spielt kaum eine Rolle, denn über das Druckmittel der finanziellen Bestrafung wird das Selbstbestimmungsrecht der schwangeren Frauen eingeschränkt.

Nur beim Vorweisen sämtlicher verpflichtend durchzuführenden Untersuchungen und Belege durch einen ärztlichen Stempel auf den dafür vorgesehenen Formblättern im hinteren Teil des österreichischen Mutter-Kind-Passes kann frau auf den Bezug des vollen Kinderbetreuungsgeldes zählen.

Hier wird also die ärztliche Leistung nicht nur angeboten, sondern frau wird durch die Androhung von finanziellem Verlust zur Durchführung sämtlicher Untersuchungen genötigt. Entscheidet sich eine Frau dennoch gegen die im Mutter-Kind-Pass vorgesehenen Untersuchungen, behält

Vater Staat einen Teil des Kinderbetreuungsgeldes ein, das nach der Geburt des Kindes ausbezahlt wird.

Durch dieses Druckmittel sollen Frauen dazu gedrängt werden, möglichst zahlreich und flächendeckend ihre schwangeren Körper der ärztlichen Beschau zur Verfügung zu stellen. Die finanziellen Einbußen sind (vor allem für nicht wohlhabende Familien oder Alleinerzieherinnen) nicht zu unterschätzen. Kann eine Frau der gesetzlichen Nachweispflicht nicht nachkommen, reduziert sich das Kinderbetreuungsgeld ab dem Zeitpunkt der Einreichfrist nämlich um die Hälfte.

Je nach gewählter Kinderbetreuungsgeldvariante gehen dabei durchschnittlich knapp 2.000 Euro verloren. Maximal sind es etwa 2.600 Euro, die Vater Staat einbehält, wenn die Frau und Mutter nicht sämtliche vorgeschriebenen Untersuchungen durch einen ärztlichen Stempel nachweisen kann.

Oder anders ausgedrückt: Der Staat bezahlt die Frauen dafür, dass sie ihre Körper der medizinischen Kontrolle und Überwachung zur Verfügung stellen, und bestraft diejenigen Frauen durch Einbehaltung des ihnen in Aussicht gestellten Geldes, die sich dieser Anordnung – aus welchen Gründen auch immer – entziehen.

Sarah Schmid nennt als mögliche Gründe für den Verzicht auf Vorsorgeuntersuchungen störende Erfahrungen bei früheren Schwangerschaften, das Bedürfnis, sich von der medizinischen Schwangerenvorsorge, die als angstmachend empfunden wird, zu befreien oder das tiefe Vertrauen in die eigenen Intuition und Gebärkraft (vgl. SCHMIDa 2014).

Obwohl diese Gründe im Einzelfall große Bedeutung für die Frau haben können, scheint die Tatsache, dass der Zugriff auf den weiblichen Körper finanziell ausgeglichen wird, meist schwerer zu wiegen.

Ich habe mir die Frage gestellt, ob Frauen die Mutter-Kind-Pass-Untersuchungen auch dann durchführen lassen würden, wenn es dafür keinen finanziellen Anreiz geben würde. Die von mir befragten Frauen (siehe Kapitel „Einzelstimmen", Seite 189) haben zum überwiegenden Teil angegeben, dass die Kopplung an das Kinderbetreuungsgeld sehr wohl ausschlaggebend für ihre Entscheidung zur Durchführung der vorgeschriebenen Untersuchungen war oder ist, sie mit dieser Regelung aber nicht glücklich sind. Im Folgenden finden sich Details meiner Befragung.

1. *Gründe für die Durchführung der Mutter-Kind-Pass-Untersuchungen (Mehrfachnennungen möglich!):*

Von den befragten Müttern haben 18 die Mutter-Kind-Pass-Untersuchungen in sämtlichen Schwangerschaften durchführen lassen. Knapp die Hälfte gibt an, dass das Kinderbetreuungsgeld dafür ausschlaggebend war. Jede fünfte Frau ist der Meinung, dass sie zur Durchführung der Untersuchungen verpflichtet ist, es also eine Vorschrift ist, diese Untersuchungen machen zu lassen. Für mehr als die Hälfte der Frauen waren andere Gründe (Sicherheit, Kontrolle, Vorsorge) ausschlaggebend.

2. *Wären die Mutter-Kind-Pass-Untersuchungen auch in diesem Ausmaß in Anspruch genommen worden, wenn es keine Geldleistung in Form von Kinderbetreuungsgeld dafür gegeben hätte?*

Auf die Frage, ob sie die Mutter-Kind-Pass-Untersuchungen auch dann durchführen hätten lassen, wenn sie dafür keine Geldleistung in Form von Kinderbetreuungsgeld erhalten hätten, haben nur zwei Frauen mit einem definitiven „Nein" geantwortet. Etwa jede vierte Frau würde die Untersuchungen nicht im derzeit gängigen Umfang durchführen lassen. Knapp ein Drittel der Frauen sagt, dass sie bei der ersten Schwangerschaft auch dann die Mutter-Kind-Pass-Untersuchungen durchführen hätten lassen, wenn es keine Geldleistung dafür gegeben hätte, und dass sie bei weiteren Schwangerschaften nicht mehr beziehungsweise nicht mehr in diesem Ausmaß zur ärztlichen Untersuchung bereit gewesen wäre/ist. Die Hälfte der Frauen würde die Mutter-Kind-Pass-Untersuchungen in jedem Fall, also unabhängig vom Kinderbetreuungsgeld, durchführen lassen.

3. *Wie wird die Regelung, dass die Auszahlung des vollen Kinderbetreuungsgeldes an die Durchführung der Mutter-Kind-Pass-Untersuchungen gekoppelt ist, von den Müttern beurteilt?*

Keine der befragten Frauen findet die Kopplung von Kinderbetreuungsgeld und Mutter-Kind-Pass-Untersuchungen uneingeschränkt sinnvoll! Knapp ein Fünftel der Frauen gibt an, diese Regelung nur teilweise sinnvoll zu finden, und etwa vier Fünftel sind damit grundlegend unzufrieden.

Die Untersuchung des weiblichen Körpers

„Machen Sie sich bitte frei!", heißt es beim Frauenarzt. Die Frau muss sich also ausziehen, und zumindest untenrum ist sie bei der anstehenden gynäkologischen Untersuchung nackt.

Je nach Strukturierung der Ordinationsräumlichkeiten geht die so entblößte Frau vom Umkleidebereich durch den Raum, die Finger fest um den unteren Saum des wieder mal viel zu kurzen Shirts geklammert, um dieses so gut es geht notdürftig über Hinterteil und Vorderansicht zu ziehen.

Am Gynäkologenstuhl angekommen wird dieser erklommen, und mit weit gespreizten Beinen legt sich die entblößte Frau vor den untersuchenden Arzt. Der Versuch, die Oberbekleidung schützend über den Genitalbereich zu ziehen, hat spätestens jetzt absolut keinen Sinn mehr. Die Beine werden links und rechts in die Beinstützen gelegt, unbewusst können die Knie zumindest noch so lange zusammengekniffen werden, bis der Arzt sie mit mehr oder weniger sanftem Druck und der Aufforderung, sich doch bitte zu entspannen, auseinanderdrückt.

Verfügt der Untersuchungsstuhl über die modernste technische Ausstattung, kann die Frau dann auch noch nach hinten gekippt werden, um dem Arzt den optimalen Blickwinkel und die angenehmste Untersuchungsposition zu ermöglichen.

Bei welcher Frau kommt da nicht spontan ein unangenehmes Gefühl auf? Die intimsten Stellen des Körpers schutzlos und offen zur Schau gestellt, hilflos wie ein auf dem Rücken gelandeter Käfer den prüfenden Blicken und den untersuchenden Händen des Arztes ausgeliefert.

Die Machtverhältnisse sind klar verteilt – zu Ungunsten der Patientin. Nicht nur die Hände des Arztes berühren die intimsten Körperstellen der Frau: Zu Untersuchungszwecken werden auch noch unterschiedliche Gegenstände in die Vagina eingeführt.

Eingeführt wird auch der Penis des Partners beim Geschlechtsverkehr. Nicht erst jetzt wird die eindeutig sexuelle Komponente dieser Begegnung greifbar. Die Untersuchung ist in jedem Fall intimer als in jedem anderen ärztlichen Fachgebiet, und die Grenze zwischen gynäkologischer Untersuchung und sexueller Berührung eine fließende. Was für die meisten Frauen eine unangenehme Angelegenheit ist, die sie möglichst schnell hinter sich bringen möchten, ist auch für die untersuchenden Ärzte oft eine Herausforderung.

„Wir berühren die warmen und weichen Brüste einer anderen Frau. Wir fühlen mit beiden Händen ihren runden, schwangeren Bauch. Wir führen unseren Finger in ihre Scheide ein und ertasten ihr Inneres. Und wir untersuchen den Enddarm und fühlen nicht selten ihren Kot. Wir verwenden ein Speculum und ziehen ein Kondom über die Ultraschallsonde. Die Ähnlichkeit mit einem Phallus ist offensichtlich. In der Untersuchung begegnen wir direkt dem Körper einer Frau, aber auch indirekt ihrer Sexualität und unserer Sexualität." (KASTENDIECK 1997: 25)

Sehr offene Worte einer deutschen Frauenärztin. Offene Worte, die einerseits sehr anschaulich den Arbeitsalltag eines Gynäkologen beschreiben, andererseits aber auch viele Fragen aufwerfen. Was geht in demjenigen vor, der die intimsten Bereiche des weiblichen Körpers anschaut, berührt und untersucht? Ist der Arzt tatsächlich ein abgebrühter und verhärteter Techniker, den nichts mehr reizen kann, weil der weibliche Körper zum sachlichen Arbeitsfeld verkommt?

In der gynäkologischen Praxis wird der Arzt mit einer Fülle von Sexualität konfrontiert. Nicht nur die Untersuchung selbst beinhaltet eine eindeutig sexuelle Komponente. Auch in der Kommunikation zwischen Patientin und Arzt geht es primär um sexuelle Fragestellungen. In diesem erotisch-sexuellen Klima begegnen sich im Arzt und der Patientin in erster Linie zwei Menschen. Zwei Menschen, die eine Form von Intimität und Nähe eingehen, die unter Fremden ungewöhnlich ist.

Der Gynäkologe tut zwar so, als wäre sein Blick auf die nackte Frau unverfänglich, aber letztendlich wissen sowohl der Arzt als auch die Frau auf dem Gynäkologenstuhl, dass die Situation nur mit viel Aufwand, Routine und kontrollierter Ängstlichkeit beherrschbar bleibt (vgl. AMENDT 1982).

Auch wenn es die meisten Frauen erfolgreich verdrängen und es viele Männer befürchten: Frauenärzte sind sexuelle Wesen!

Weiblicher Körper als Objekt

Um die Situation beherrschen zu können, wird der weibliche Körper zum Objekt degradiert und zum Gegenstand einer möglichst objektiven Betrachtung. Dazu wird der Körper in Beobachtungsfelder aufgeteilt und von seiner emotionalen Dimension befreit (vgl. BITZER 1997). Die Frau wird als Mensch, als emotionales und sexuelles Wesen von ihrem Körper getrennt wahrgenommen.

Die Untersuchung richtet sich auf Anatomie und Physiologie der Genitalorgane der Patientin, die zum Objekt der Untersuchung werden und emotionslos und ohne (Er-)Regung nach medizinischen Kriterien untersucht werden. Charakter und Wesen der Patientin werden ausgeblendet, was zählt, ist der Körper mit seinen scheinbar unabhängig vom Rest ablaufenden Funktionen.

Dieser quasi freigelegte und unabhängig von Geist und Seele funktionierende Körper wird in seinen Einzelteilen untersucht, kontrolliert, beurteilt und bei Bedarf manipuliert. Durch das Mitdenken der emotionalen Dimension von Körperlichkeit wird die Patientin in ihrer Ganzheitlichkeit wahrgenommen. Dadurch eröffnet sich die Ebene der erotisch-sexuellen Komponente in der Arzt-Patientin-Beziehung.

Sexuell-erotische Gedanken und Empfindungen sind menschlich und können auch in Situationen auftreten, in denen sie nicht per se gewünscht sind, wie es beispielsweise in der Arzt-Patientinnen-Beziehung der Fall ist. Das Arzt-Patientin-Verhältnis ist im Machtgefüge allerdings nicht ausgeglichen. Die nackte Frau befindet sich in einer ausgelieferten Position, und der Kontakt zwischen den beiden Akteuren ist nicht nur ein professionell-medizinischer, sondern eben auch ein intimer Moment mit sexueller Komponente.

Dieser Umstand erfordert von den Beteiligten ein besonders hohes Maß an Sensibilität. Die Patientin ist dem Arzt in gewissem Sinn – nicht nur körperlich – ausgeliefert, sondern sie muss auch auf seine guten Absichten und seine Fähigkeit zur Selbstreflexion vertrauen. Gleichzeitig muss der Arzt oder die Ärztin die körperliche und psychische Integrität der Frau in jedem Fall wahren. Achtsamkeit und ein respektvoller Umgang sind dabei unerlässlich. Denn in Wahrheit ist eine vaginale Untersuchung nichts, worauf eine Frau sich freut. Sie lässt es wohl eher über sich ergehen und ist froh, wenn die Untersuchung wieder vorbei ist.

Besonders die Schwangerschaft ist ein Zustand, der Sensibilität und Behutsamkeit auf allen Ebenen erfordert. Früher war dieses Bewusstsein noch weit verbreitet. So wird von einem Landarzt berichtet, der gesagt haben soll: „Wenn eine schwanger ist, fass ich sie nicht mehr an."

Diese körperliche Unversehrtheit spielt heute keine große Rolle mehr. Ganz im Gegenteil! Die eigene Unversehrtheit muss hart erkämpft und verteidigt werden. Das kostet die schwangere Frau viel Kraft, denn das gängige Regelmodell sieht eben diesen routinemäßigen Tabubruch vor und finanziert ihn mit unseren Beiträgen sogar noch.

Von Frau zu Frau

„Die Phase der Schwangerschaft ist sehr wichtig und stellt die Grundlage
der verdrängten Wurzeln der Menschheit wieder her. Diesen zentra-
len Zeitabschnitt im Leben einer Frau nicht zu würdigen, bedeutet die
Frau als Ursprungsquelle und Bewahrerin des Lebens zu verkennen. "

(MAKILAM 2008: 22)

Darüber, wie Frauen in der Vorzeit geboren haben, können nur Vermutungen angestellt werden. Für viele mag die Vorstellung einer Geburt ohne medizinische Unterstützung, vielleicht alleine im Wald oder lediglich begleitet von anderen geburtserfahrenen Frauen, eine beängstigende Vorstellung sein. Was da alles passieren kann! Die armen Frauen!

Doch was Ethnologen ab der ersten Hälfte des 20. Jahrhunderts über traditionell lebende Ethnien und Gruppen überall auf der Welt berichtet haben, zeichnet ein gänzlich anderes Bild. Übereinstimmend wird von für „westliche" Forscher unvorstellbar einfachen, schnellen und komplikationslosen Geburten berichtet (vgl. SCHMID 2014a).

Es ist naheliegend, dass auch unsere Vorfahrinnen auf diese Art und Weise geboren haben. Sicher ist jedenfalls, dass seit Beginn der Menschheitsgeschichte Fortpflanzung und Geburt auch ganz gut ohne medizinische Interventionen funktioniert haben – sonst wären wir alle heute nicht hier. Dennoch kam es im Laufe der Geschichte zur Herausbildung spezialisierter Frauen, die ihr Wissen und ihre Erfahrung an andere gebärende Frauen weitergaben: Die Hebamme war geboren!

Hebammen, die ursprünglich hoch angesehen waren, und andere geburtserfahrene Frauen haben also die werdenden Mütter während der Schwangerschaft, bei der Geburt und auch im Wochenbett unterstützt und begleitet. Ein System, das gut funktioniert hat.

Was allerdings nicht bedeutet, dass es keine kindlichen oder mütterlichen Todesfälle gab. Geburt war schon immer und ist trotz allen medizinischen Fortschritts auch heute noch ein Ereignis, für das es keine Garantie und keine Sicherheit gibt.

Dass es diese Sicherheit in Bezug auf Schwangerschaft und Geburt nie geben kann, ist uns heute allerdings nicht mehr bewusst. Die männerdominierte Medizin hat vor allem im Laufe des 17. und 18. Jahrhunderts das Zepter in der Geburtshilfe an sich gezogen und die Hebammen teilweise aus ihrem Verantwortungsbereich gedrängt. Diese Neuorientierung fiel auf fruchtbaren Boden, hatten doch Inquisition und Hexenverfolgung bereits seit dem 14. Jahrhundert Vorbehalte gegen heilkundige Frauen geschürt und viele von ihnen als angebliche Hexen auf den Scheiterhaufen befördert.

Die grausamen Details der ersten „Gebärhäuser" ersparen wir uns an dieser Stelle, doch dienten sie wohl weit weniger dem Wohlergehen der Frauen, denen dort ihre Kinder aus dem Leib gerissen wurden, als vielmehr dem Erlernen und Austesten medizinischer Handgriffe und Operationstechniken.

Obwohl die Überlebenschancen für Frauen, die sich zur Geburt ihrer Kinder den Ärzten anvertrauten, bis ins 20. Jahrhundert hinein eher gering waren, nahm der „Siegeszug" der Medizin kein Ende. Die Geburt wurde immer mehr von ihrem natürlichen Umfeld isoliert und zu einem Vorgang gemacht, der medizinisch überwacht und kontrolliert werden musste. Und mit der Geburt hat zunehmend auch die Betreuung der Schwangerschaft ihren Weg aus den Händen der Hebammen in die offenen Arme der Ärzte gefunden.

In vielen Kulturen haben Hebammen schon immer neben der Geburtsbegleitung auch die Schwangerenbetreuung übernommen und Vorsorgeuntersuchungen durchgeführt. Sie haben die Frauen zu Hause in ihrem gewohnten Umfeld besucht, haben sich ihre Sorgen und Ängste angehört und sie mit Wissen und Tipps rund um Schwangerschaft und Geburt versorgt. Die Hebammen waren Ansprechpersonen bei Fragen und Problemen. Sie haben sich mit den Frauen auf vielfältige Weise auseinandergesetzt und ihnen dabei geholfen, sich optimal auf die Geburt vorzubereiten. So sagt auch Sheila Kitzinger: „Traditionelle Hebammen sind meist sehr viel mehr als Geburtshelferinnen." (KITZINGER 2003: 88)

Trotzdem war es im Rahmen des Mutter-Kind-Passes nie vorgesehen, dass schwangere Frauen sich von einer Hebamme betreuen lassen können. Die medizinische Überwachung wurde zum gängigen Modell der Schwangerenvorsorge, sodass vielen Frauen die Hebamme als Ansprechperson für Fragen rund um Schwangerschaft und Geburt gar nicht mehr in den Sinn kommt.

Das ist selbst in Deutschland so, wo die meisten Frauen nicht wissen, dass eine klinische Geburt nicht ohne Hebamme, wohl aber ohne Arzt ablaufen darf (dt. HebG §4, öst. HebG §2). Schwangerenbetreuung durch Hebammen ist keine Selbstverständlichkeit mehr, sondern sie hat sich eher zur Ausnahme entwickelt. Eine Ausnahme, die schwangere Frauen in Österreich bewusst einfordern und zum überwiegenden Teil auch noch selbst finanzieren müssen. Eine hebammenbetreute Schwangerschaft ist also zumindest hierzulande zum Luxusartikel geworden.

Den Hebammen wurde im Laufe der Geschichte nicht nur einmal ihre Kompetenz abgesprochen. Waren es ursprünglich immer Frauen, die anderen Frauen bei der Geburt beigestanden haben, so hat die anfangs ausschließlich Männern vorbehaltene Medizin als naturwissenschaftliche Disziplin schon bald den alleinigen Anspruch auf Geburt und Schwangerschaft erhoben.

Während die ersten Mediziner noch auf das Wissen der Hebammen angewiesen waren und von diesen weisen Frauen gelernt haben, so kehrten sich die Machtverhältnisse relativ schnell um, und die Hebammen wurden zu Handlangerinnen der allmächtigen Mediziner degradiert. Die Sozialpädagogin Dagmar Margotsdotter-Fricke merkt dazu an: „Wie können Menschen, deren Körper nicht das Tor zur Welt sind, weibliche Weisheit erlangen, ja sogar unterrichten und weitergeben? Gar nicht. Nur durch Gewalt und Lüge, durch Anmaßung." (MARGOTSDOTTER-FRICKE 2007: 6)

Nichtsdestotrotz hat es sich etabliert, dass Schwangerschaft und Geburt als medizinische Ereignisse wahrgenommen werden und in den Zuständigkeitsbereich von Ärzten fallen. Österreichische Hebammen werden nicht in die Betreuung von gesunden Schwangeren involviert, sondern bewusst davon ausgeschlossen. Den Hebammen wird nach langem Ringen zwar mittlerweile eine Beratungsstunde im Rahmen des Mutter-Kind-Passes zugestanden, doch das ist in Wahrheit nur so etwas wie ein Trostpflaster. Denn es würde durchaus im Kompetenzbereich einer Hebamme liegen, die gesunde Schwangere umfassend und ohne zusätzliche ärztliche Überwachung durch die Schwangerschaft zu begleiten.

Hebammen: Mit Hand, Herz und Verstand

Heute hat die Hebamme viel von ihrer ursprünglichen Bedeutung für die Frau verloren. Der Gang zur Hebamme ist in der Schwangerschaft keine Selbstverständlichkeit mehr. Doch macht eine Frau einmal die Erfahrung einer hebammenbetreuten Schwangerschaft, dann wird sie sehr schnell den Unterschied zur medizinisch-technischen Schwangerenvorsorge in der Arztpraxis erkennen.

In der Hebammenbetreuung werden Schwangerschaft und Geburt in erster Linie als normale und vor allem gesunde physiologische Vorgänge betrachtet. Hebammen haben nicht Pathologien im Fokus ihrer Aufmerksamkeit, sondern stärken Frauen in ihren ureigenen Kompetenzen. Vor allem das Wissen um die Vielschichtigkeit von Schwangerschaft und Geburt scheint den Hebammen auch heute noch ein Anliegen zu sein. So geht es in der Zusammenarbeit mit der werdenden Mutter vor allem auch um persönliche und soziale Anliegen.

Die Entwicklung der Frau zur Mutter wird auf vielfältige und ganzheitliche Weise begleitet und unterstützt. Die individuelle Beziehung zwischen Frau und Hebamme umfasst für gewöhnlich weit mehr als die Überprüfung körperlicher Zustände. Veränderungen und Abweichungen im Schwangerschaftsverlauf können von der Hebamme daher auch viel umfassender wahrgenommen und individuell behandelt werden. Gegebenenfalls wird die Hebamme die schwangere Frau zur weiteren Abklärung an einen Gynäkologen verweisen.

Die individuelle Ebene der Zusammenarbeit zwischen Hebamme und werdender Mutter umfasst auch die Annahme, dass sich in dieser Begegnung zwei gleichwertige Frauen gegenüberstehen. Von Frau zu Frau kann auf Augenhöhe kommuniziert werden, wobei die werdende Mutter optimalerweise als Expertin für ihre ganz individuelle Situation wahrgenommen und anerkannt wird, und die Hebamme als Expertin auf ihrem Fachgebiet unterstützend auftreten kann.

Das Verhältnis sollte im Idealfall also ein ausgeglichenes und vor allem wertschätzendes sein, das nicht von der in einer Arztpraxis oftmals spürbaren Hierarchie zwischen Arzt und Patientin und dem daraus resultierenden Machtgefälle geprägt ist.

Indem die Frau als gleichwertige Expertin (nämlich für ihr Körperempfinden) anerkannt wird, kann sie Eigenverantwortung übernehmen und sich auf die Stärkung der Eigenwahrnehmung konzentrieren, denn sie kann sich sicher sein, dass ihre Eindrücke und Empfindungen Gehör finden und ernst genommen werden. Eine Hebamme wird durch ihre gesunde Einstellung zur grundsätzlichen Natürlichkeit von Schwangerschaft und Geburt die werdende Mutter nicht nur fürsorglich in der Schwangerschaft begleiten, sondern sie auch bestmöglich auf die Geburt vorbereiten und den Geburtsprozess so unterstützen, dass möglichst nicht in den natürlichen Verlauf eingegriffen wird.

Sheila Kitzinger beschreibt eine gute Hebamme als eine Frau, die sich auf das Lebensereignis der Gebärenden einlässt. Sie übernimmt nicht die Geburt und macht sie auch nicht zu ihrer Angelegenheit. Eine gute Hebamme weiß demnach durch einfühlsame Aufmerksamkeit, wann sie eingreifen muss und wann sie den Dingen ihren Lauf lassen kann (vgl. KITZINGER 2003).

Erika Goyert-Johann, eine Frau, die als Hebamme und Ausbilderin in Ghana/Westafrika tätig ist, sagt über die traditionelle Hebammenarbeit: „Was die Hebammen und GeburtsbegleiterInnen mit ihrem traditionellen Wissen leisten und geleistet haben, ist enorm. [...] Wenn du ohne technische Hilfsmittel, ohne Ultraschallgerät usw. arbeitest, lernst du, deine Sinne einzusetzen, das Fühlen mit den Händen, das genaue Schauen, das

Hinhören auf deine Intuition. Leider ist ja die wertvolle Quelle eines großen traditionellen Erfahrungsschatzes und natürlichen Heilwissens aus
der Kräuterkunde in den westlichen Ländern weitgehend verschüttet
worden." (zitiert nach BERAN 2011: 31)

Mit Sicherheit ist Vieles vom ursprünglichen und traditionellen Hebammenwissen im Laufe der Zeit verloren gegangen. Aber die Zeit bleibt
nicht stehen, und neue Entwicklungen und Erkenntnisse haben Eingang
in die Arbeit der Hebammen gefunden und bereichern diese – hoffentlich
– zum Wohle der Frauen und Kinder.

Und eines hat sich nicht geändert: Eine Hebamme arbeitet in der Betreuung und Begleitung von schwangeren Frauen und Gebärenden für
gewöhnlich ganzheitlich. Das heißt, sie achtet auf Körper und Seele und
benutzt dazu ihre wichtigsten Werkzeuge: Ihre Hände, ihr Herz, ihre Ein-
fühlsamkeit und ihren Verstand!

Das hier dargestellte Betreuungsverhältnis stellt zugegebenermaßen ein
Ideal dar, das womöglich nicht immer erreicht werden kann. Bei der Wahl
der Hebamme ist darauf zu achten, dass die Chemie zwischen den beiden
Frauen stimmt.

In zwischenmenschlichen Beziehungen kann es immer wieder zu Miss-
verständnissen und Kommunikationsschwierigkeiten kommen. Manchmal klappt es einfach nicht zwischen zwei Menschen. Und auch unter
Hebammen gibt es mit Sicherheit die eine oder andere, die ihren Beruf
verfehlt hat. Darum sollte man lieber mehrere Hebammen „testen", wenn
man Zweifel hat, bevor man sich für die eine entscheidet, die dann die
Schwangerschaft begleitet und bei der Geburt unterstützt.

Vorteile hebammengeleiteter Schwangerenvorsorge

Im Folgenden wird zusammenfassend dargestellt, welche vorteilshaften Aspekte durch eine von Hebammen geleitete Schwangerenvorsorge zum Tragen kommen:

- *Die Hebamme orientiert sich am salutogenetischen (gesundheitsorientierten) Modell und setzt nicht die Krankheit in den Mittelpunkt des Interesses, wie dies im biomedizinischen Modell der Fall ist.*

- *Die Schwangerschaft wird als normaler physiologischer Prozess verstanden.*

- *Die Hebamme übernimmt eine Begleitfunktion, während die ärztliche Schwangerenvorsorge eine Kontrollfunktion ausübt.*

- *Im Fokus der Hebammenbetreuung steht nicht der Schutz vor Krankheiten, sondern die Förderung der Gesundheit.*

- *Während die Schulmedizin risikoorientiert arbeitet, geht es in der Hebammenbetreuung um Ressourcenorientierung. Das heißt, sie hilft herauszufinden, wo und wie Energie zunimmt und gute Gefühle entstehen.*

- *Frau und Hebamme sind gleichberechtigte Partnerinnen, während in der Arztpraxis das Expertenwissen dominiert, wodurch ein ungleiches Machtverhältnis zwischen Arzt/Ärztin und Patientin entsteht.*

- *Im Gegensatz zur einseitigen medizinischen Sicht- und Handlungsweise der Biomedizin umfasst die Tätigkeit der Hebamme eine umfassende Sichtweise auf die Schwangere unter Berücksichtigung des familiären und sozialen Umfeldes, und Handlungsstrategien auf verschiedenen Aktionsebenen werden möglich.*

(vgl. BAUMGÄRTNER & STAHL 2011: 165)

166

- *Die hauptverantwortliche Betreuung von gesunden Schwangeren und Gebärenden durch Hebammen ist effektiver als eine fachärztliche Betreuung (vgl. ENKIN et al. 2000).*

- *Frauen, die kontinuierlich durch Hebammen betreut werden, erleben komplikationslosere Schwangerschaften und ihre Geburten verlaufen mit weniger Interventionen (vgl. SANDALL et al. 2013).*

- *In der Hebammenbetreuung wird die weibliche Selbstbestimmtheit unterstützt und Eigenverantwortlichkeit gefördert.*

- *Hebammen können „ihre" Frauen kontinuierlich betreuen. Das Betreuungsmodell kann Schwangerschaft, Geburt und Wochenbett umfassen.*

- *Durch die ganzheitliche Betreuung ist der Aufbau einer engen Bindung an die Hebamme (auf Zeit) möglich, und zwischen den beiden Frauen kann Vertrauen und Nähe entstehen.*

- *Die Hebamme ist Ansprechpartnerin für alle Angelegenheiten, Herausforderungen und Fragen rund um Schwangerschaft, Geburt und Wochenbett. Vielen Frauen fällt es in diesem persönlichen Rahmen leichter, Themen auf den Tisch zu bringen, die sie in der Arztpraxis nie ansprechen würden.*

- *Die Zufriedenheit der Frauen mit diesem Betreuungsmodell scheint allgemein höher zu sein. Sie fühlen sich respektiert, in ihren Bedürfnissen wahrgenommen und ganzheitlich-individuell betreut.*

- *Auch im Anschluss an das Wochenbett kann die Hebamme als erfahrene Familienfachfrau unterstützend und beratend zur Seite stehen. Von ihrem Wissen und ihrem Einfühlungsvermögen profitieren daher Mutter, Kind und Vater sowie bereits vorhandene Geschwisterkinder.*

Wie viel Hebamme ist gesund?

Die Verankerung der Hebammenberatung im Mutter-Kind-Pass ist eine Errungenschaft, für die die Hebammen lange Zeit gekämpft haben. Ihnen wird mit der letzten Mutter-Kind-Pass-Verordnung 2013 ein winziger Teil der Arbeit zugestanden, die eigentlich grundlegend in ihren Aufgabenbereich gehört: die Betreuung der gesunden Schwangeren.

Eine Stunde Hebammenberatung zwischen der 18. und 22. Schwangerschaftswoche ist ein gut gemeinter erster Schritt, aber in Wahrheit viel zu wenig und viel zu spät. Hebammen sind laut Hebammengesetz dazu ausgebildet und berechtigt, die normal verlaufende Schwangerschaft zu betreuen.

Im Österreichischen Hebammengesetz HebG §2 (2) *(Gesetzestext BGBl. Nr. 310/1994 zuletzt geändert durch BGBl. I Nr. 197/2013)* ist dazu Folgendes zu lesen:

„Bei der Ausübung des Hebammenberufes sind eigenverantwortlich insbesondere folgende Tätigkeiten durchzuführen:

1. Information über grundlegende Methoden der Familienplanung;

2. Feststellung der Schwangerschaft, Beobachtung der normal verlaufenden Schwangerschaft, Durchführung der zur Beobachtung des Verlaufs einer normalen Schwangerschaft notwendigen Untersuchungen;

3. Veranlassung von Untersuchungen, die für eine möglichst frühzeitige Feststellung einer regelwidrigen Schwangerschaft notwendig sind, oder Aufklärung über diese Untersuchungen;

4. Vorbereitung auf die Elternschaft, umfassende Vorbereitung auf die Geburt einschließlich Beratung in Fragen der Hygiene und Ernährung; [...]"

Die Hebamme wäre daher durchaus berechtigt, die normal verlaufende Schwangerschaft zu betreuen und Regelwidrigkeiten frühzeitig zu erkennen, bei Bedarf also an einen Facharzt zu verweisen.

Warum aber wird ihr mit der nur einstündigen Hebammensprechstunde lediglich ein so kleiner Abschnitt zugestanden? Warum trauen wir uns nicht mal einen großen Sprung zu und übergeben die gesunde Schwangere und ihr ungeborenes Kind endlich wieder dorthin, wo sie hingehören, nämlich in die Frauenhände der gut ausgebildeten Hebamme?

Die Hebamme ist Ansprechpartnerin in sämtlichen Belangen, die Schwangerschaft, Geburt und auch das Wochenbett (sowie die gesamte Säuglingszeit) betreffen. Sollte eine Frau das Gefühl haben, dass sie Unterstützung braucht, dann darf die Hebamme die erste Wahl sein.

Wir leben in einer Zeit, in der radikale Schritte oder eben Sprünge notwendig sind. Und genaugenommen wäre diese Rückkehr in die Hände der Hebamme gar nicht so radikal oder abwegig, sondern eigentlich ein logischer Schritt in die richtige Richtung. Die Sache mit den Hebammen hat nämlich über Jahrtausende hinweg gut funktioniert!

Um die Schwangerenvorsorge in den Fokus der öffentlichen Aufmerksamkeit zu stellen und eine gesellschaftliche Debatte darüber in Gang zu setzen, wären neben den Frauen und Müttern, die sich für ihr Recht auf freie Wahl der Schwangerenbetreuung stark machen wollen, vor allem auch die Hebammen gefordert. Sie könnten sich vermehrt politisch engagieren, um die gesundheitlichen und gesellschaftspolitischen Vorteile einer hebammenbetreuten Schwangerenvorsorge deutlich und mit Nachdruck ins Bewusstsein der Menschen zu bringen.

Dazu gehört, dass Hebammen sorgsam wissenschaftlich erheben, welche Vorteile ihre frauenspezifische Art der Begleitung mit sich bringt. Auf diese Weise könnte die „Marke Hebamme" endlich als solche erkannt und auch in der Öffentlichkeit erfolgreich propagiert werden.

Erfahrungen mit dem Mutter-Kind-Pass

Die medizinische Schwangerenvorsorge hat Einfluss auf das Erleben der Schwangerschaft und darauf, wie Frauen sich selbst wahrnehmen. Wir Frauen spüren, dass Schwangerschaft mehr ist als die Aufteilung in Wochen. Wir spüren, dass es um mehr geht als um Untersuchungen, Befunde und den Stempel des Arztes. Trotzdem kann es ganz unterschiedlich sein, wie Frauen die ärztliche Schwangerenvorsorge wahrnehmen.

Hebammen und schwangere Frauen sowie Mütter erzählen von ihren ganz persönlichen Erfahrungen und äußern ihre Meinung zu diesem umstrittenen Thema.

Die Sicht der Hebammen

Hebammen sind Frauen, die allesamt eines gemeinsam haben: Sie haben einen Beruf gewählt, der sie immer wieder an die Schwelle des Lebens führt. Ihre ehrenvolle Aufgabe ist es, die Neugeborenen in dieser Welt zu empfangen und willkommen zu heißen.

Hebammen stehen werdenden Müttern bereits während der Schwangerschaft in vielfältiger Weise zur Seite und tragen die Ängste und Sorgen mit. Sie begleiten den Prozess des Mutterwerdens und helfen der jungen Mutter dabei, in ihre neue Rolle hineinzuwachsen.

Die Erwartungen der Frauen an ihre Hebamme sind entsprechend groß, und die Bandbreite an Anforderungen und Aufgaben, die eine Hebamme zu erfüllen hat, ist enorm. Die Hebamme trägt eine große Verantwortung, muss jeden Tag wichtige Entscheidungen treffen.

Trotzdem ist ihr die gesellschaftliche Anerkennung, die dieser Tätigkeit gebühren würde, nicht sicher und der gesellschaftspolitische Druck ist groß. Das sieht man an ihrer Geringschätzung im österreichischen Vorsorgesystem, das im Mutter-Kind-Pass seinen Niederschlag findet. Und das ist auch in der derzeitigen Diskussion um die Berufshaftpflichtversicherung der Hebammen in Deutschland zu erkennen.

Wie erleben Hebammen dieses Spannungsfeld, und welche Einstellung haben sie zur gängigen medizinischen Schwangerenvorsorge?

Ursula Walch

Mag.phil. Ursula Walch aus Graz ist freiberufliche Hebamme (über 4.000 begleitete Geburten), Autorin und Projektleiterin in Afrika und hat selbst vier Kinder geboren. Sie arbeitete elf Jahre in Spanien. Ihre Position ist die folgende:

Wenn eine Frau feststellt, schwanger zu sein, sollte sie möglichst bald mit einer freiberuflichen Hebamme in Kontakt treten. Meiner Erfahrung nach nehmen Frauen Hebammenhilfe in Anspruch, um in Zeiten von Geburtsmedizin und nicht Geburtshilfe eine humanere Sicht und Behandlung von Schwangerschaft und Geburt zu erleben.

Um mehr Frauen für die Hebammenarbeit zu begeistern, müsste die Politik mithilfe des Mutter-Kind-Passes, kostenfreier Sprechstunden in den Krankenkassen etc. die Hebammen als Expertinnen für physiologische, risikoarme Geburten promoten, und sie nicht weiter als die Handlangerinnen der Gynäkologen betrachten. Dazu gehört auch eine andere Entlohnung.

Als Hebamme sehe ich es als meine Aufgabe an, die Schwangeren vor Angst und Panik zu bewahren, sie aufzuklären, wie großartig dieser Lebensabschnitt inklusive Geburt sein kann, und Mutter wie Kind nach der Geburt einen guten Start zu ermöglichen. Neben der Vorbereitung auf die Hausgeburt ist es meine Aufgabe, die Frauen zum Beispiel in Geburtsvorbereitungskursen ehrlich und objektiv über das Ereignis Geburt aufzuklären, das heißt auch, die invasive Geburtsmedizin nicht zu verharmlosen. Ich habe ein freundschaftliches Verhältnis zu meinen Klientinnen / Patientinnen, das auf Vertrauen basiert.

Entscheidungsträgerin bezüglich der Schwangerschaft muss immer die Schwangere bleiben. In einer risikoarmen Schwangerschaft sollte sie von einer freiberuflichen Hebamme in ihren Entscheidungen begleitet werden. Ich persönlich ziehe es allerdings vor, mit ÄrztInnen meines Vertrauens, die weder die Schwangeren verunsichern noch über die Hausgeburtshilfe herziehen, zusammenzuarbeiten.

Ein Mutter-Kind-Pass-Vorsorgeprogramm ist zweifelsohne wichtig, aber nicht alle vorgeschriebenen Untersuchungen in der Schwangerschaft sollten Pflichtuntersuchungen sein – wie etwa der orale Glukosetoleranztest, der dritte Labortest auf Toxoplasmose (wenn davor negativ) und der Hüftultraschall in der ersten Lebenswoche. Der Ultraschall wird übrigens auch gerne als Pflichtuntersuchung verkauft. Besonders kaufmännisch talentierte Ärzte bieten dann gleich Ultraschallpakete für die monatliche Reality-TV-Show an, die frau natürlich privat bezahlen muss. Ich finde die vorgeschriebenen Mutter-Kind-Pass-Untersuchungen zu umfangreich.

Zumindest eine Untersuchung der Brust während der Schwangerschaft würde ich allerdings begrüßen. Um einzelne MKP-Untersuchungen in Frage zu stellen, bedarf es einer kritischeren Haltung der Schulmedizin gegenüber. Die meisten Frauen sind zu unkritisch.

Es ist möglich, dass Frauen weder eine medizinische noch eine hebammenbetreute Schwangerschaftsvorsorge in Anspruch nehmen, aber ich würde das nicht unterstützen. Eine hebammenbetreute Vorsorge sollte immer in Anspruch genommen werden, egal in welchem Umfang.

Könnten Frauen ihre Schwangerschaften mit mehr Eigenverantwortung und weniger fremdbestimmt erleben, würde das dazu führen, dass die Schwangerschaft ohne Angst und Panik vor der Geburt erlebt werden könnte. Es gäbe weniger Kaiserschnitte und weniger interventionsreiche Geburten, das führt zu gesünderen Kindern und zufriedeneren Müttern.

Die kostenlose Hebammensprechstunde im Rahmen des Mutter-Kind-Passes ist ein Anfang, aber viel zu wenig. Länder wie Holland, Deutschland oder Spanien und jüngst auch England (das Royal College vom National Health Service ortete schon vor Jahren ein Hausgeburtspotenzial von 10%) sind uns da Meilen voraus. Außerdem müsste dieses Angebot stärker beworben werden. Aber wer bewirbt es? Die Ordinationen der Gynäkologen? Hinter allen Kampagnen steht am Ende die Ärztekammer, und die hat kein Interesse daran. Im Gegenteil …

Die Wahlfreiheit für die MKP-Untersuchungen zwischen Arzt und Hebamme wäre der Idealzustand (siehe Holland, Deutschland, Spanien). Die

Kopplung von Kinderbetreuungsgeld und MKP-Untersuchungen ist eine Erpressung.

Dass das Ansehen und die Kompetenzen der Hebammen ungeachtet ihrer geänderten, nun universitären Ausbildung nicht gestiegen sind, lässt ja schon stark vermuten, dass eine bestimmte Lobby nicht daran interessiert ist. Eine andere Frage wäre die Entlohnung derjenigen Hebammen, die MKP-Untersuchungen wie in Holland oder Deutschland durchführen. Da es diese Wahlfreiheit durch die Kopplung an das Kinderbetreuungsgeld nicht geben wird (gab es ja kurze Zeit, daraufhin gingen die MKP-Besuche in der Schwangerschaft stark zurück und die Gynäkologen schrien auf), habe ich mir darüber aber keine Gedanken gemacht.

Margarete Hoffer

Margarete Hoffer aus Wien ist freiberufliche Hausgeburtshebamme und Mutter eines Sohnes. Sie meint:

Schwangerschaft ist eine besondere Zeit im Leben, eine Zeit des Wunders, der Gesundheit und Stärkung. Wenn eine Frau feststellt, schwanger zu sein, sollte sie den unvergesslichen Moment genießen, ihr Baby willkommen heißen, in guter Hoffnung sein und ihre Hebamme kontaktieren.

Mein Tätigkeitsbereich als freiberufliche Hausgeburtshebamme reicht von Konzeptionsberatung und Kinderwunschberatung bis hin zur Schwangerenvorsorge, Geburtsvorbereitung, Geburtshilfe, Wochenbettpflege und Stillberatung. Später bin ich oft noch Kontaktperson für alles Mögliche rund ums Kind.

Meine Aufgaben in der Schwangerenvorsorge sehe ich vor allem in der Stärkung der mütterlichen Zuversicht und Information der Frau, im Unterstützen von eventuellen Entscheidungsprozessen, außerdem Geburtsvorbereitung und Schwangerenvorsorge. Das Verhältnis zu meinen Klientinnen ist eine sogenannte „therapeutische Beziehung", allerdings auf eine sehr intime, besondere Art und Weise.

Meiner Erfahrung nach nehmen Frauen Hebammenhilfe aus drei Gründen in Anspruch:

1. Weil sie aus ihrer ersten Schwangerschaft gelernt haben. Leider!

2. Weil sie eine Hausgeburt planen.

3. Weil sie eine gesundheitsorientierte Betreuung haben wollen.

Damit sich mehr Frauen rund um Schwangerschaft und Geburt von einer Hebamme begleiten lassen würden, müsste bereits in den Schulen und Kindergärten angesetzt werden – und bei den Ärzten, also auch im Medizinstudium!

Mir selbst ist es gar nicht wichtig, dass Frauen das Mutter-Kind-Pass-Vorsorgeprogramm in Anspruch nehmen. Ich würde auch Frauen betreuen, die auf die Mutter-Kind-Pass-Untersuchungen verzichten. Die meisten „meiner" Frauen nehmen nur die fünf Konsultationen wahr, machen keinen Ultraschall oder Pränataldiagnostik.

Unter der Voraussetzung einer kompetenten salutophysiologischen Begleitung, egal welcher Berufsgruppe, könnte jede Frau auf die Untersuchungen im Rahmen des Mutter-Kind-Passes verzichten, wenn es eine bewusste und aufgeklärte Entscheidung der werdenden Mutter ist. Der Mutter-Kind-Pass wurde aus einer Motivation heraus geboren, dass Mütter uneingeschränkt Zugang zu medizinischer Versorgung haben und Kindesmissbrauch frühestmöglich entdeckt werden kann.

Abgesehen davon, dass unversicherten Frauen trotzdem der Zugang erschwert wird und Missbrauch nicht durch fünf Untersuchungen in dieser Form aufgedeckt werden kann, ist der Mutter-Kind-Pass heute ein Instrument der Überwachung und der Fremdbestimmung geworden. Frauen werden dazu „erzogen", sich eben nicht mehr auf ihr Gefühl zu verlassen und zu vertrauen, sondern möglichst kooperativ mit dem Arzt und dem Krankenhaus zu sein. „Erziehung zur Unmündigkeit" sollte eigentlich der Untertitel des Mutter-Kind-Passes sein.

Wenn Frauen ihre Schwangerschaften mit mehr Eigenverantwortung und weniger fremdbestimmt erleben würden, hätte das positive Auswirkungen auf den Schwangerschafts- und Geburtsverlauf. Frauen würden wieder mehr an ihre eigenen Fähigkeiten und Kräfte glauben und sie würden gestärkt in ihrem Selbstvertrauen und Selbstwert aus dieser Lebensphase herausgehen.

Natürlich habe ich auch die Beobachtung gemacht, dass viele Frauen sich durch die regelmäßigen Arztbesuche größtmögliche Sicherheit erhoffen, was die Gesundheit und das Wohlbefinden ihres Kindes betrifft. Das ist sicher der Hauptgrund, warum Frauen zum Gynäkologen oder zur Gynäkologin gehen.

Unsere Gesellschaft ist so programmiert, dass ein Arzt einem sagen soll, ob man krank oder gesund ist. Wenn man sich krank und gesund „schreiben lassen" muss, sagt das doch schon alles. So geht es bei der Schwangerschaft weiter. Kaum jemand verlässt sich noch auf seine Intuition oder vertraut darauf, dass der Körper schon die richtigen Programme fährt, ganz ohne Zutun.

Ich kann gut verstehen, dass die gynäkologische Untersuchungssituation von vielen Frauen als unangenehm empfunden wird. Frauen sollten wissen, dass sie dazu nicht verpflichtet sind! Kompetente Entscheidungsträgerin in der Schwangerschaft ist die Mutter! Und das Kind, dann vielleicht noch der Vater. Das ist die ökologische Potenz.

Die Verankerung einer kostenlosen Hebammensprechstunde im Mutter-Kind-Pass ist ein Versuch der Politik, die Hebammen mit diesem „Entgegenkommen" nach so vielen Jahren Kampf ein bisschen ruhigzustellen. Jetzt sind die Hebammen erst einmal befriedigt. Die Politik hat ganz klar formuliert, dass sie mit dieser Maßnahme die Kaiserschnittrate senken will. Das werden wir realistischerweise nicht mit einem Kontakt zur Frau um die 22. Schwangerschaftswoche schaffen. Dieses Projekt wird die Zahlen also nicht liefern können, und es wird aus Kostengründen wieder eingestellt werden. Außerdem wird dieses Angebot nicht von vielen Frauen in Anspruch genommen. Dazu ist es viel zu wenig beworben. Und es gibt zu wenige (dazu ausgebildete) Hebammen. Das Angebot können wir also gar nicht bieten.

Die Wahlfreiheit zwischen Hebamme und Arzt für die Mutter-Kind-Pass-Untersuchungen würde ich absolut befürworten! Das hätte weitaus mehr

Sinn als die Hebammensprechstunde in der 22. Schwangerschaftswoche. Es impliziert, dass die Entscheidung bei der Frau liegt. Allein das kann nur gut sein.

Wie die gesetzliche Regelung zu beurteilen ist, dass die Ausbezahlung des Kinderbetreuungsgeldes in voller Höhe an die Durchführung der Mutter-Kind-Pass-Untersuchungen gekoppelt ist? Eine liebe Hebammenkollegin sagt dazu: „Das ist Prostitution!"

Ganz so krass würde ich es nicht formulieren, aber solange die Frauen nicht aufgeklärt sind über die dazu notwendigen Untersuchungen, ist es mit Sicherheit eine undurchdachte, auf die Meinung eines Einzelnen ausgerichtete, nicht evidenzbasierte, pathologisch-medizinisch gesteuerte Regelung.

Teresa Angerer

Teresa Angerer aus Wien ist zweifache Mutter und frei praktizierende Hebamme. Zum Thema Schwangerschaft und Mutter-Kind-Pass meint sie:

Beim Wort „Schwangerschaft" denke ich daran, dass ein neues Menschenkind im Bauch der Mutter wächst, ich denke an Familie gründen und an den Übergang in eine andere, intensive Lebensphase, die neue Horizonte eröffnet. Wenn eine Frau feststellt, dass sie schwanger ist, sollte sie sich mit ihrem Partner und je nach Bedürfnis mit den nächsten nahen Menschen beziehungsweise anderen Müttern austauschen. Sie sollte sich Zeit zum Ruhen und Nachdenken nehmen und mit einer Hebamme Kontakt aufnehmen.

Als Hebamme begleite ich Mütter und Eltern in dieser oft ungewissen Umstellungsphase, indem ich sie in ihrem Sein bestärke, um ihren persönlichen Weg zu finden. Es ist mir ein Anliegen, dass Schwangerschaft und Geburt als natürlicher Vorgang erlebt werden. Bonding und Stillen haben einen hohen Stellenwert. Das Verhältnis zu meinen Patientinnen/Klientinnen ist sehr persönlich und vertrauensvoll.

Selbstverständlich kann ich verstehen, dass die gynäkologische Untersuchung von vielen Frauen als unangenehm, sogar schmerzhaft empfunden wird. Manche Gynäkologen untersuchen zu schnell und zu grob. Die häufigen vaginalen Untersuchungen in der Schwangerschaft stellen sogar eine erhöhte Infektionsgefahr dar, sind also nicht sinnvoll.

Meine Aufgabe in der Schwangerenvorsorge ist es, zu vermitteln, dass Schwangerschaft, Geburt und die Entwicklung eines Kindes natürliche Prozesse sind, die in der Regel alleine vonstattengehen. Außerdem beruhige, stärke und informiere ich die werdende Mutter. Gerade auch soziale und psychische Themen haben dabei Platz. Blutdruckmessung, Größenbestimmung der Gebärmutter und Harnuntersuchung gehören ebenso dazu, wie das Erkennen von Abweichungen vom Normalen.

Meiner Erfahrung nach nehmen Frauen Hebammenhilfe in Anspruch, weil sie persönlich und individuell betreut werden wollen und weil sie sich auf eine bestimmte Person einstellen wollen, der sie vertrauen können, um sich in dieser ungewissen und beängstigenden Situation öffnen zu können. Oder sie wenden sich an eine Hebamme, wenn es bei der ersten Geburt schlechte Erfahrungen und Erlebnisse gab.

Manche Frauen suchen den Rat einer Hebamme, um informierte Entscheidungen zu treffen. Denn Geburt stellt das tiefgreifendste Erlebnis im Leben einer Frau dar.

Das Hebammenmodell für alle gesunden Schwangeren einzuführen wäre die kostengünstigste und gesündeste Variante. Die Hebamme überweist bei pathologischen Veränderungen an den Arzt, und dieser nimmt sich entsprechend viel Zeit und bekommt ein angemessenes Honorar für die weitere notwendige medizinische Betreuung. Das klappt in den Niederlanden und in den skandinavischen Ländern sehr gut. Diese Hebammenbetreuung sollte für die Frauen leistbar sein.

Meiner Meinung nach geht das Mutter-Kind-Pass-Modell, wie es jetzt ist, an den Bedürfnissen der Mütter vorbei. Es geht zurzeit um rein medizinische Kontrollen. Schwangere erleben aber viele soziale und psychische Veränderungen. Auf diese einzugehen ist für sie sehr wichtig. Ich habe beobachtet, dass sich viele Frauen durch die regelmäßigen Arztbesuche größtmögliche Sicherheit erhoffen, was die Gesundheit und das Wohlbefinden ihres Kindes betrifft. Immer mehr Frauen brauchen diese vermeintliche Sicherheit. Die vielen Ultraschalluntersuchungen schwächen aber die Eigenwahrnehmung und das Selbstvertrauen von Frauen.

Die ganze Aufmerksamkeit wird auf den Monitor, auf Zahlen und Laborbefunde gelenkt – weg von der Schwangeren. Leider ist diese Sicherheit eine trügerische, die sehr oft sogar mehr Unsicherheit verursacht, wenn eine Messung nicht der Norm entspricht, was häufig vorkommt.

Über die rein medizinischen Kontrollen im Rahmen des Mutter-Kind-Passes bin ich unzufrieden, weil sie keine Zeit für Gespräche lassen. Stattdessen sollte es Angebote für Schwangere und deren Partner geben, die diese erden und die Selbstsicherheit stärken, Geburtsvorbereitung und anderes. Es gibt Studien, die zeigen, welche Untersuchungen bei gesunden Schwangeren wirklich Sinn machen. 26 durchschnittliche ärztliche Kontrollen pro Mutter-Kind-Pass bei normaler Schwangerschaft und gesundem Kind sind schon übertrieben.

Meiner Meinung nach könnte auf die Untersuchungen, deren Durchführung nicht an das Kinderbetreuungsgeld gekoppelt ist, verzichtet werden, ebenso auf vaginale Untersuchungen. Lues und HIV-Test nur in bestimmten Fällen. Frauen dürfen nicht mit der Pränataldiagnostik überrumpelt werden und sollten vorher unabhängige Beratung darüber bekommen, um dann Entscheidungen dazu zu treffen. Der oGTT (oraler Glukose-Toleranztest) sollte nur bei Personen durchgeführt werden, die sich wenig bewegen, übergewichtig sind, sich schlecht ernähren oder Diabetes in der Familienanamnese haben.

Zurzeit werden Mütter bei vorzeitiger Entlassung – auch wenn der Kinderarzt im Spital das Kind schon untersucht hat – oft gleich in der ersten Woche zwei bis drei Mal zum Arzt geschickt (Kontrolle beim Kinderarzt, Hüftultraschall, Hörtest beim Ohrenarzt). Das ist wirklich stressig für die junge Familie und führt mitunter vom Milchstau bis hin zur Mastitis und folglich zur Gewichtsabnahme des Babys. Des Weiteren sind Überforderung und postpartale Depression eher möglich, ebenso Unruhe beim Baby. In den ersten zwei Wochen brauchen Entbundene viel Ruhe und gute Verpflegung, damit sie wieder zu Kräften kommen und sich in die neue Situation eingewöhnen können. Dies muss der Mutter- Kind-Pass fördern, und nicht verhindern.

Was derzeit nicht im Mutter-Kind-Pass enthalten ist, was ich aber sinnvoll fände, ist eine pränataldiagnostische Beratung und, wenn individuell nötig, eine psychologische und Sozialberatung. Hebammennachbetreuung im Wochenbett und zusätzlich eine Wochenbettpflegerin für belastete Frauen wären manchmal sehr hilfreich. Unter keinen Umständen würde ich es jedoch unterstützen, dass Frauen weder eine medizinische noch eine hebammenbetreute Schwangerenvorsorge in Anspruch nehmen. Eine kompetente Ansprechperson, am besten eine kontinuierliche Betreuung über Schwangerschaft, Geburt und Wochenbett, ist sinnvoll.

Hebammen sollten diese professionellen Ansprechpersonen für Schwangere werden, um die Selbstkompetenz der Frauen zu stärken. Man sollte zusätzlich niederschwellige Anlaufstellen für Frauen schaffen, wo mehrere Berufsgruppen beratend tätig sind. Ein sicherheitsspendendes Netz statt übermäßiger Kontrolle ist hier die Devise.

Wenn Frauen ihre Schwangerschaften mit mehr Eigenverantwortung und weniger fremdbestimmt erleben würden, gäbe es weniger Traumatisierungen, bessere Bindung zum Baby schon ab der Schwangerschaft, dadurch weniger Interventionen unter der Geburt, mehr Selbstsicherheit im Umgang mit dem Baby, höhere Stillraten und dadurch weniger häufig Spitalsaufenthalte mit dem Kind. Stillen ist die kostengünstigste und effektivste Gesundheitsprävention überhaupt!

Die kostenlose Hebammensprechstunde im Rahmen des Mutter-Kind-Passes ist ein erster Schritt. Ich muss Schwangeren dabei mitteilen, dass es viel zu wenige Kassenhebammen für die Nachbetreuung gibt, sodass sie für die Wahlhebamme zwei Drittel der Hebammenkosten selbst tragen müssen. Gerade wenn wegen Problemen nach der Geburt keine vorzeitige Entlassung möglich ist, müssen Frauen zurzeit die Hebammenrechnung zur Gänze selbst zahlen. Das gehört dringend geändert. Die Wahlfreiheit für die Mutter-Kind-Pass-Untersuchungen zwischen Hebamme und Arzt wäre schon großartig! Für eine Übergangsphase fände ich ein Minimum von zwei ärztlichen Untersuchungen in der Schwangerschaft und vier kinderärztlichen Untersuchungen nach der Geburt vertretbar.

Für Eltern mit besonderen Bedürfnissen sollte hingegen mehr Hilfestellung möglich sein.

Für die Zukunft soll primär die Hebamme gesunde Schwangere, Gebärende und Wöchnerinnen kontinuierlich betreuen, entsprechend ihrem Tätigkeitsprofil und wie es im Gesetz steht. Sie überweist die Schwangere bei Unklarheiten oder Risiken zum Arzt. Das ist kostensparend und hilft jungen Familien, diese Zeit als normal zu erleben.

Die Kopplung von Kinderbetreuungsgeld an die Durchführung der im Mutter-Kind-Pass vorgeschriebenen Untersuchungen ist ein ungerechtfertigtes, nicht zeitgemäßes Instrument, Frauen zur Kontrolle zu zwingen, und untergräbt die Kompetenz von Frauen und deren Familien. Es ist belegt, dass sich Maßnahmen, die Schwangere und Jungfamilien mit deren Babys stärken, ungleich billiger sind, als die Ausgaben, die infolge der mangelnden Unterstützung in dieser Phase entstehen. Die ideale kontinuierliche Betreuung ist bei Hausgeburten am einfachsten gegeben.

Man kann an Kanada sehen, dass auch große Veränderungen möglich sind: Vor 25 Jahren gab es dort keine Hebammen mehr. In der Zwischenzeit hat Kanada eine Hausgeburtsrate von beinahe 10 Prozent, da Studien die Sicherheit und Qualität von Hausgeburten bestätigten und Schwangeren ohne Risiko diese Art der Geburt empfohlen wird. In Österreich werden Hausgeburtsfrauen bestraft, indem sie von vielen Ärzten und der Umgebung ungerechtfertigterweise verunsichert werden und sie außerdem diese Variante der Geburt zur Hälfte selbst zahlen müssen, während die teure Spitalgeburt komplett gezahlt wird.

Es ist höchste Zeit, dass auch in Österreich die Schwangeren primär durch Hebammen betreut werden, egal, wo die Frau entbindet. In Westeuropa sind wir bezüglich Hebammenbetreuung in der Schwangerschaft das Schlusslicht, selbst mit der neu eingeführten Hebammenberatung. Ärzte hätten mit der Behandlung pathologischer Veränderungen genug zu tun – das entspricht auch ihrem Tätigkeitsprofil! Unser Kranken(kassen)system in Österreich könnte so an der Wiege des Lebens beginnen, ein Gesundensystem zu werden.

Hebammenteam „Geburtshaus von Anfang an"

Das Team vom „Geburtshaus von Anfang an" in Wien besteht aus vier Hebammen. Gemeinsam haben die vier Frauen 13 eigene Kinder zur Welt gebracht. Gemeinsam haben sie auch meine Fragen beantwortet:

Wenn eine Frau feststellt, dass sie schwanger ist, sollte sie sich freuen, weinen, lachen, dann sollte sie eine Hebamme suchen, einen Termin beim Gynäkologen ausmachen und den Geburtsort wählen.

Wir betreiben im Geburtshaus allumfassende Hebammenarbeit. Das Verhältnis zu unseren Patientinnen/Klientinnen ist kompetent, warm, bestens, liebe- und verständnisvoll und auf gleicher Augenhöhe. Unsere Aufgaben in der Schwangerschaftsvorsorge sind psychisch, körperlich begleitend und individuell beratend. Unserer Erfahrung nach nehmen Frauen Hebammenhilfe in Anspruch, weil Hebammen Zeit haben, gute Ansprechpersonen sind und persönliche Gespräche von Frau zu Frau Platz finden. Damit mehr Frauen Hebammenbetreuung in Anspruch nehmen würden, wäre eine 100-prozentige Kostenübernahme notwendig. Die derzeitigen Hebammentarife bei den freiberuflichen Hebammen variieren, betragen jedoch im Durchschnitt rund 1.000 Euro für eine Hausgeburt und rund 80 Euro für einen Hausbesuch. Die Krankenkassen übernehmen aber nur einen weit niedrigeren Betrag, und dieser entspricht in keinem Fall dem Aufwand und der Verantwortung der Hebammentätigkeit.

Aus unserer Sicht ist es sehr wichtig, dass Frauen das MKP-Vorsorgeprogramm in Anspruch nehmen – auch aus finanziellen Gründen. Wir haben aber beobachtet, dass viele durch die regelmäßigen Arztbesuche verunsichert werden. Prinzipiell gibt es im Rahmen des MKP-Vorsorgeprogrammes zu wenig Hebammenkontakt. Die seit einiger Zeit vorgesehene Hebammensprechstunde ist zwar positiv, aber zu spät in der Schwangerschaft angesetzt. Dieses Angebot wird unserer Erfahrung nach zudem nur wenig in Anspruch genommen, weil diesbezüglich ein Informationsmangel besteht.

Wenn eine Frau weder medizinische noch eine hebammenbetreute Schwangerschaftsvorsorge in Anspruch nehmen möchte, ist das ihre eigene Entscheidung, bedeutet aber unter anderem den Verzicht auf eine Geldleistung.

Wir schätzen Eigenverantwortung und Selbstbestimmung der Frauen sehr, und diese sollten von einer kompetenten Hebamme auch wahrgenommen werden. Lediglich die Idee der völligen Ablehnung von Hebammenbetreuung oder Betreuung durch einen Facharzt lehnen wir ab.

Ohne Kopplung der Mutter-Kind-Pass-Untersuchungen würden wahrscheinlich viele Frauen auf diese Betreuung verzichten, daher finden wir diese Regelung auch in Ordnung, würden uns aber eine Wahlfreiheit zwischen Gynäkologe und Hebamme für die Durchführung der Untersuchungen wünschen. Facharzt, Hebamme und werdende Mutter sollten idealerweise während der Schwangerschaft als Team zusammenarbeiten.

Agnes

Die freiberufliche Hebamme Agnes* aus Wien hat zwei Söhne. Über Schwangerschaft und Mutter-Kind-Pass sagt sie:

Beim Wort Schwangerschaft denke ich an Veränderung. Wenn eine Frau feststellt, dass sie schwanger ist, sollte sie mit einer vertrauten, erfahrenen Person, ihrem Partner, der Mutter oder einer Freundin reden.

Mein Tätigkeitsfeld in der Betreuung ist umfangreich – vom Beginn der Schwangerschaft bis über die Geburt, Wochenbett und Babyzeit hinaus. Meine Aufgabe ist die Aufklärung und Unterstützung zur Selbstbefähigung. Das Verhältnis zu meinen Klientinnen/Patientinnen ist sachlich, auf Vertrauensbasis. Meiner Erfahrung nach nehmen Frauen Hebammenhilfe in Anspruch, weil sie sich respektierter fühlen und offener werden können, um Fragen zu stellen. Ich denke, wenn Frauen in der Früh-

---

* Pseudonym

schwangerschaft schon Hebammenkontakt hätten, könnten sie über den weiteren Verlauf der angebotenen Untersuchungen (Welcher Frauenarzt? Pränataldiagnostik? usw.) besser entscheiden.

Frauen möchten durch das Mutter-Kind-Pass-Vorsorgeprogramm natürlich Bestätigung darüber, dass alles gut verläuft, und sie müssen die Untersuchungen ja machen, damit sie das Kinderbetreuungsgeld bekommen. Aber so wie es derzeit mit den vielen Untersuchungen gehandhabt wird, ist das zu viel. Den wenigsten Frauen ist beispielsweise bewusst, dass kein Ultraschall verpflichtend ist.

Der Mutter-Kind-Pass ist sehr unklar formuliert. Für das Kinderbetreuungsgeld sind fünf Untersuchungen beim Gynäkologen, eine interne Untersuchung und zwei Laboruntersuchungen vorgesehen. Das wäre nicht so viel, die Frauen gehen aber oft doppelt so häufig zum Arzt, weil dieser sie bestellt und die Frauen nicht wissen, dass es gar nicht notwendig wäre.

Ich bin mit dem derzeitigen Umfang und Inhalt des Mutter-Kind-Passes nicht zufrieden, da die Untersuchungen nur auf Diagnostik ausgerichtet sind, also die Frauen oft ängstigen. Aufklärung und Selbstbefähigung finden nicht statt. Ich finde, auf die erste Untersuchung in der Frühschwangerschaft könnte verzichtet werden (nur bei Blutungen und Schmerzen) und die ganze Pränataldiagnostik sollte nur auf ausdrücklichem Wunsch der Frau durchgeführt werden. Dafür hätte ich gerne einen Hebammenbesuch im ersten Drittel der Schwangerschaft im Mutter-Kind-Pass mit dabei.

In der derzeitigen Regelung ist die Hebammensprechstunde zu spät angesetzt. Es ist gerade einmal der Fuß in der Tür. Das Angebot wird im Moment noch nicht von vielen Frauen angenommen. Es sollte in jeder Arztpraxis eine Hebamme vor Ort sein, so dass jede Schwangere den Kontakt mit einer Hebamme erlebt. Eine Wahlfreiheit für die Frauen, ob sie die Mutter-Kind-Pass-Untersuchungen von einem Arzt oder einer Hebamme durchführen lassen möchten, wäre eine gute Möglichkeit, und die Kosten könnten auch gesenkt werden.

Eine kontinuierliche Betreuung durch eine Hebamme könnte die derzeitige medizinische Schwangerenvorsorge ersetzen. Die Hebamme könnte selektieren, welche Frau zum Arzt gehen sollte und welche in der Betreuung der Hebamme bleibt. Weder eine medizinische noch eine hebammenbetreute Schwangerenvorsorge in Anspruch zu nehmen würde ich aber gar nicht unterstützen.

Ich kann mir vorstellen, dass Frauen wieder Fähigkeiten entwickeln, bewusster mit sich und der Gesundheit umzugehen und auch zu fühlen, was ihnen gut tut, wenn sie ihre Schwangerschaften mit mehr Eigenverantwortung und weniger fremdbestimmt erleben würden. Sie würden nicht mehr nur konsumieren, weil es so vorgeschrieben ist. Sie würden sich mehr für ihre Bedürfnisse einsetzen, was ja auch für das Leben mit einem Kind wichtig ist.

Die Sicht der schwangeren Frauen und Mütter

Wir wissen nun, wie der Mutter-Kind-Pass als Präventionsinstrument Anfang der 1970er Jahre entstanden ist und wie er sich weiterentwickelt hat. Wir wissen, welche Untersuchungen er zum Inhalt hat, und haben uns auch mit der einen oder anderen Untersuchung näher auseinander gesetzt. Wir haben gesellschaftskritische und feministische Sichtweisen in die Überlegungen miteinfließen lassen und auch die Stellung der Hebamme in der aktuellen Organisation der Schwangerenbetreuung beleuchtet.

Doch worüber wir hier in Wahrheit sprechen, sind Frauenkörper und Frauenleben. Hinter den statistischen Daten stecken lebendige Frauen, individuelle Geschichten und Schicksale.

Was wir noch nicht wissen, ist, wie es den betroffenen Frauen tatsächlich mit den Mutter-Kind-Pass-Untersuchungen ergeht. Wie erleben Frauen die Untersuchungen? Wie empfinden sie die Bevormundung durch den Staat? Welche Erfahrungen haben sie ganz persönlich gemacht? Über welche Erlebnisse können sie uns berichten? Welche Erwartungen und Wünsche haben sie?

Um diese Fragen beantworten zu können und denen eine Stimme geben zu können, die von den Untersuchungen tatsächlich betroffen sind, wurde von mir ein Fragebogen entwickelt. Zahlreiche Frauen haben meine Fragen rund um Schwangerschaft und ihre Erfahrungen mit dem Mutter-Kind-Pass beantwortet. Letztendlich stimmten 19 Frauen der Veröffentlichung ihrer Daten zu. Dabei gewährten die Frauen teilweise sehr persönliche Einblicke in ihr Privatleben.

Die durchgeführte Befragung ist nicht repräsentativ und soll diesen Anspruch auch gar nicht erfüllen. Sie zeigt einfach exemplarisch die Geschichte von ganz individuellen Frauen und spiegelt deren persönliche Sichtweise wider. Ich habe die Angaben der Frauen nicht kommentiert oder analysiert, sondern lediglich die Worte der Mütter wiedergegeben, ihren Erfahrungen Raum gegeben.

Dabei hat sich gezeigt, dass die Wünsche und Bedürfnisse der Frauen sehr unterschiedlich sind. Die Antworten sind sehr vielfältig ausgefallen, und die Bandbreite an Sichtweisen ist groß. Jede Frau hat ihre eigene Geschichte, hat unterschiedliche Vorstellungen und Bedürfnisse. Jede Frau braucht in der Schwangerschaft andere Dinge, um sich wohl, zufrieden und sicher zu fühlen. Nicht immer werden diese Bedürfnisse auch erfüllt. Der Mutter-Kind-Pass in seiner derzeitigen Form ist sehr starr, und es bleibt nur wenig Spielraum für individuelle Besonderheiten. Österreichs Standard-Vorsorgeprogramm für Schwangere wird somit keinesfalls allen Frauen gerecht.

Wichtige Ergebnisse der Befragung

Die Frauen, die den Fragbogen beantwortet haben, sind zum Zeitpunkt der Befragung zwischen 29 und 54 Jahre alt. Das Durchschnittsalter beträgt 36,5 Jahre. Gemeinsam haben die befragten Frauen 42 Kinder (durchschnittlich also ungefähr je 2 Kinder) im Alter zwischen ein und 32

Jahren. Viele der befragten Frauen beschäftigen sich überdurchschnittlich intensiv, teilweise auch beruflich mit Themen rund um Schwangerschaft und Geburt.

Von den 19 Frauen haben 18 zumindest in einer Schwangerschaft die Mutter-Kind-Pass-Untersuchungen durchführen lassen. Zwei Frauen haben einen anderen Weg gewählt. Eine davon hat beim ersten Kind noch alle Untersuchungstermine wahrgenommen, beim dritten Kind dann ganz auf die medizinische Schwangerenvorsorge verzichtet. Die zweite Mutter, die keine Mutter-Kind-Pass-Untersuchungen durchführen hat lassen, hat diese Entscheidung bereits für die erste Schwangerschaft getroffen.

Obwohl die einzelnen Frauen – wie gesagt – sehr verschieden sind und daher auch ihre Antworten zum Teil sehr unterschiedlich ausgefallen sind, sind doch einige Tendenzen auszumachen, die sich wie ein roter Faden durch die Aussagen der Frauen ziehen.

1. *Grundsätzlich wurden bei einem Großteil der Frauen mehr als die obligatorischen fünf Mutter-Kind-Pass-Untersuchungen durchgeführt.*

2. *Tendenziell wird in der ersten Schwangerschaft am häufigsten untersucht und kontrolliert. Mit zunehmender Anzahl an Schwangerschaften scheint die Untersuchungswilligkeit der Frauen abzunehmen.*

3. *Mit Hebammen verbinden die Frauen durchwegs positive Assoziationen, und sie stellen hohe Erwartungen an „ihre" Hebammen, die weit über eine physische Betreuung und Begleitung hinausgehen.*

4. *Eher sachliche bis hin zu negativen Assoziationen werden mit dem Wort „Frauenarzt / Frauenärztin" in Verbindung gebracht. Nur zwei Frauen assoziieren damit Positives.*

5. *Auffallend ist die große Unwissenheit, mit der Frauen den Mutter-Kind-Pass-Untersuchungen gegenüberstehen. So wissen beispielsweise viele Frauen nicht, dass sie die Untersuchungen theoretisch auch ablehnen können und nicht alle Untersuchungen für den Erhalt des Kinderbetreuungsgeldes verpflichtend sind. Prinzipiell scheint die Aufklärung und Information der Schwangeren*

in den Arztpraxen nicht an oberster Stelle zu stehen. So haben vier Frauen beispielsweise angegeben, die Mutter-Kind-Pass-Untersuchungen durchgeführt zu haben, weil sie angenommen haben, dass sie dazu verpflichtet wären. Die Mutter-Kind-Pass-Untersuchungen werden nicht als Angebot wahrgenommen, sondern als Pflicht, die es zu erfüllen gilt. Dass es auch die Möglichkeit gibt, das Vorsorgeprogramm zur Gänze abzulehnen oder auf einzelne Untersuchungen zu verzichten, ist vielen Frauen nicht bewusst.

6. *So unterschiedlich die einzelnen Frauen sind, die an der Befragung teilgenommen haben, so unterschiedlich ihre persönlichen Geschichten verlaufen sind, in einem waren sich alle befragten Frauen einig: Alle wünschen sich eine echte Wahlfreiheit für den Mutter-Kind-Pass zwischen Hebamme und Arzt!*

Einzelstimmen

Lassen wir also nun die zu Wort kommen, die vom Mutter-Kind-Pass betroffen sind: schwangere Frauen und Mütter.

Die Reihung erfolgt von jünger nach älter, alphabetisch sortiert.

„Ich habe die Mutter-Kind-Pass-Untersuchungen
durchführen lassen, um sicherzugehen,
dass es mir und meinem Kind gutgeht. "

Christa, 29

Gesundheits- und Krankenschwester

1 Kind: 3 Jahre, Klinikgeburt mit Kaiserschnitt

Entscheidungen in der Schwangerschaft sollten am besten von Gynäkologe, Hebamme und werdender Mutter gemeinsam getroffen werden, es kommt auf das jeweilige Anliegen an. Ich habe die Mutter-Kind-Pass-Untersuchungen durchführen lassen, um sicherzugehen, dass es mir und meinem Kind gutgeht. Insgesamt habe ich elf Mal einen Arzt aufgesucht, eine Untersuchung davon war das Organscreening im Krankenhaus. Ich hatte zehn routinemäßige Ultraschalluntersuchungen in der Schwangerschaft, die mir auch wichtig waren. Über die Risiken einer Ultraschalluntersuchung bin ich aber nicht wirklich aufgeklärt worden.

Ich finde es nicht sinnvoll, dass die Auszahlung des vollen Kinderbetreuungsgeldes an die Durchführung der Mutter-Kind-Pass-Untersuchungen gekoppelt ist, und hätte die Untersuchungen auch durchführen lassen, wenn ich dafür keine Geldleistung erhalten hätte.

Zusätzlich zu den medizinischen Mutter-Kind-Pass-Untersuchungen habe ich zur Beratung und zur Betreuung nach der Geburt zu Hause Hebammenhilfe in Anspruch genommen. Hätte es das kostenlose Hebammengespräch zum Zeitpunkt meiner Schwangerschaft im Mutter-Kind-Pass schon gegeben, hätte ich es auch in Anspruch genommen. Von einer Hebamme erwarte ich mir Unterstützung vor, während und nach der Schwangerschaft und Geburt, daher wäre die Wahlfreiheit für die Mutter-Kind-Pass-Untersuchungen zwischen Arzt und Hebamme erstrebenswert.

„Auf der einen Seite wird immer so ein
Aufsehen zwecks Keimen gemacht, auf der
anderen Seite aber so viel vaginal untersucht. "

Sonja, 30

Entspannungstrainerin, Doula und Energetikerin

1 Kind: 3 Jahre, Spontangeburt in der Klinik

Schwangerschaft ist etwas Natürliches und wunderschon. Als ich vermutet habe, schwanger zu sein, habe ich einen Test gemacht, dann abgewartet, und im zweiten Monat habe ich einen Arzt aufgesucht. Dort war ich dann monatlich, ab dem achten Monat alle zwei Wochen und ab der 38. Woche ein Mal wöchentlich. Die Schwangerschaft verlief optimal.

Ich habe die Mutter-Kind-Pass-Untersuchungen durchführen lassen, um im Falle des Falles darüber informiert zu sein oder rechtzeitig intervenieren zu können, sollte es meinem Baby nicht gutgehen. Aber auch, um das Karenzgeld beziehen zu können.

Die Hebammensprechstunde im Rahmen des Mutter-Kind-Passes finde ich sehr wichtig, allerdings gab es diese zur Zeit meiner Schwangerschaft noch nicht. Sonst hätte ich sie auf jeden Fall in Anspruch genommen. Die Untersuchung beim Internisten finde ich aber überflüssig – zumindest so, wie sie bei uns durchgeführt wird. Auch manche Blutuntersuchungen wie das Blutzuckermessen sollten auf freiwilliger Basis geschehen.

Bei jeder Untersuchung wurde auch ein routinemäßiger Ultraschall gemacht. Da es mittlerweile Studien gibt, die die Ultraschalluntersuchungen nicht mehr als absolut gefahrlos einstufen, finde ich es nicht richtig, sie bei jedem Arztbesuch durchzuführen. Über mögliche Risiken wurde ich nicht aufgeklärt.

Die Vaginaluntersuchungen empfand ich unangenehm und unangebracht. Auf der einen Seite wird immer so ein Aufsehen zwecks Keimen gemacht, auf der anderen Seite aber so viel vaginal untersucht.

Ich finde, die werdende Mutter sollte Entscheidungsträgerin in der Schwangerschaft sein, aber oft übernimmt der Arzt diese Rolle. Frauenärzte sind oft nicht frauenorientiert, sondern zu pharmaorientiert.

Hätte ich keine Geldleistung für die MKP-Untersuchungen erhalten, hätte ich sie nicht in diesem Umfang durchführen lassen. So wie ich manche Untersuchungen erlebt habe und von Erzählungen her dargestellt bekommen habe, steckt meiner Meinung nach oft nur das liebe Geld dahinter. Wie eben bei der internistischen Untersuchung, die gerade fünf Minuten gedauert hat mit Fragen wie: „Rauchen Sie? Trinken Sie?" Schnelles Blutdruckmessen, Abhören, Rachen und Ohren ansehen und das war's.

Die Kopplung von Kinderbetreuungsgeld und Mutter-Kind-Pass finde ich zumindest in der Schwangerschaft nicht sinnvoll. Die Untersuchung der Kinder danach finde ich gerade in der ersten Zeit schon sehr wichtig, und das sollte auch eingefordert werden.

Hebamme ist ein wunderbarer Beruf, der viel zu wenig gewürdigt wird. Von einer Hebamme erwarte ich mir, dass sie mich begleitet, unterstützt und berät. Ich hatte allerdings keine eigene Hebamme, weil ich nie darüber informiert wurde, dass es die Möglichkeit gibt, sich von einer Hebamme betreuen zu lassen. Wenn ich davon gewusst hätte und es finanziert worden wäre, dann ich hätte ich ganz sicher Hebammenbetreuung in Anspruch genommen. Hätte ich es selbst finanzieren müssen, wahrscheinlich in einem kleineren Rahmen, aber trotzdem.

Was ich zum Mutter-Kind-Pass gerne noch anmerken möchte ist, dass dadurch, dass sich ein Impfpass und ein Impfkalender direkt im Mutter-Kind-Pass befinden, bei vielen Eltern der Eindruck erweckt wird, in Österreich herrsche eine Impfpflicht. Dass es sich dabei nur um eine Empfehlung handelt, kommt nicht so sehr zum Ausdruck.

„Ich sehe keine Notwendigkeit,
eine ganz natürliche Sache dauernd
ärztlich zu überwachen."

Birgit, 31

Karenz

1. Kind: 4 Jahre, vaginale Geburt in der Klinik

2. Kind: 1 Jahr, Hausgeburt

Ich bin der Meinung, dass einzig und allein ich Entscheidungsträgerin bin, wenn es um meine Schwangerschaften geht. Entscheidungshilfen sind für mich allerdings Frauenarzt und Hebamme, wobei die Meinung beider gleich wichtig ist. Entscheiden muss ich dann selbst, aber in Absprache mit dem werdenden Vater.

In der ersten Schwangerschaft habe ich alle im Mutter-Kind-Pass empfohlenen Untersuchungen gemacht sowie das Organscreening. Zusätzlich wollte mich meine damalige Frauenärztin am liebsten ein Mal monatlich beschallen, was ich aber nicht wollte. Trotzdem waren es sehr, sehr viele Ultraschalluntersuchungen. Außerdem musste ich zwei Tage stationär ins Krankenhaus, um meinen Blutzucker genauer zu messen. Zum Glück hatte ich keinen Zucker! In den letzten Schwangerschaftswochen wurde ich wöchentlich im Krankenhaus mittels CTG und Ultraschall untersucht, da das Baby für zu untergewichtig gehalten wurde. Es wog bei der Geburt dann aber 3.200 Gramm!

Bei der zweiten Schwangerschaft hatte ich einen anthroposophischen Frauenarzt, der der „Dauerkontrolle von Schwangeren" kritisch gegenübersteht. Daher hatte ich auch wesentlich weniger Untersuchungen.

In der ersten Schwangerschaft wurde ich auch einige Male vaginal untersucht. Über den Grund oder Risiken wurde ich nicht aufgeklärt. Mich haben die Untersuchungen aber auch nicht gestört. Ich habe in der ersten Schwangerschaft geglaubt, dass das eben so sein muss. In der zweiten Schwangerschaft hatte ich nur eine vaginale Untersuchung.

Hätte ich keine Geldleistung in Form von Kinderbetreuungsgeld für die Mutter-Kind-Pass-Untersuchungen bekommen, hätte ich bestimmt nicht alle Untersuchungen durchführen lassen. Ich sehe keine Notwendigkeit, eine ganz natürliche Sache dauernd ärztlich zu überwachen. Zur Nachbetreuung der ersten Geburt, die ambulant war, hatte ich eine Hebamme, die auch von der Krankenkasse finanziert wurde.

Wahlfreiheit zwischen Hebamme und Arzt für den Mutter-Kind-Pass? Das wäre super! Darauf warte ich! Ich glaube, viele Frauen würden sich bei Hebammen wohler fühlen als bei Frauenärzten. Leider wissen viele Frauen aber gar nicht, dass sie Anspruch auf Hebammenbetreuung haben, wenn sie zum Beispiel früher vom Krankenhaus nach Hause gehen. Schön wäre es auch, wenn die eigene Hebamme ins Krankenhaus mitgehen könnte. Das ist leider nicht überall möglich.

*„Vermisst habe ich im Rahmen der
Mutter-Kind-Pass-Untersuchungen
eine persönlichere Betreuung und die
Anerkennung der Hausgeburt."*

Elaria, 32

Biologin

1. Kind: 4 Jahre, Geburtshaus

2. Kind: 3 Jahre, Hausgeburt

Als ich vermutet habe, schwanger zu sein, habe ich jeweils einen Schwangerschaftstest gemacht und dann den Frauenarzt besucht. Während der ersten Schwangerschaft war ich etwa acht bis zehn Mal beim Arzt, obwohl die Schwangerschaft eigentlich problemlos verlaufen ist. Nach dem Überschreiten des Geburtstermins wurden weitere Ultraschalluntersuchungen angeordnet, um sicherzugehen, dass genug Fruchtwasser da ist.

Ich habe die Mutter-Kind-Pass-Untersuchungen aus einem Sicherheitsgefühl heraus durchführen lassen, und weil man es machen muss. Meiner Meinung nach gab es zu viele Ultraschalluntersuchungen, die routinemäßig und aus angeblicher Notwendigkeit gemacht wurden. Ich persönlich finde diese Art der Untersuchung nicht sonderlich wichtig, finde es aber arg, dass die Ärzte so darauf bestehen und die Untersuchung verharmlosen. Ich wurde über die Risiken viel zu wenig aufgeklärt. Auch auf mehrmaliges Nachfragen wurde die Ultraschalluntersuchung meistens als völlig harmlos abgetan!

Zu Beginn der Schwangerschaft wurde ich vaginal untersucht. Ich mag das absolut gar nicht! Der Grund für diese Untersuchung wurde mir nicht genannt, und auch über mögliche Risiken wurde ich nicht aufgeklärt. Ich empfand diese Vaginaluntersuchungen als sehr, sehr unangenehm.

Ich finde es schon sinnvoll, dass die Auszahlung des vollen Kinderbetreuungsgeldes an die Durchführung der MKP-Untersuchungen gekoppelt ist, aber es sind zu viele Untersuchungen. Ich hätte wohl nicht alle

Untersuchungen durchführen lassen, wenn ich keine Geldleistung dafür bekommen hätte. Gerne hätte ich Ultraschalluntersuchungen vermieden, wusste damals aber nicht, dass sie nicht Pflicht sind.

Vermisst habe ich im Rahmen der Mutter-Kind-Pass-Untersuchungen eine persönlichere Betreuung, das Eingehen auf persönliche Wünsche und die Anerkennung der Hausgeburt.

Die Hebamme ist für mich eine kompetente Entscheidungsträgerin in der Schwangerschaft. Mit dem Wort Hebamme verbinde ich Geborgenheit, Rufbereitschaft, Bauchmassage, persönlicher Kontakt und Hausbesuche. Von einer Hebamme erwarte ich mir Unterstützung und Begleitung und das Gefühl, dass sie da ist. Ich habe zusätzlich zur medizinischen Schwangerschaftsvorsorge Hebammenbetreuung in Anspruch genommen, um sicherer zu sein und mich wohler zu fühlen, weil ich zu einer Hebamme mehr Vertrauen habe als zu einem Arzt. Hätte es das kostenlose Hebammengespräch im Mutter-Kind-Pass zu Zeiten meiner Schwangerschaften schon gegeben, hätte ich es auf jeden Fall in Anspruch genommen.

Die Wahlfreiheit zwischen Hebamme und Arzt für die Mutter-Kind-Pass-Untersuchungen sollte es auf jeden Fall geben!

Laura, 32

selbstständig

1. Kind: 9 Jahre, vaginale Geburt in der Klinik

2. Kind: 4 Jahre, Hausgeburt

Schwangerschaft ist eigentlich ein schöner Zustand, trotzdem fällt mir dabei als Erstes ein, dass eine Schwangerschaft auch mit vielen Untersuchungen beim Arzt verbunden ist. Das Wort „Frauenarzt" verbinde ich mit einem unguten Gefühl, mit Machtverlust und Kontrollwahn. Bei der ersten Schwangerschaft habe ich trotzdem gleich nach dem positiven Schwangerschaftstest einen Termin bei meinem Gynäkologen ausgemacht.

Während der ersten Schwangerschaft war ich ziemlich oft beim Arzt: zur Feststellung der Schwangerschaft, dann drei Mal zur Akupunktur wegen Schwangerschaftsübelkeit, die fünf vorgeschriebenen Untersuchungen, dann noch zwei zusätzliche Untersuchungen (wobei ich eigentlich jetzt gar nicht weiß, warum, weil eigentlich eh alles in Ordnung war), dann drei Mal im Krankenhaus (da wird man bei der Anmeldung zur Geburt gleich untersucht, dann noch zum Organscreening und noch eine Untersuchung, von der ich aber auch nicht weiß, warum sie gemacht wurde, weil, wie gesagt, alles in Ordnung war). Dann war ich noch beim Internisten für die interne Untersuchung. Ich glaube, das waren alle. Insgesamt also 15 Mal. Mir war gar nicht bewusst, dass das so oft war.

Ich habe die Mutter-Kind-Pass-Untersuchungen durchführen lassen, weil ich dachte, dass das einfach so gemacht werden muss. Alle machen das. Ich habe es nicht in Frage gestellt. Während der ersten Schwangerschaft wurden auch eine Nackenfaltenmessung und das Organscreening gemacht. Heute weiß ich, dass ich das alles nicht hätte machen müssen. Neben den drei vorgesehenen Ultraschalluntersuchungen hat der Arzt einen weiteren Ultraschall gemacht. Er hat mir erst im Nachhinein gesagt, dass das quasi ein Extra war und ich das auch selbst bezahlen muss. Ach ja, zur Feststellung der Schwangerschaft wurde auch ein Ultraschall gemacht. Und im Krankenhaus auch zweimal. Also insgesamt sieben Mal! Heute weiß ich, dass diese Untersuchungen nicht wichtig sind.

Bei meiner ersten Schwangerschaft habe ich Vieles nicht in Frage gestellt und einfach meinem Arzt vertraut. Ich glaube, man sollte sich vorher gut informieren über alle medizinischen Dinge, die so angeboten werden.

Nach dem zweiten positiven Schwangerschaftstest bin ich es etwas langsamer angegangen und habe erst mal eine Hebamme gesucht, später aber doch auch einen Arzttermin vereinbart. Ich habe nur noch die fünf vorgeschriebenen Untersuchungen für den Erhalt des Kinderbetreuungsgeldes machen lassen. Hätte ich keine Geldleistung dafür bekommen, hätte ich die Untersuchungen bei dieser Schwangerschaft definitiv nicht mehr machen lassen. Mit den Laboruntersuchungen und der Untersuchung beim Internisten ist das eh auch mehr als genug.

Auf eigenen Wunsch wurde eine Ultraschalluntersuchung durchgeführt, weil ich die Lage der Plazenta abklären wollte. Die anderen Ultraschalluntersuchungen habe ich abgelehnt. Ich kenne mich selbst am besten und würde gezielte Hilfe in Anspruch nehmen, wenn ich sie brauche. Das meiste ist jedoch unnötig und eine Angstmache. Und die Art und Weise, wie die meisten Ärzte mit ihren Patientinnen umgehen, ist sehr entwürdigend und herablassend.

Ich finde, es könnte auf jeden Fall auf die interne Untersuchung verzichtet werden, auf den Glukose-Toleranztest auch. Eigentlich könnte auf jede ärztliche Untersuchung verzichtet werden, außer es gibt Schwierigkeiten in der Schwangerschaft.

Entscheidungsträgerin sollte in jedem Fall die werdende Mutter sein. Leider ist sie es oft aber nicht, weil von Seiten der Ärzte großer Druck ausgeübt wird. Ich finde es daher auch nicht gut, dass das Kinderbetreuungsgeld an die Mutter-Kind-Pass-Untersuchungen gekoppelt ist. Das ist eine Bevormundung durch den Staat.

Ich hätte mir gewünscht, eine Wahlfreiheit zu haben. In vielen anderen Ländern ist die Wahlfreiheit zwischen Arzt und Hebamme für die Schwangerenvorsorge Standard. Das sollte auch bei uns endlich eingeführt werden. Ich hätte mich lieber von einer Hebamme begleiten lassen. Eine Hebamme ist für mich eine vertraute Frau, die hoffentlich so weise ist, dass sie mich selbst machen lässt. Wenn Fragen auftauchen, möchte ich mich an sie als Ansprechperson wenden können.

Bei meiner zweiten Schwangerschaft habe ich Hebammenbetreuung in Anspruch genommen, weil ich eine Hausgeburt geplant habe. Die Hebamme hat mich bereits während der Schwangerschaft immer wieder besucht und hat mich auch nach der Geburt noch betreut. Bei der ersten Schwangerschaft habe ich diesen Luxus nicht gehabt, weil ich es nicht besser wusste. Ich habe Hebammen damals nicht als solche wahrgenommen. Das war etwas, worum ich mich bewusst selbst hätte kümmern müssen, etwas außerhalb der medizinischen Maschinerie, auf das mich aber niemand hingewiesen hat. Auch Freundinnen nicht. Hätte ich davon gewusst und wäre dieses Angebot auch noch von der Krankenkasse bezahlt worden, hätte ich es aber auf jeden Fall in Anspruch genommen.

Nina, 33

selbstständig

1. Kind: 5 Jahre, Hausgeburt

2. Kind: 3 Jahre, Hausgeburt

Als ich zum ersten Mal vermutet habe, schwanger zu sein, habe ich mich gefreut, einen Schwangerschaftstest gemacht und zur Option einer Hausgeburt recherchiert. Nach dem zweiten positiven Schwangerschaftstest habe ich mich noch mehr gefreut.

Bei meiner ersten Schwangerschaft war ich insgesamt neun Mal beim Arzt, bei der zweiten Schwangerschaft dann acht Mal. Es wurden bei beiden Schwangerschaften einfach zwischen den Mutter-Kind-Pass-Untersuchungen zusätzliche Arztbesuche eingeschoben, wo auch geschallt wurde. Später habe ich den Ultraschall bewusst abgelehnt. In der ersten Schwangerschaft wurden routinemäßig ohne medizinische Notwendigkeit sechs Ultraschalluntersuchungen durchgeführt, bei der zweiten dann fünf. Ich finde die Ultraschalluntersuchungen nicht sonderlich wichtig.

Außerdem wurde ich bei jedem Arztbesuch vaginal untersucht. Über den Grund für diese Untersuchung oder mögliche Risiken wurde ich nicht aufgeklärt. Ich empfand die Untersuchungen nicht schmerzhaft, aber unangenehm. Ein Gefühl des Ausgeliefertseins, ein Eindringen in meine Privatsphäre.

In der ersten Schwangerschaft hatte ich im Urlaub einen Magen-Darm-Infekt, bei dem ich viel Flüssigkeit verloren habe, daher war ich zwei Tage im Krankenhaus. Sonst verliefen beide Schwangerschaften komplikationslos und entspannt.

Ich finde, die Mutter ist kompetente Entscheidungsträgerin in der Schwangerschaft. Ich habe die Mutter-Kind-Pass-Untersuchungen durchführen lassen, weil sie an das Kinderbetreuungsgeld gebunden sind. Ich glaube, wenn es keine Geldleistung dafür gegeben hätte, dann hätte ich mich nur von einer Hebamme betreuen lassen, weil mir die MKP-Untersuchungen weder für meine Schwangerschaft noch für die Geburt geholfen haben. Es war eher Verunsicherung und Schikane. Das Gleiche gilt übrigens auch für die späteren Untersuchungen des Kindes. Die Kopplung der MKP-Untersuchungen an das Kinderbetreuungsgeld finde ich daher nicht sinnvoll.

Ich finde den Umfang der Untersuchungen ausreichend. Meiner Meinung nach könnte auf den Zuckerbelastungstest, die interne Untersuchung und die dritte Ultraschalluntersuchung verzichtet werden, stattdessen eine Untersuchung bei der Hebamme, die das Kind ertastet. Auch die zweite Laboruntersuchung könnte bei unauffälliger, gesunder Mutter entfallen. Vermisst habe ich im Rahmen der Mutter-Kind-Pass-Untersuchungen meine Hebamme!

Wenn ich an eine Hebamme denke, dann denke ich an warme Hände, Gespräche, Lachen, Bestärkung und Liebe. Von einer Hebamme erwarte ich mir, dass sie mich in meinen Wünschen bestärkt, mir versichert, dass alles passt und dass sie nur das Allernötigste macht. Wahlfreiheit zwischen Hebamme und Arzt? Bitte ja! Ich würde nur zur Hebamme gehen. Ich glaube, es würde den meisten Frauen eine weitaus entspanntere Schwangerschaft ermöglichen. Ich habe bei beiden Schwangerschaften zusätzlich Hebammenbetreuung in Anspruch genommen, weil ich mich beide Male auf eine Hausgeburt vorbereitet habe.

Nòra, 33

Heilerin

1 Kind: 5 Jahre, Hausgeburt

Als ich festgestellt habe, dass ich schwanger bin, habe ich mich entschieden, es auf meine eigene, spezielle Art zu machen. Ich war vor dieser Schwangerschaft noch nie bei einer gynäkologischen Vorsorgeuntersuchung und ich habe auch während der Schwangerschaft nie einen Arzt oder ein Krankenhaus aufgesucht. Ich habe die Mutter-Kind-Pass-Untersuchungen nicht durchführen lassen, weil ich komplett im Frieden sein wollte, so dass ich auf meinen Körper und mein Baby hören kann, ohne dass irgendetwas diese Kommunikation stören kann. Ich habe auch keine Hebammenhilfe in Anspruch genommen und hätte das auch nicht getan, wenn diese Art der Betreuung von der Krankenkasse finanziert worden wäre.

Ich habe nicht mit vielen Leuten über meine Entscheidung gesprochen, nur mit jenen, von denen ich wusste, dass sie meinen Entscheidungen immer vertrauen.

Die Schwangerschaft war eine unbeschreibliche Reise der Ermächtigung. Es gab keine Komplikationen und ich habe mich auch nicht selbst untersucht. Mir war wichtig, dass alles sehr friedlich ist. Mein Leben war sehr langsam und entspannt.

Ich habe mich auf die Geburt vorbereitet, indem ich einige Bücher über Alleingeburt gelesen habe. Ich hatte viele heilende Reisen in mein Inneres und habe mit meinem Baby und meiner Gebärmutter kommuniziert. Ich habe vielen meiner Ängste in die Augen geblickt, deren Wurzeln gefunden und diese überwunden.

Wie ich die staatliche Kopplung des Kinderbetreuungsgeldes an die ärztliche Untersuchung des weiblichen Körpers beurteile? Es ist das übliche Denken der Menschen, es ist nicht besser oder schlechter als der allgemein übliche Blick auf das Geben, der meistens mit Auflagen verbunden ist. Wenn du mir etwas gibst, gebe ich dir etwas. Und es ist natürlich eine große Falle für junge Familien und junge Frauen. Ich finde es natürlich nicht gut. Aber es wird sich nichts ändern, solange wir immer nur nach außen schauen und dort die Schuldigen suchen.

Warum geben wir immer jemandem im Außen die Schuld? Wir sollten nach innen schauen, fühlen – und sagen: Ich habe ein ausreichendes Level an Vertrauen erreicht und weiß, dass ich es anders haben werde. Ich werde mit allem versorgt sein, was ich brauche. Warum warten wir immer, dass der Wandel von außen kommt? Wir können immer wählen und sagen: „Nein, danke! Ich kenne meinen Weg und ich brauche dein Geld nicht!"

„Keine Ahnung, warum ich die Mutter-Kind-
Pass-Untersuchungen durchführen habe lassen,
vielleicht zur Absicherung, Sicherheit. "

Teresa, 33

Lehrerin

1 Kind: 1 Jahr, Kaiserschnitt in der Klinik

Wenn ich das Wort ‚Frauenarzt' höre, denke ich an Vertrauen und Neugierde. Schwangerschaft hat für mich mit Freude, Glück und Tanzen zu tun. Als ich vermutet habe, schwanger zu sein, habe ich zwei Schwangerschaftstests gemacht. Es waren aber beide negativ!

Insgesamt war ich während der Schwangerschaft etwa zwölf Mal bei einem Arzt.

Keine Ahnung, warum ich die Mutter-Kind-Pass-Untersuchungen durchführen habe lassen, vielleicht zur Absicherung, Sicherheit. Ich finde, dass es sehr viele Untersuchungen waren, aber die Untersuchungen bei der Frauenärztin fand ich alle super. Ich war auch immer neugierig, was es Neues gibt. Zusätzlich zu den Mutter-Kind-Pass-Untersuchungen wurden noch mehrere Doppler-Kontrollen im LKH angeordnet, da es nur eine Nabelschnurarterie gab.

Insgesamt wurden etwa 13 Ultraschalluntersuchungen durchgeführt, sechs routinemäßig bei der Frauenärztin und dann noch die Doppler-Kontrollen im Krankenhaus gegen Schwangerschaftsende. Das waren sicher auch sechs. Und dann kam noch das Organscreening dazu. Ich habe diese Untersuchungen für wichtig empfunden, einfach um zu sehen, dass es meinem Baby gutgeht und auch, weil ich neugierig war. Über mögliche Risiken wurde ich überhaupt nicht aufgeklärt. Darüber wurde kein Wort gesprochen.

Bei jedem Arztbesuch wurde ich auch vaginal untersucht, insgesamt sechs Mal. Die Ärztin hat schon immer erklärt, was sie tut, aber den Grund für die Untersuchung hat sie nicht genannt, soweit ich mich erinnern kann. Auch hier wurde ich nicht über Risiken aufgeklärt.

Ich hätte die Mutter-Kind-Pass-Untersuchungen auch durchführen lassen, wenn ich keine Geldleistung dafür bekommen hätte, weil es so üblich ist. Bei einer zweiten Schwangerschaft würde ich das aber viel lockerer sehen. Ich glaube, dass das alles zu viel ist.

Eine Hebamme ist für mich die engste Vertraute zum Thema Geburt und Schwangerschaft – eine große Hilfe! Sie sollte da und erreichbar sein, Fragen beantworten und Erfahrungen austauschen. Sie sollte einfach eine erfahrene und liebevolle Frau an meiner Seite sein.

Es wäre super, wenn Frauen zwischen Hebamme und Arzt wählen könnten. Ich glaube, dass viele Schwangerschaften viel unkomplizierter verlaufen würden, wenn Ärzte und Hebammen mehr zusammenarbeiten würden. Ich finde, Hebammen stärken eine Frau im Frausein und Mutterwerden sehr. Ich habe zusätzlich zur medizinischen Schwangerenvorsorge Hebammenhilfe in Anspruch genommen. Wenn ich schon die Möglichkeit dazu habe, wollte ich sie auch nutzen.

Ich habe eine ambulante Geburt geplant, es war dann aber doch ein Kaiserschnitt. Aber meine Hebamme war eine wundervolle Frau, die uns nach der Geburt sehr viel geholfen hat. Sie gab mir viel Sicherheit – schon in der Schwangerschaft. Ich fühlte mich wohler, weil ich wusste, ich habe eine Hebamme.

Bei der zweiten Schwangerschaft werde ich auf jeden Fall wieder eine Hebamme haben. Ein besserer Einbezug von Hebammen wäre meiner Meinung nach allgemein sehr wichtig. Es war wundervoll, eine Hebamme zu haben.

„Ich war nie so oft beim Arzt wie
während meiner Schwangerschaften."

Elisabeth, 34

Pädagogin

1. Kind: 11 Jahre, vaginale Geburt in der Klinik

2. Kind: 9 Jahre, vaginale Geburt in der Klinik

3. Kind: 7 Jahre, vaginale Geburt in der Klinik

4. Kind:1 Jahr, Hausgeburt

Schwangerschaft bedeutet für mich Wunder, Freude und Liebe. Beim Wort „Frauenarzt" denke ich an unangenehme Situationen und an ein Schwimmen gegen den Strom.

Bei allen vier Schwangerschaften habe ich zuerst einen Schwangerschaftstest gemacht und dann alle vorgeschriebenen Mutter-Kind-Pass-Untersuchungen durchführen lassen. Bei der ersten Schwangerschaft hatte ich zusätzlich einen Krankenhausaufenthalt wegen einer heftigen Grippe mit großem Flüssigkeitsverlust. Bei meiner vierten Schwangerschaft habe ich nur die ersten beiden Mutter-Kind-Pass-Untersuchungen beim Gynäkologen machen lassen. Die restlichen Untersuchungen hat eine Ärztin für Allgemeinmedizin und Homöopathie gemacht, die uns sehr sanft begleitet hat. Mit ihrer Hilfe konnte ich viele vorgeschriebene Punkte im Mutter-Kind-Pass umgehen.

Ich denke, dass es zu viele Untersuchungen sind, die in meinen Augen der schwangeren Frau vermitteln, krank zu sein, und bei denen immer auf mögliche Komplikationen hingewiesen wird. Ich war nie so oft beim Arzt wie während meiner Schwangerschaften. Bei dieser letzten Schwangerschaft war es mir wichtig, eine kompetente Begleitung zu haben, die mir Freiheit lässt und zugleich eine liebevolle Basis bietet.

Bei den ersten drei Schwangerschaften habe ich zusätzlich das Organscreening im Krankenhaus durchführen lassen, der Combined Test kam für mich nicht in Frage. Bei meiner vierten Schwangerschaft habe ich beides abgelehnt. Bei den ersten drei Kindern wurde bei fast jeder Untersuchung ein Ultraschall durchgeführt, das heißt vier oder fünf Mal. Bei meiner vierten Schwangerschaft gab es nur einen Ultraschall zu Beginn und dann am Ende der Schwangerschaft nochmal, da meine Hebamme sichergehen wollte, dass die Lage des Kindes stimmt, da das Baby lange Zeit in Beckenend- beziehungsweise Querlage war. Ich empfinde die Ultraschalluntersuchungen nicht sonderlich wichtig. Sie sollten standardmäßig maximal ein Mal vorgeschrieben werden (Anmerkung der Autorin: Sie sind überhaupt nicht vorgeschrieben).

Bei den ersten drei Schwangerschaften wurde ich immer vaginal untersucht. Ich empfand diese Untersuchungen als unangenehm. Der Grund dafür wurde mir nicht genannt, ich habe sie damals als normal erachtet.

Ich habe die MKP-Untersuchungen durchführen lassen, da sie Voraussetzung für den Bezug des Kinderbetreuungsgeldes sind. Mit dem Umfang der Untersuchungen bin ich allerdings unzufrieden. Vermisst habe ich keine Untersuchung, vielmehr waren mir die vorgeschriebenen Untersuchungen zu viel. Auf die vorgeschriebenen Ultraschalluntersuchungen (Anmerkung der Autorin: Sie sind nicht vorgeschrieben) könnte verzichtet werden. Es sollte den Frauen überlassen werden, ob sie diese Untersuchungen wollen. Ich wurde von einer Gynäkologin, zu der ich für eine Blutuntersuchung ging und die nicht meine betreuende Fachärztin war, verbal angegriffen, da ich nicht jede Gelegenheit nutzen wollte, einen Ultraschall machen zu lassen. Auch auf den Zuckerbelastungstest könnte meiner Meinung nach in dieser Form verzichtet werden.

Wären die Untersuchungen nicht Voraussetzung für den Bezug des Kinderbetreuungsgeldes, hätte ich die Untersuchungen auch nicht machen lassen. Bei den ersten drei Kindern hätte ich Ultraschalluntersuchungen wahrscheinlich aus Neugierde gemacht, allerdings nicht so häufig, nur minimal.

Entscheidungsträgerinnen in der Schwangerschaft sind für mich meine Hebamme und Freundinnen, die bereits Mütter sind. Von einer Hebamme erwarte ich mir während der Schwangerschaft Begleitung, Unterstützung, kompetente Beratung, eine liebevolle Basis und Vertrauen. Beim dritten Kind habe ich zusätzlich zur Schwangerschaftsvorsorge Hebammenbetreuung in Anspruch genommen, da sich das Kind lange Zeit nicht drehen wollte. Beim vierten Kind hatte ich eine Hebamme, um eine Hausgeburt vorzubereiten.

Meine Hebamme geht auf mich ein und drängt mich zu nichts. Die Idee der Wahlfreiheit für Mutter-Kind-Pass-Untersuchungen zwischen Arzt und Hebamme finde ich sehr gut. Die Kopplung von Kinderbetreuungsgeld und Mutter-Kind-Pass-Untersuchungen finde ich unzulässig und belastend.

Isabella, 34

Elternbildnerin und Doula

1. Kind: 4 Jahre, vaginale Geburt in der Klinik

2. Kind: 1 Jahr, Hausgeburt

Während meiner ersten Schwangerschaft kam ich auf Empfehlung der Gynäkologin alle vier bis sechs Wochen zur Untersuchung, ein Mal war ich zusätzlich in der Klinik. In der zweiten Schwangerschaft war ich nur noch alle acht Wochen bei der Ärztin, allerdings zwei Mal zusätzlich in der Klinik wegen einer Herzerkrankung, an der ich leide. Während jeder Schwangerschaft hatte ich routinemäßig etwa sechs bis acht Ultraschalluntersuchungen. Das war für mich persönlich wegen meiner Herzerkrankung wichtig, da ich immer gerne gesehen habe, dass mein Kind diese Erkrankung nicht entwickelt.

Es war schön zu sehen, dass mein Baby gesund ist und gut wächst. Gegen Ende der Schwangerschaft fand ich die Ultraschalluntersuchung beängstigend, da immer gemessen wurde, wie groß das Kind ist, und man bekam irgendwie Angst, wenn da 4,5 Kilogramm steht und die Kopfumfangmessungen haushoch daneben sind! Keines meiner Kinder war schwerer als 3,5 Kilogramm, und der Kopfumfang war irrelevant, da sich der Kopf des Babys bei der Geburt ja den Gegebenheiten anpasst.

Ich habe beide Male eine Hausgeburt angestrebt. Wegen vorzeitigen Wehen und vorzeitig geöffnetem Muttermund wurde das erste Kind allerdings in der Klinik geboren. Die zweite Schwangerschaft verlief ohne Komplikationen und endete in einer Hausgeburt.

Ich habe die Mutter-Kind-Pass-Untersuchungen durchführen lassen, weil ich dachte, dass das Vorschrift ist. Vermutlich hätte ich sie auch durchführen lassen, wenn es dafür kein Geld gegeben hätte, weil ich selbst wissen möchte, wie sich mein Kind entwickelt und ob mit meiner Gesundheit alles stimmt. In meinem Fall finde ich die Kopplung der Untersuchungen an das Kinderbetreuungsgeld überhaupt nicht okay. Aber ich denke, es gibt Frauen, die sich und ihr Kind in Gefahr bringen, weil sie absolut unverantwortlich handeln. In diesem Fall finde ich die Kontrolle sehr gut!

Ich muss ehrlich sein, es war mir nicht bewusst, dass ich Untersuchungen ablehnen und in Kauf nehmen kann, weniger Kindergeld zu bekommen. Ich könnte es mir finanziell nicht leisten, auf das Kindergeld in seinem vollen Umfang zu verzichten.

Für mich sind die Untersuchungen während der Schwangerschaft sehr schön gewesen, weil meine Frauenärztin gleichzeitig eine meiner engen Freundinnen ist. So habe ich nie das Gefühl gehabt, kontrolliert oder medizinisch behandelt zu werden.

Könnte ich auf einen Ultraschall verzichten, wenn ich wüsste, dass eine Hebamme meine Gesundheit und die meines Kindes im Auge behält? Ja! Ich denke, für mich waren die Besuche bei meiner Frauenärztin zur Kontrolle mehr die Besuche bei meiner Vertrauten und Freundin, die sich um mich gekümmert hat. Eine Hebamme tut im Grunde dasselbe – nur ohne Ultraschall. Generell gehört die Schwangerschafts- und Geburtsbetreuung in Hebammenhände und nur im Fall einer medizinischen Indikation in ärztliche Betreuung. Damit würde die Kaiserschnittrate gezielt gesenkt werden, da bin ich sicher!

Eine jede weitere Schwangerschaft würde ich nur durch eine Hebammenvorsorge begleiten lassen, bzw. nur jene Untersuchungen durchführen lassen, die es braucht, um das volle Kinderbetreuungsgeld zu bekommen, und auch nur aus diesem Grund.

Ich sehe schon eine gewisse Gefahr in der medizinisch-technischen Schwangerenvorsorge, dass man irgendwann das Gefühl bekommt, Sicherheit entsteht durch Kontrolle der Ärzte. Man hört irgendwann nicht mehr auf seine eigene innere Stimme, nur noch auf die Meinungen von anderen Autoritäten, und das ist keine gute Basis für eine natürliche und vor allem selbstbestimmte Geburt.

„Ich würde für mich ganz klar
die Hebamme wählen."

Manuela, 36

Kindergartenpädagogin

1. Kind: 9 Jahre, Hausgeburt

2. Kind: 6 Jahre, Hausgeburt

3. Kind: 3 Jahre, Hausgeburt

Schwangerschaft ist für mich eine zauberhafte, magische Zeit. Meine Zeit. Mit dem Wort „Frauenarzt" verbinde ich Pflichttermine und Blutabnahmen.

Als ich zum ersten Mal festgestellt habe, dass ich schwanger bin, habe ich gebetet, getanzt und gesungen. Beim zweiten Mal habe ich ein Überraschungsei für meinen Mann gebastelt. Bei der dritten Schwangerschaft habe ich nach dem positiven Schwangerschaftstest mit meiner Familie gefeiert.

Meiner Meinung nach sind alle drei, also Gynäkologe, Hebamme und werdende Mutter zusammen, kompetente Entscheidungsträgerinnen in der Schwangerschaft.

Ich habe aus Gründen der Vorsorge die Mutter-Kind-Pass-Untersuchungen durchführen lassen und hätte das auch gemacht, wenn ich dafür kein Geld in Form von Kinderbetreuungsgeld bekommen hätte, weil ich neugierig war und es damals für richtig empfand. Bei allen drei Schwangerschaften wurden die fünf Mutter-Kind-Pass-Termine eingehalten.

Bei allen drei Schwangerschaften wurden routinemäßig fünf Ultraschalluntersuchungen gemacht. In der letzten Schwangerschaft hatte ich zusätzlich einen Spezialultraschall im Krankenhaus wegen eines vermuteten Herzfehlers. Ich empfinde die Ultraschalluntersuchungen nicht als sonderlich wichtig. Die beiden ersten Schwangerschaften verliefen unkompliziert, die dritte empfand ich anstrengend wegen der zwei Kinder, der Arbeit und der Fehldiagnose mit dem Herzfehler.

Von einer Hebamme erwarte ich mir während der Schwangerschaft, dass sie mich unterstützt, wenn ich es brauche! Ich habe wegen der geplanten Hausgeburt zusätzlich zur medizinischen Schwangerenvorsorge auch Hebammenbetreuung in Anspruch genommen.

Wahlfreiheit zwischen Hebamme und Arzt für die Mutter-Kind-Pass-Untersuchungen fände ich prima. Ich würde für mich ganz klar die Hebamme wählen.

„Daher fände ich es sehr wichtig,
eine Wahlfreiheit zwischen Arzt und
Hebamme für die Mutter-Kind-Pass-
Untersuchungen zu haben."

Mari, 36

Angestellte im Qualitätsmanagement

1 Kind: 3 Jahre, vaginale Geburt in der Klinik

Wenn ich das Wort „Schwangerschaft" höre, denke ich an Frausein, starke Intuition, Gesundheit und Kraft, Wachstum und neues Leben. Beim Wort „Frauenarzt" denke ich an Untersuchungen, Kontrollen und Schulmedizin.

Als ich vermutet habe, schwanger zu sein, habe ich diese Vermutung mit einem Schwangerschaftstest überprüft und bin danach zum Frauenarzt gegangen. Insgesamt wurde ich in dieser Schwangerschaft acht Mal ärztlich untersucht. Zusätzlich zu den fünf im Mutter-Kind-Pass vorgesehenen Untersuchungen habe ich ein Organscreening durchführen lassen, welches von der Hebamme empfohlen wurde. Knapp vor der Geburt gab es aufgrund einer Blutung noch eine zusätzliche Untersuchung im Krankenhaus, und später noch wegen auffälliger Herztöne ein Dauer-CTG, danach auch noch einen zusätzlichen Ultraschall zur Sicherstellung, ob noch genug Fruchtwasser da ist.

Während der Schwangerschaft wurden sieben Ultraschalluntersuchungen routinemäßig durchgeführt beziehungsweise hat der Arzt die zusätzlichen Untersuchungen empfohlen. Die zusätzlichen Ultraschalluntersuchungen habe ich selbst bezahlt. Während der Schwangerschaft waren mir diese Untersuchungen wichtig, da ich das Kind gerne selbst sehen und wissen wollte, dass alles in Ordnung ist. Inzwischen würde ich sagen, dass die Ultraschalluntersuchungen nicht sonderlich wichtig sind. Wir sollten als Frauen mehr auf unser Körpergefühl hören und dazu zurückkehren. Hebammen können auch ohne Schall gut prüfen, ob alles in Ordnung ist.

Ultraschall ist sicherlich belastend für die Kinder im Körper und sollte daher aus meiner Sicht so sparsam wie möglich eingesetzt werden.

Ich habe die Mutter-Kind-Pass-Untersuchungen aus Verpflichtung durchführen lassen, um Kinderbetreuungsgeld zu erhalten. Außerdem aus einem Sicherheits- und Kontrollbedürfnis heraus. Ich hätte sie auch durchführen lassen, wenn ich keine Geldleistung dafür bekommen hätte, weil es meinem damaligen Sicherheitsbedürfnis entsprach und ich wenig Vertrauen in mein eigenes Körpergefühl hatte. Die Kopplung von Kinderbetreuungsgeld und Mutter-Kind-Pass-Untersuchungen finde ich aber nicht sinnvoll.

Grundsätzlich bin ich mit der Anzahl der Untersuchungen zufrieden, allerdings sollten die Ultraschalluntersuchungen aus meiner Sicht nicht verpflichtend sein (Anmerkung der Autorin: Sie sind nicht verpflichtend). Vermisst habe ich im Rahmen des Mutter-Kind-Passes die Hebammensprechstunde, die zum Zeitpunkt meiner Schwangerschaft leider noch nicht vorgesehen war. Ich hätte sie aber auf jeden Fall in Anspruch genommen, wobei eine Stunde aus meiner Sicht viel zu kurz ist. Ich habe zusätzlich zur medizinischen Schwangerenvorsorge auch Hebammenbetreuung in Form einer eigenen Wahlhebamme in Anspruch genommen, weil ich die beste Betreuung für meine Schwangerschaft und Geburt wollte. Hebammen sind für mich weise Frauen, die viel Verantwortung tragen und ihr Wissen weitergeben. Ich erwarte mir von einer Hebamme eine gute Vorbereitung auf die Geburt, die Vermittlung wichtiger Informationen und Empfehlungen zu Ernährung, Bewegung etc.

Ich denke, dass Hebamme, Gynäkologe und werdende Mutter jede/r auf ihrem/seinem Gebiet kompetente/r EntscheidungsträgerIn ist. Allerdings sollte die Frau eigenverantwortlich für ihren Körper Entscheidungen treffen können. Daher fände ich es sehr wichtig, eine Wahlfreiheit zwischen Arzt und Hebamme für die Mutter-Kind-Pass-Untersuchungen zu haben, die derzeit nicht gegeben ist. Schwangerschaftsbetreuung gesunder Frauen gehört in die Hände der Hebammen. Dadurch wäre eine viel bessere Vorbereitung auf die Geburt möglich, der Fokus würde mehr auf dem Vertrauen als auf Kontrolle und Angst vor Abweichungen liegen.

Martina, 37

Ergotherapeutin

1. Kind: 10 Jahre, Geburtshaus

2. Kind: 9 Jahre, Geburtshaus

3. Kind: 6 Jahre, Geburtshaus

4. Kind: 2 Jahre, Geburtshaus

Die Schwangerschaft ist für mich eine wunderschöne Zeit voller Geborgenheit, in der ich mich sehr wohlfühle. Als ich zum ersten Mal vermutet habe, schwanger zu sein, habe ich einen Schwangerschaftstest gemacht und bin dann sofort zur Gynäkologin gegangen. Bei den drei weiteren Schwangerschaften habe ich auch einen Test gemacht.

Bei allen vier Schwangerschaften habe ich die vorgeschriebenen Mutter-Kind-Pass-Untersuchungen machen lassen. Dazu kam dann jeweils eine weitere Untersuchung zum Ende der Schwangerschaft, weil meine Gynäkologin mich ‚beobachten' wollte, da ich meine Kinder im Geburtshaus geboren habe und somit keine Kontrollen im Krankenhaus hatte.

Bei jeder Untersuchung wurde ein routinemäßiger Ultraschall durchgeführt, über dessen Risiken ich per Infoblatt aufgeklärt wurde. Ich finde die Ultraschalluntersuchungen aus medizinischer Sicht nicht sonderlich wichtig. Aus persönlicher Sicht waren sie für mich bis zu dem Moment wichtig, in dem ich meine Babys spüren konnte. Für die älteren Kinder war es sehr wichtig.

Bei jeder Untersuchung wurde auch ich vaginal untersucht, um den Muttermund zu kontrollieren. Das empfand ich eher unangenehm.

Im Wesentlichen habe ich die Mutter-Kind-Pass-Untersuchungen durchführen lassen, um das Kinderbetreuungsgeld zu bekommen. Ich finde, es könnten weniger Untersuchungen sein. Vor allem ab dem Moment, in dem man das Baby spürt, wären nicht mehr so viele Untersuchungen nötig. Vermisst habe ich nichts. Hätte ich kein Geld für die Untersuchungen bekommen, hätte ich diese nicht in dem Ausmaß durchführen lassen, weil die medizinische Notwendigkeit für mich nicht gegeben ist.

Für Frauen, die auf die Gesundheit ihres Ungeborenen nicht achten können oder wollen (Raucherinnen u. a.), finde ich es sinnvoll, dass die volle Ausbezahlung des Kinderbetreuungsgeldes an die MKP-Untersuchungen gekoppelt ist. Ansonsten nicht. Aber wo zieht man die Grenze?

Ich finde, Hebamme und werdende Mutter zusammen sollten kompetente Entscheidungsträgerinnen in der Schwangerschaft sein. Eine Hebamme ist für mich eine Vertrauensperson, eine weise Frau von unschätzbarem Wert. Ich erwarte mir von einer Hebamme während der Schwangerschaft praktische Tipps, ein offenes Ohr und keine Angstmache. Da ich im Geburtshaus geboren habe, war ich die gesamte Schwangerschaft mit der Hebamme in Kontakt. Außerdem hatte ich Akupunktur vor der Geburt. Die Wahlfreiheit zwischen Hebamme und Arzt für den Mutter-Kind-Pass wäre einfach toll! Jede Frau würde dann bekommen, was sie sich vorstellt!

Nadja, 37

selbstständig

1. Kind: 8 Jahre, vaginale Geburt in der Klinik

2. Kind: 5 Jahre, Hausgeburt

Das Wort „Schwangerschaft" verbinde ich mit Baby und Kindern, und wenn ich an einen Frauenarzt denke, dann fallen mir spontan ein: Untersuchungen, krank und Vorsorge.

Bei beiden Schwangerschaften habe ich gleich einen Termin beim Frauenarzt ausgemacht, als ich festgestellt oder vermutet habe, schwanger zu sein. Ich habe die Mutter-Kind-Pass-Untersuchungen durchführen lassen, weil ich diese Art der Vorsorge haben wollte. Ich bin mit dem Umfang der angebotenen Untersuchungen zufrieden, allerdings könnte ich auf die Muttermundskontrolle verzichten. Vermisst habe ich das Verständnis für Patientenwünsche.

Während der ersten Schwangerschaft hatte ich 15 Untersuchungen. Zusätzlich zu den Mutter-Kind-Pass-Untersuchungen gab es wegen Beckenendlage auch Untersuchungen im Krankenhaus. In der ersten Schwangerschaft hatte ich auch viele Ultraschalluntersuchungen. Bei der zweiten Schwangerschaft war ich nur mehr fünf Mal beim Arzt, allerdings wegen Blutungen in der Frühschwangerschaft auch im Krankenhaus. Ich ließ nur noch die im Mutter-Kind-Pass als Pflicht vorgesehenen Ultraschalluntersuchungen (Anmerkung der Autorin: Es gibt keine Verpflichtung zum Ultraschall.) durchführen. Ich empfinde diese Art der Untersuchung als wichtig, über Risiken wurde ich nicht aufgeklärt.

Während meiner ersten Schwangerschaft wurde ich bei jedem Arztbesuch vaginal untersucht. Grund dafür war die Muttermundskontrolle. Ich habe diese Art der Untersuchung als störend empfunden. Über mögliche Risiken wurde ich nicht aufgeklärt. In der zweiten Schwangerschaft wurde ich nur vaginal untersucht, wenn dies laut Arzt erforderlich war, die Muttermundskontrolle wurde von mir verweigert. Ich wurde sogar für blöd befunden, weil ich diese Untersuchung verweigert habe!

Ich hätte die Mutter-Kind-Pass-Untersuchungen aus Sicherheitsgründen auch dann durchführen lassen, wenn ich keine Geldleistung dafür erhalten hätte, weil ich wissen wollte, ob alles gut verläuft. Die Kopplung des Kinderbetreuungsgeldes an die Durchführung der MKP-Untersuchungen finde ich nicht in Ordnung. Die Wahlfreiheit zwischen Hebamme und Arzt/Ärztin für diese Untersuchungen wäre super!

Ich habe zusätzlich zur medizinischen Schwangerschaftsvorsorge durch einen Arzt auch Hebammenbetreuung in Anspruch genommen, weil ich beim zweiten Kind eine Hausgeburt hatte. In der ersten Schwangerschaft habe ich den Rat einer Hebamme eingeholt, weil von Seiten der Ärzte wegen Beckenendlage zu einem Kaiserschnitt geraten wurde, den ich letztendlich aber nicht bekam.

Von einer Hebamme erwarte ich mir ihre Anwesenheit, wenn diese vonnöten ist. Daher hätte ich auch das Hebammengespräch in Anspruch genommen, wenn es das zum Zeitpunkt meiner Schwangerschaft schon im Rahmen des Mutter-Kind-Passes gegeben hätte.

Grundsätzlich finde ich, dass der natürliche Vorgang der Geburt zunehmend an Natürlichkeit verliert, in meinen Augen ein Gesellschaftsproblem mit schlimmen Folgen!

„Die Untersuchungen waren unproblematisch
für mich, da ich meinem Arzt sehr vertraute. "

Angelika, 38

Elternbegleiterin

1. Kind: 10 Jahre, Klinikgeburt mit Kaiserschnitt

2. Kind: 8 Jahre, vaginaloperative Entbindung in der Klinik

3. Kind: 5 Jahre, Spontangeburt in der Klinik

Als ich zum ersten Mal vermutet habe, schwanger zu sein, habe ich einen Schwangerschaftstest gemacht und bin dann primär wegen der Nachsorge eines kleinen gynäkologischen Eingriffs zum Arzt gegangen. Die zweite Schwangerschaft wurde überraschend beim Arzt diagnostiziert, beim dritten Mal habe ich wieder selbst einen Test gemacht und bin dann zum Arzt gegangen. Während jeder Schwangerschaft war ich mindestens ein bis zwei Mal pro Monat aus unterschiedlichen Gründen (vorzeitige Wehen in der ersten Schwangerschaft, bei allen drei Schwangerschaften Übelkeit bis zur 20. Woche und darüber hinaus, wiederholte Pilz- und sonstige Infektionen, eine gynäkologische Operation und Blutungen) beim Arzt.

Zusätzlich zu den Mutter-Kind-Pass-Untersuchungen gab es daher einige Kontrolluntersuchungen wegen der Blutungen, wegen Schwangerschaftsdiabetes und vorhergehendem Kaiserschnitt. Bei jeder Untersuchung wurde beim Gynäkologen eine kurze Ultraschalluntersuchung durchgeführt. Im Spital hatte ich zusätzlich zwei lange Ultraschalluntersuchungen mit Doppler wegen Schwangerschaftsdiabetes. Ich finde diese Art der Untersuchungen sehr wichtig, um zu sehen, ob das Herz schlägt und alles in Ordnung ist.

Nicht wichtig sind die Nackenfaltenmessung und das Organscreening. Die regelmäßige Kontrolle des Größenwachstums und ein kurzer Blick auf das Baby sind wichtig. Unwichtig sind die Geschlechtsbestimmung, ein 3D-Ultraschall und „Babyfernsehen".

Bei jedem Arztbesuch wurde ich auch vaginal untersucht. Mir wurden die Gründe dafür zwar nicht genannt, aber ich wusste, dass mein Gynäkologe den Fundusstand damit kontrolliert hat, beziehungsweise wegen der Infektionen nachsehen musste. Diese Untersuchungen waren unproblematisch für mich, da ich meinem Arzt sehr vertraute. Im Krankenhaus waren sie aber teilweise unangenehm.

Die Mutter-Kind-Pass-Untersuchungen habe ich zur Kontrolle durchführen lassen, um zu sehen, ob alles in Ordnung ist, und wegen des Kinderbetreuungsgeldes. Ich finde, es kann auf keine dieser Untersuchungen verzichtet werden. Vermisst habe ich den oGTT, der damals noch nicht vorschriftsmäßig dabei war. Gut, dass ich ihn trotzdem gemacht habe. Mittlerweile ist er ja Pflicht.

Ich hätte die Mutter-Kind-Pass-Untersuchungen wegen der Risikoschwangerschaften auch durchführen lassen, wenn ich kein Geld dafür bekommen hätte. Dass die Ausbezahlung des vollen Kinderbetreuungsgeldes an die Durchführung der MKP-Untersuchungen gekoppelt ist, finde ich teilweise gut, wenn man bedenkt, wie viele Frauen keine Ahnung von den Vorgängen in ihrem Körper haben. Bei Frauen, die ein sehr gutes Gespür für sich selbst und ihren Körper haben, ist es weniger notwendig.

Wahlfreiheit zwischen Hebamme und Arzt für die Mutter-Kind-Pass-Untersuchungen sollte unbedingt möglich sein! Von einer Hebamme erwarte ich mir Zuspruch, Information, ein Sicherheitsnetz und Geborgenheit im Sinne von ‚den Rücken stärken‘. Ich hatte bei jeder Geburt eine eigene Wahlhebamme und hätte auch das Hebammengespräch in Anspruch genommen, wenn es das zu Zeiten meiner Schwangerschaften schon im Mutter-Kind-Pass gegeben hätte.

Anna, 38

selbstständig

1. Kind: 10 Jahre, Privatklinikgeburt mit Kaiserschnitt

2. Kind: 8 Jahre, Hausgeburt

3. Kind: 2 Jahre, Hausgeburt

Schwangerschaft ist für mich ein unspektakulärer, normaler Vorgang, der von diversen Dienstleistern ausgeschlachtet wird. Beim Wort „Frauenarzt" denke ich daran, dass dieser mir eine 17 Zentimeter lange Narbe auf meinem Bauch angelegt hat und so die natürliche Geburt meiner Tochter verhindert hat.

Als ich zum ersten Mal vermutet habe, schwanger zu sein, habe ich einen Schwangerschaftstest gemacht, dann den Frauenarzt aufgesucht (Ultraschall), dann wieder zum Frauenarzt (Ultraschall), Mutter-Kind-Pass, Panik, dass das Kind abgegangen ist (Klinik, Ultraschall) – das volle Programm.

Vor dieser Schwangerschaft war ich überhaupt nicht bei gynäkologischen Vorsorgeuntersuchungen. Ich habe tonnenweise Zyklusblätter (natürliche Empfängnisregelung) gesammelt und kannte mich mit meinem Körper sehr gut aus. Ziemlich bescheuert, dass ich dann ausgerechnet für die Schwangerschaft zum erstbesten Frauenarzt gepilgert bin. Der, zu dem ich Jahre vorher mitsamt meinen Zyklusblättern einmal gegangen war, befand sich schon in Pension. Er schickte mich damals heim mit den Worten: „Was wollen Sie von mir wissen? Sie kennen Ihren Körper am besten."

Seinen Nachfolger hatte ich vorher noch nie gesehen. Während dieser ersten Schwangerschaft war ich sehr oft beim Arzt, auch im Krankenhaus wegen früher Blutungen. Während dieser Schwangerschaft wurde ich zigfach mittels Ultraschall untersucht. Dann sogar unter der Geburt, als nichts weiterging. Später wusste ich einiges darüber und mutete meinen Kindern keine unnötigen Ultraschalluntersuchungen mehr zu.

Zur Geburt des ersten Kindes ging ich in ein privates Krankenhaus und wurde dort unnötigerweise operiert.

Bei der zweiten Schwangerschaft habe ich einen Schwangerschaftstest gemacht und einige Mutter-Kind-Pass-Untersuchungen (die letzte habe ich in Absprache mit der Hebamme verweigert, weil ich so kurz vor der Geburt kein Verunsicherung mehr zulassen wollte) und Selbstvorsorge. Ich habe eine Ultraschalluntersuchung durchführen lassen, weil ich die Kaiserschnittnarbe kontrolliert haben wollte, nicht um das Kind zu begutachten. Die Narbe lässt sich aber via Ultraschall nicht kontrollieren.

Bei der dritten Schwangerschaft habe ich wieder einen Schwangerschaftstest gemacht und mich dann auf die Selbstvor- und Selbstfürsorge verlassen. Ich war gar nicht beim Arzt, habe mich aber intensiv auf die Geburt vorbereitet mit dem innerlichen Loslassen der früheren Geschehnisse, Yoga, Schwimmen, Einswerden mit dem Körper und meinem Kind. Ich betrieb viel Sport, ernährte mich bewusst „gesund" und legte nur ca. 6 Kilogramm zu.

Die Geburt fand eigenverantwortlich zu Hause statt. Ich hatte eine perfekte Alleingeburt ohne Hebamme und sonstige Zuseher. Für den Rest der Familie hatte ich beim Universum Schlaf bestellt. Es gab während dieser Schwangerschaft auch keine Ultraschalluntersuchungen mehr. Ich ahnte instinktiv, dass dieser Schuss nach hinten losgehen würde, da ich den Verdacht hatte, mit Zwillingen schwanger zu sein und eine Alleingeburt plante. Bei der Geburt der Nachgeburt(en) stellte sich heraus, dass sich ein Zwilling zurückgebildet hatte.

Ich war sehr froh, dieses Ergebnis nicht durch Dritte mittels Ultraschall gesagt bekommen zu haben. Aus der frohen Hoffnung wäre Panikmache entstanden. Den Plazentasitz schlussfolgerte ich anhand der Kindsbewegungen. Ich hatte demnach eine Hinterwandplazenta, die naturgemäß nicht in die Narbe eingewachsen sein konnte.

Warum ich die Mutter-Kind-Pass-Untersuchungen durchführen habe lassen? Bei der ersten Schwangerschaft war ich noch total scharf darauf, endlich „den Pass" zu haben. Cool, oder? Offiziell schwanger! Außerdem brauchte ich das Teil für meinen Arbeitgeber zwecks Mutterschutz und Beantragung von Mutterschaftsgeld. Ich hätte die MKP-Untersuchungen klarerweise auch durchführen lassen, wenn ich keine Geldleistung dafür bekommen hätte – ich fand das damals super wichtig.

Nach der zweiten Geburt ging ich vor das Arbeits- und Sozialgericht und klagte gegen die Mutter-Kind-Pass-Verordnungen. Ohne Erfolg. Bei der dritten Schwangerschaft habe ich auf alle MKP-Untersuchungen verzichtet und über Telefon und E-Mail mir vertraute Fachleute konsultiert, wenn ich das Bedürfnis danach hatte. Mir war klar, dass ich finanzielle Einbußen in Kauf nehmen muss, aber meine Privatsphäre war mir das wert. Mir ist daher der Umfang und Inhalt des Mutter-Kind-Passes egal. Ich richte mich nicht mehr danach aus und weiß gar nicht, was aktuell vorgeschrieben ist.

Was mir grundsätzlich gefehlt hat, ist die Möglichkeit, das Angebot des Mutter-Kind-Passes auszulassen. Ich finde, es ist eine absolute Frechheit und gehört sofort abgestellt, dass die Ausbezahlung des vollen Kinderbetreuungsgeldes an die Durchführung der MKP-Untersuchungen gekoppelt ist. Das ist eine bodenlose Unverschämtheit und einmalig auf der Welt. Österreich nimmt hier eine seltsame Alleinstellung ein.

Während der ersten Schwangerschaft habe ich leider keine Hebammenhilfe in Anspruch genommen. Die Hebamme traf ich erst im Krankenhaus. Ich hätte mir damals eine niederschwellige Kontaktaufnahmemöglichkeit zu Hebammen gewünscht. Wäre die Hebammenbetreuung im Mutter-Kind-Pass angeboten gewesen, hätte ich sie bestimmt in Anspruch genommen. In der zweiten Schwangerschaft hatte ich eine eigene Hebamme, weil ich eine Hausgeburt anstrebte.

Während der dritten Schwangerschaft hatte ich ab und an Fragen (telefonisch oder per E-Mail) an meine Hebamme der zweiten Geburt (sie kam von sehr weit her) oder andere Freundinnen, die viel Hebammenwissen haben und selber Mama sind. Es war also immer jemand da, der meine Fragen beantworten konnte, und ich wusste inzwischen ja selber sehr viel. Mein Umfeld hat auf meine Entscheidung, sämtliche MKP-Untersuchungen auszulassen und auch keine Hebamme zu engagieren, irritiert reagiert. Ich brach daher die Kontakte zu den Leuten, die mich verunsicherten oder von mir verlangten, zu einem Arzt zu gehen, für die Zeit der Schwangerschaft ab.

Die Wahlfreiheit für MKP-Untersuchungen zwischen Hebamme und Arzt ist für mich zu wenig. Eine Frau sollte entscheiden dürfen, ob und wann sie zu wem auch immer gehen möchte oder eben auch nicht. Es wundert mich, dass es nicht viel mehr Verweigerinnen gibt.

Marion, 46

selbstständig

1. Kind: 24 Jahre, vaginale Geburt in der Klinik

2. Kind: 14 Jahre, vaginale Geburt in der Klinik

3. Kind: 9 Jahre, Hausgeburt

Beim Wort „Schwangerschaft" denke ich an meine Kinder, an Wachstum und Entwicklung, an eine schöne und auch anstrengende Zeit, an Aufregung und Erwartung. Bei allen drei Schwangerschaften habe ich nach Ausbleiben der Blutung einen Schwangerschaftstest gemacht und war dann ca. in der siebenten Schwangerschaftswoche zur Untersuchung beim Arzt.

Bei der ersten Schwangerschaft war ich sechs Mal beim Arzt und ca. drei Mal im Krankenhaus zur Voruntersuchung (CTG). In der zweiten Schwangerschaft waren es wieder sechs Arztbesuche, zusätzlich ein Organscreening aufgrund eines kleinen Herzfehlers (Systolikum) beim ersten Kind und ca. vier Voruntersuchungen (CTG) im Krankenhaus. Bei der letzten Schwangerschaft war ich sieben Mal bei der Ärztin. Alle Schwangerschaften verliefen problemlos – bis auf teilweise starke Rückenschmerzen in der zweiten und dritten Schwangerschaft.

Bei allen drei Kindern wurde bei jeder Untersuchung ein routinemäßiger Ultraschall durchgeführt, obwohl ich es beim dritten Kind eigentlich nicht wollte. Die Ärztin wusste irgendwie nicht, was sie sonst machen sollte. Für mich persönlich waren die Ultraschalluntersuchungen in der ersten Schwangerschaft wichtig. Ich freute mich jedes Mal auf die Bilder meines Babys. Bei der zweiten Schwangerschaft war es nicht mehr so spannend, und beim dritten Kind wollte ich es eigentlich – wie gesagt – nicht mehr, wollte mich jedoch auch mit der Ärztin nicht ‚kämpfend' auseinandersetzen. Es sollte mehr Aufklärung darüber geben, dass die Babys die Untersuchungen offenbar als recht unangenehm empfinden.

Beim ersten Kind habe ich die Mutter-Kind-Pass-Untersuchungen aus Neugierde auf den Ultraschall durchführen lassen und weil die Untersuchungen notwendig für das Karenzgeld waren. Und ich wollte wissen, ob alles in Ordnung ist. Bei der zweiten und dritten Schwangerschaft habe ich die Untersuchungen wegen des Karenzgeldes machen lassen. Vermutlich hätte ich die Untersuchungen aber auch dann machen lassen, wenn ich dafür kein Geld bekommen hätte. Weil es nämlich so üblich ist und weil es doch gut tut zu hören, dass alles in Ordnung ist. Beim dritten Kind hätte ich mich aber vermutlich nicht so oft untersuchen lassen.

Ich kenne den aktuellen Stand nicht genug, um Inhalt und Umfang des Mutter-Kind-Passes beurteilen zu können. Aber auf den Zuckerbelastungstest könnte verzichtet werden und den Zeitpunkt der Hebammenberatung finde ich nicht sehr passend.

Hebammen verbinde ich mit persönlicher Betreuung. Eine Hebamme ist für mich eine weise Frau, eine Fachfrau. Ein schöner Beruf. Von einer Hebamme erwarte ich mir persönliche Betreuung, Untersuchungen bei mir zu Hause, und dass sie Ansprechpartnerin bei Sorgen und Problemen ist. Beim dritten Kind hatte ich eine eigene Hebamme, da ich eine Hausgeburt plante.

Eine Wahlfreiheit zwischen Arzt und Hebamme für den Mutter-Kind-Pass würde mich sehr freuen. Da könnte jede Frau für sich das richtige Modell wählen.

Hebamme, Arzt und Mutter sind kompetente Entscheidungsträgerinnen in der Schwangerschaft – bei unterschiedlichen Bedürfnissen und Entwicklungsstand der Mutter in unterschiedlicher Kompetenzreihenfolge.

„Für die Mutter-Kind-Pass-Untersuchungen
würde ich sofort die Hebamme
wichtiger einstufen als den Arzt."

Monika, 51

Bewegte Lebens- und Sozialberaterin

1. Kind: 27 Jahre, Geburtshaus

2. Kind: 26 Jahre, Hausgeburt

Beim Wort „Schwangerschaft" denke ich daran, dass Nachwuchs kommt und eine neue Zeit beginnt. Das Wort ‚Frauenarzt' erinnert mich daran, dass ich notwendige Kontrolltermine erfüllen sollte.

Als ich zum ersten Mal festgestellt habe, schwanger zu sein, habe ich mich mit der Situation auseinandergesetzt und dann erst Schritte unternommen, um mir die Schwangerschaft so schön wie möglich zu gestalten. Und ich habe mich beruflich freistellen lassen. Während dieser Schwangerschaft bin ich nur zu den vorgeschriebenen Terminen zum Gynäkologen gegangen, damit ich das Geld dafür bekomme. Hätte ich keine Geldleistung dafür bekommen, hätte ich die Mutter-Kind-Pass-Untersuchungen nicht durchführen lassen, weil mich die Untersuchungen aus meiner Sicht nicht in meinen Entscheidungen beeinflusst haben. Sie haben mich eher verunsichert. Ich hätte mir Rat geholt, wenn ich etwas wissen hätte wollen.

Ich finde es auch nicht in Ordnung, dass die Ausbezahlung des vollen Kinderbetreuungsgeldes an die Durchführung der Mutter-Kind-Pass-Untersuchungen gekoppelt ist, ich verstehe jedoch, dass in unserem System noch keine bessere Lösung angeboten wird.

Während der zweiten Schwangerschaft habe ich weniger als die vorgeschriebenen Untersuchungstermine absolviert und auch nur am Anfang und in der letzten Woche vor der Geburt jeweils eine Ultraschalluntersuchung durchführen lassen. In der ersten Schwangerschaft wurden drei Ultraschalluntersuchungen gemacht. Ich finde diese Art der Untersuchung nicht sonderlich wichtig. Über mögliche Risiken wurde ich aufgeklärt.

227

Auch über die Risiken der Vaginaluntersuchungen wurde ich aufgeklärt, aber ich weiß nicht mehr, wie häufig diese durchgeführt wurden. Die Vaginaluntersuchungen waren kein Genuss, aber auch nicht unangenehm in Form von Schmerz.

Hebammen? Ich finde es schön, dass es diese Frauen gibt, die mich auf meiner Reise während der Geburten unterstützen. Von ihnen erwarte ich mir ein offenes Gespräch von Frau zu Frau, damit ich die Zeit voll erleben kann. Ich habe aber keine zusätzliche Hebammenbetreuung in Anspruch genommen, weil ich im Geburtshaus, in dem mein erstes Kind geboren wurde, ausreichend informiert wurde und kein weiterer Bedarf notwendig war.

Für die Mutter-Kind-Pass-Untersuchungen würde ich sofort die Hebamme wichtiger einstufen als den Arzt und diesen nur einbeziehen, wenn es notwendig ist.

*„Die Kopplung des Kinderbetreuungsgeldes
an den Nachweis der Mutter-Kind-Pass-
Untersuchungen halte ich für eine Frechheit
und für eine Machtdemonstration. "*

Gertraud, 54

Lebens- und Sozialberaterin, Trainerin, Doula

1. Kind: 32 Jahre, Hausgeburt

2. Kind: 30 Jahre, Hausgeburt

3. Kind: 22 Jahre, Hausgeburt

Beim Wort „Schwangerschaft" denke ich an Schöpferinnenkraft und
Freude, aber auch an ein wenig Unsicherheit, wenn ich mich an meine
erste Schwangerschaft erinnere. Zuerst habe ich die Mutter-Kind-Pass-
Untersuchungen zur eigenen Beruhigung durchführen lassen – und wegen der damals recht großzügigen Zahlung. Später habe ich dann mehr
Skepsis entwickelt und hätte bei der letzten Schwangerschaft die Untersuchungen nicht mehr durchführen lassen, wenn ich dafür kein Geld bekommen hätte.

Ich habe nämlich das Gefühl, dass viel zu viel untersucht wird und un-
zuverlässige Diagnosen erstellt werden. Das verunsichert die werdende
Mutter! Außer auf die Kontrolle der Vitalfunktionen und eventuell einen
Ultraschall könnte auf die meisten anderen Untersuchungen verzichtet
werden. Außer es treten Schwierigkeiten auf, dann ist es gut, wenn man
einen Arzt aufsuchen kann.

Meine Schwangerschaften sind eigentlich bis auf einen Reitunfall während meiner zweiten Schwangerschaft alle komplikationslos verlaufen.
Während meinen Schwangerschaften wurden routinemäßig jeweils drei
bis vier Ultraschalluntersuchungen durchgeführt. Ich finde diese Art der
Untersuchung relativ unwichtig und empfand sie eher belastend. Aus
heutiger Sicht ist für mich höchstens eine Ultraschalluntersuchung be-
gründbar, nämlich um die Lage der Plazenta festzustellen.

Die Vaginaluntersuchungen habe ich nicht hinterfragt. Aber prinzipiell sind mir die MKP-Untersuchungen allgemein zu viel ‚Herumgemurkse‘ und ich fühle mich ausgeliefert an ein für mich erdrückendes System.

Hebammen sind für mich aus heutiger Sicht kompetente, einfühlsame und zurückhaltende Betreuerinnen in der Schwangerschaft, unter der Geburt und im Wochenbett. Ich habe damals aber keine Hebammenhilfe in Anspruch genommen. Das wäre mir einfach nicht in den Sinn gekommen, weil alle zum Gynäkologen gingen. Eine intensive Schwangerschaftsbetreuung durch Hebammen war damals, zumindest in meinem Umfeld, nicht üblich. Hätte es das Angebot des Hebammengesprächs im Mutter-Kind-Pass zum damaligen Zeitpunkt schon gegeben, hätte ich es aber genutzt. Da es mir wichtig war, zu Hause zu gebären, habe ich meine Hebammen je ein Mal vorher gesehen.

Die ärztlichen Untersuchungen habe ich mit wachsendem Unmut mitgemacht, weil ich nicht den Mut hatte, ganz außerhalb des Systems zu stehen – und auch weil ich das Geld brauchte. Die aktuelle Kopplung des Kinderbetreuungsgeldes an den Nachweis der Mutter-Kind-Pass-Untersuchungen halte ich für eine Frechheit und für eine Machtdemonstration.

Die Wahlfreiheit für Mutter-Kind-Pass-Untersuchungen zwischen Arzt und Hebamme sollte meiner Meinung nach auf jeden Fall gewährleistet sein. Ich finde nämlich, dass die Mutter – mit unterstützender Beratung durch Hebammen und Gynäkologen – die kompetente Entscheidungsträgerin in der Schwangerschaft ist.

Selbstbestimmt schwanger, selbstbestimmt gebären

Die Wünsche und Vorstellungen bezüglich Schwangerschaft und Geburt sind so unterschiedlich wie die Frauen selbst. Nicht jedes Vorsorgemodell ist für jede Schwangere passend. Doch was müsste getan werden, um alle schwangeren Frauen bestmöglich in ihren persönlichen Bedürfnissen wahrzunehmen? Was braucht eine Frau, um ihre Schwangerschaft selbstbestimmt erleben zu können? Welche Auswirkungen hat eine eigenverantwortliche Schwangerschaft auf die Geburt?

Manchmal macht es den Anschein, als wäre es ein Ding der Unmöglichkeit, den Spagat zwischen natürlicher Schwangerschaft und Geburt und Vorsorgemarathon meistern zu können. Der Druck auf die werdenden Mütter, das staatliche Vorsorgeprogramm in Anspruch zu nehmen, ist enorm. Der österreichische Mutter-Kind-Pass mit seinem hohen Verpflichtungsgrad und selbst der formal völlig freiwillige deutsche Mutterpass werden zum Maß aller Dinge erhoben. Das Übernehmen von Eigenverantwortung und Verantwortung für das ungeborene Leben im Inneren des weiblichen Körpers wird einer Frau durch diese staatlichen Maßnahmen schwer gemacht.

Es erfordert Mut, sich gegen diese allgemein wenig hinterfragten Vorgaben zu entscheiden – eine, mehrere oder vielleicht sogar sämtliche vorgeschlagene Untersuchungen nicht durchführen zu lassen. Es bedarf außerdem viel Kraft, um die mit diesem Weg verbundenen Unsicherheiten und Ängste, die einem oft von außen suggeriert werden, bewältigen zu können. Da kann es sinnvoll sein, sich Verbündete zu suchen, die einen unterstützen.

Auch von Seiten der Begleiter sowie der professionellen Schwangerenbetreuung durch Ärzte und Hebammen braucht es die Bereitschaft, das richtige Maß zu suchen und zu finden. Fachpersonen sollten Entscheidungen treffen, die manchmal vielleicht außerhalb der alltäglichen medizinischen Routine liegen, aber dem Bauchgefühl entsprechen – dem entsprechen, was individuell für diese Frau und ihr Kind, für diese Familie das Beste zu sein scheint.

Respektvoll mit den Wünschen und Vorstellungen von schwangeren Frauen umzugehen, die alle individuelle Persönlichkeiten sind und daher oftmals auch gänzlich unterschiedliche Bedürfnisse haben, das sollte eine Selbstverständlichkeit in der Begleitung von Schwangeren sein. Ist es aber leider nicht.

Die Schulmedizin hat großartige technische Errungenschaften erlangt, bedeutende medizinische Fortschritte gemacht und die Möglichkeit geschaffen, in viele physische Vorgänge regulierend einzugreifen und letztendlich Leben zu retten. Daraus sind aber auch zahlreiche Routinemaßnahmen entstanden, die angebliche Sicherheit versprechen. Viele dieser Maßnahmen sind sowohl im deutschen Mutterpass als auch im österreichischen Mutter-Kind-Pass verankert.

Dabei möchte ich betonen: Nicht alle Arztbesuche während der Schwangerschaft sind schlecht. Manchmal brauchen Mutter und Kind aus den unterschiedlichsten Gründen ärztliche Unterstützung. Und sei es nur, um die (bildhafte) Bestätigung für ein bestimmtes Gefühl zu erhalten. Aber wir sollten uns von routinemäßigen Kontrolluntersuchungen verabschieden, wie auch Michel Odent meint, denn diese Gepflogenheiten sind seiner Meinung nach nicht nur Zeit- und Geldverschwendung, sondern können durchaus auch gefährlich werden (vgl. ODENT 2005).

Für gewöhnlich findet das Leben seinen Weg trotz vermeintlicher Risiken und jenseits aller Routinen. Die anzustrebende Kunst ist es meiner Meinung nach, den für sich selbst passenden Mittelweg zu finden, nämlich das richtige Maß an medizinischer Überwachung und freier Entwicklung des gerade entstehenden Lebens.

Die eine richtige und für alle passende Vorgehensweise gibt es daher wohl nicht. Frauen mit einem hohen, nach außen gerichteten Sicherheitsbedürfnis dürften sich im bestehenden Vorsorgesystem wohl und gut betreut fühlen. Für sie ist es eine Selbstverständlichkeit und ein Bedürfnis, die im Mutter-Kind-Pass/Mutterpass empfohlenen Untersuchungen vornehmen zu lassen. Es gibt aber auch Frauen mit genügend eigener innerer Sicherheit, die gerne ein bisschen weniger von all dem hätten und ihre Schwangerschaft lieber ohne ärztliche Kontrollen erleben würden. Sie haben im derzeitigen System nur wenig Spielraum und kaum Wahlmöglichkeiten.

Ich muss gestehen, ich bin eine von denen, die sämtliche Untersuchungen über sich ergehen hat lassen und brav jeden Stempel für das gelbe Heftchen abgeholt hat. Ich bin eine von denen, die ihren Körper für wenig Geld der Medizin und dem Staat verkauft haben.

Aber ich bin auch eine von denen, die spüren, dass das nicht richtig ist, nicht richtig sein kann. Ich bin eine, die kein gutes Gefühl hat, wenn sie sich zur Untersuchung ausziehen muss und eine, die es nicht gut findet, dass auf ihre Kosten andere Leute Geld machen. Und darum schreibe ich. Schreibe über die Möglichkeit der Eigenmacht und über die Option, „Nein!" zu sagen.

Ich kann Nein sagen zu einer Untersuchung, bei der ich mich nicht wohlfühle. Ich kann Nein sagen zur Bevormundung durch Ärzte, die vorgeben, mein Bestes zu wollen und dabei nur ihre juristische Sicherheit und Euros im Kopf haben, die sie mit jeder weiteren Untersuchung an mir verdienen.

Es wird Zeit, dass wir Frauen aufwachen, aufstehen, uns erheben und uns unserer Kompetenz bewusst werden. Lasst uns unsere Eigenmacht zurückerobern! Denn letztendlich sind es wir Frauen, die sich einem Medizinsystem anvertrauen, das leider manchmal aus den Augen verliert, dass nicht alles, was machbar ist, auch getan werden muss, um eine gesunde und zufriedene Mutter und ein gesundes Baby zu bekommen.

Es geht also nicht darum, sämtliche Entwicklungen und medizintechnischen Errungenschaften kategorisch abzulehnen. Aber wir sollten uns die ehrliche Frage stellen, wie weit wir uns von ihnen dominieren und abhängig machen lassen wollen. Wir Frauen sollten zu einem gesunden Maß an Eigenverantwortung und Vertrauen in den eigenen Körper zurückfinden.

Doch wir dürfen nicht vergessen: Frauen können immer nur so selbstbestimmt sein, wie wir sie lassen. In der Gesellschaft, der Familie, aber auch ganz konkret in der Interaktion mit Arzt und Hebamme. Und was Schwangere brauchen, um überhaupt selbstbestimmte Entscheidung treffen zu können, sind in erster Linie ein angstfreies Umfeld und ausreichend

Informationen, damit ihnen vor allem eines genommen wird: die Angst! Denn die ist eine schlechte Ratgeberin, aber leider meist ständige Begleiterin in der Schwangerschaft. Frauen sollten in ihrem Selbstbewusstsein und in ihrer Eigenmacht gestärkt und unterstützt werden, damit sie kompetente Entscheidungsträgerinnen für ihre Schwangerschaft und Geburt werden.

Aufgabe der Politik ist es nicht, uns Entscheidungen abzunehmen oder über unsere Körper zu verfügen. Wie wir leben und arbeiten wollen, wie wir uns ernähren und unsere Kinder ins Leben begleiten, bleibt überwiegend uns selbst überlassen. Wir tragen die Verantwortung dafür, wie gesund wir uns fühlen, aber im Verantwortungsbereich der Politik liegt es, die Rahmenbedingungen zu gestalten und zwar so, dass jede und jeder sich individuell bestmöglich entfalten kann.

Von der Schwangeren-Vorsorge zur Schwangeren-Fürsorge

Die Weltgesundheitsorganisation WHO definiert Gesundheit als einen „Zustand vollständigen körperlichen, physischen und sozialen Wohlbefindens" und nicht nur als das „Freisein von Beschwerden und Krankheiten". Des Weiteren wird betont, dass die Gesundheitsförderung auf einen Prozess zielt, „allen Menschen ein höheres Maß an Selbstbestimmung über ihre Gesundheit zu ermöglichen und sie damit zur Stärkung ihrer Gesundheit zu befähigen. [...] Gesundheit steht für ein positives Konzept, das in gleicher Weise die Bedeutung sozialer und individueller Ressourcen für die Gesundheit betont wie die körperlichen Fähigkeiten." (zitiert nach SHALIMA 2012: 15)

Diese Sicht auf Gesundheit und Krankheit und die Bedeutung sozialer und individueller Komponenten in diesem Zusammenhang spiegelt sich im Umgang mit Schwangerschaft und Geburt leider nicht wider. Schwangerschaft und im Besonderen Geburt werden als medizinische Ereignisse definiert und auch so behandelt. Der Fokus liegt auf der Erhebung und Bewertung einzelner Körperdaten und Laborwerte. Die zwischenmenschliche Interaktion tritt zugunsten einer technikorientierten Risikoanalyse in den Hintergrund.

Die Schwangere wird also nicht in ihrer Ganzheit als Person wahrgenommen, sondern auf messbare physische Werte reduziert. Soziale und psychische Faktoren werden in der gängigen Schwangerenvorsorge nur in geringem Maße berücksichtigt. Die Schwangerenvorsorge bezieht sich explizit auf die körperlichen Aspekte einer Schwangerschaft. Mit den psychischen Veränderungen und den sozialen Gegebenheiten, mit denen eine werdende Mutter sich konfrontiert sieht, steht sie alleine da.

Im Mutter-Kind-Pass ist neben den ganzen nackten Zahlen und Daten kein Platz für Zwischenmenschliches und Selbstbeobachtung. Aber gerade die Zeit der Schwangerschaft ist ein ausgesprochen imposanter Übergang von einer Lebensphase in eine andere. Die Veränderungen betreffen demnach nicht nur körperliche Faktoren. Professionelle Unterstützung und Beratung diesbezüglich sind im Rahmen des Mutter-Kind-Passes jedoch nicht vorgesehen.

Wie viel schöner wäre es, wenn es gesellschaftlich ein gut organisiertes Frauennetzwerk geben würde, in dem sich jede Schwangere in ihren ganz persönlichen Herausforderungen und Veränderungen sicher aufgehoben und unterstützt fühlen könnte, was ihre neue gesellschaftliche Rolle, ihre neuen Aufgaben und ihre ganz alltäglichen Sorgen und Fragen betrifft! Die Vorsorge sollte sehr viel mehr umfassen als das Überprüfen körperlicher Werte und das Registrieren von Unregelmäßigkeiten. Schwangere brauchen eine ganzheitlichere Betreuung. Sie müssen in ihrer Gesamtheit wahrgenommen werden.

Die Hebamme Erika Goyert-Johann meint dazu:

„Mutter und Baby sind eine Einheit und begegnen sich intensiv schon lange vor der Geburt. Dabei sollten sie optimal unterstützt werden. In der haptonomischen Schwangerschaftsbegleitung sind die körperliche und emotionale Ebene absolut gleichwertig. [...] Schwangerschaft und Geburt sind eben nicht nur biologische Vorgänge, die ‚jedermann' von außen betrachten, beurteilen und womöglich beeinflussen kann. Mutter und Kind sind nicht auf ihre Körperlichkeit zu beschränken. Emotionen, Psyche, soziales Umfeld, Glaubensvorstellungen, Ahnenwissen, Geborgenheit in den Familien, Vertrauen in die eigene Kraft und besonders der innige Kontakt zu dem Wesen, das geboren werden will, sind lebenswichtige Faktoren." (zitiert nach BERAN 2011: 31)

Bei der ganzheitlichen Schwangerenbetreuung, wie sie unter anderem auch von Sheila Kitzinger propagiert wird, werden Untersuchungen nur dann vorgeschlagen, wenn sie notwendig sind beziehungsweise mit nützlichen Informationen zu rechnen ist, die sich auf die Betreuung von Schwangerschaft und Geburt auswirken. Aus einem ganzheitlichen Blickwinkel heraus wird man zwar die Möglichkeit einer pathologischen Entwicklung nicht ausschließen und diese im Blick behalten, das Hauptaugenmerk jedoch auf die Frau als individuelle Persönlichkeit legen. Die Frau wird darin unterstützt, sich selbst bestmöglich zu versorgen, sich intensiv mit sich selbst auseinanderzusetzen und die Zeichen und Wahrnehmungen des eigenen Körpers richtig zu deuten. Ihr Selbstvertrauen, ihre Kraft und Stärke werden durch diesen Ansatz gefördert. (vgl. KITZINGER 2003)

Dieses Modell lässt sich meiner Meinung nach am ehesten mit dem Ansatz der hebammenbetreuten Schwangerenvorsorge (inklusive Kostenübernahme durch die öffentliche Hand) und Geburt vereinen. Dabei sollte der Mutter-Kind-Pass unbedingt von seinem Charakter der Zwanghaftigkeit und Kontrolle befreit werden. Er könnte zu einem freiwilligen Instrument der Dokumentation werden.

Hebammen können, wenn die Chemie zwischen den beiden Frauen stimmt, zur zuverlässigen Vertrauten werden, die Schwangere sowohl emotional als auch physisch unterstützt. Die gut ausgebildete und emotional geerdete Hebamme wird der schwangeren Frau in ihrer Entwicklung nicht im Weg stehen, sondern diese bestmöglich begleiten und fördern. Sie wird die Schwangere in ihrem Selbstvertrauen stärken und ihr Wege und Möglichkeiten aufzeigen, um sich selbst und dem ungeborenen Kind in der Zeit der Schwangerschaft etwas Gutes zu tun.

Eine solche Hebamme wird der Frau bei ihrem Übergang in die Mutterschaft beistehen. Und sie wird im Bedarfsfall erkennen, wann es sinnvoll sein kann, medizinische Abklärung oder Hilfe in Anspruch zu nehmen. Diese Form der Schwangerenvorsorge würde die Frauen in ihrer Selbstwahrnehmung stärken, würde ihnen nicht die Verantwortung aus der Hand nehmen und sie dadurch viel besser auf ihre Rolle als Mutter vorbereiten.

Das alternative Modell der Schwangerenvorsorge, das hebammenorientiert und mütterzentriert ist, setzt voraus, dass der Hebammenarbeit wieder ein höherer Stellenwert in der Gesellschaft eingeräumt wird. Dazu ist es meiner Meinung nach notwendig, bereits junge Mädchen mit dem Tätigkeitsfeld einer Hebamme in Berührung zu bringen. Hebammen könnten die Aufgabe übernehmen, mit den heranwachsenden Kindern im Rahmen von Kindergarten- oder Schulbesuchen in altersgerechter Form über Frausein, Schwangerschaft und Geburt zu sprechen. Hebammen sollten auch dann zu Ansprechpersonen für Mädchen und junge Frauen werden, wenn es um Fragen der Sexualität und Verhütung geht.

Begleitet eine Hebamme eine junge Frau bereits seit vielen Jahren, wird diese Frau den Weg zur Hebamme auch dann finden, wenn es um Kinderwunsch und Schwangerschaft geht. Es wäre so gesehen vermutlich eine Selbstverständlichkeit, nicht den Arzt, sondern die Hebamme zu kontaktieren, und sich von dieser durch die Schwangerschaft begleiten zu lassen.

Nach der hebammengeleiteten Geburt behält die bereits vertraute Hebamme ihren Stellenwert im Leben der jungen Mutter, wenn es darum geht, die Frau in ihrem Prozess der Mutterschaft zu begleiten und zu unterstützen. Stillberatung, Säuglingspflege, die Hebamme als Ansprechpartnerin bei auftretenden Fragen und vielfältigen Problemen. So könnte sich mit der Zeit ein starkes Frauennetzwerk etablieren, das das Potenzial in sich trägt, die gegenwärtige Geburtskultur zu transformieren, hin zu mehr Liebe und Vertrauen in diesem so bedeutsamen Lebensabschnitt.

Selbstbestimmtheit und Eigenmacht

Neben den Frauen, die sich pudelwohl fühlen in der Maschinerie der medizinischen Schwangerenvorsorge, und den Frauen, die gerne etwas mehr Entscheidungsfreiheit hätten und sich bewusst gegen die eine oder andere vorgesehene Untersuchung aussprechen würden oder Hebammenbetreuung vorziehen würden, wenn die Rahmenbedingungen das erlauben würden, gibt es noch eine dritte Gruppe von Frauen.

Sie sind wohl eine absolute Minderheit, aber es gibt Frauen, die ihre Schwangerschaft und Geburt gänzlich „in Eigenregie" (vgl. SCHMID 2014a) durchleben wollen. Vor allem für diese Frauen ist der „sanfte" Zwang zur medizinischen Überwachung eine große Belastung. In einer frauenorientierten Schwangerenfürsorge können sich auch diese Mütter gut aufgehoben fühlen. Sobald der Zwang wegfällt, könnte die Schwangerenfürsorge als Angebot verstanden werden, das bei Bedarf in Anspruch genommen wird.

Eigenmacht und Selbstbestimmtheit werden von Frau zu Frau unterschiedlich ausfallen, aber es ist gerade für eine selbstbestimmte Geburt, von der zurzeit so viel gesprochen wird, wichtig, dass bereits die Schwangerschaft selbstbestimmt gestaltet werden kann. Die Selbstbeobachtung und eigenständige Dokumentation der Schwangerschaft kann da ein wichtiger Schritt sein. Im Buch „Mein privater Mutterpass – Meine Schwangerschaft selbst dokumentiert" (vgl. MOSER & SCHMID 2016) können all diese Beobachtungen eingetragen werden. Und auch das Buch „Schwangerschaft schafft Heldinnenkraft" (vgl. MOSER 2016) bestärkt Frauen in ihrer Eigenmacht und Selbstverantwortung.

Der individuelle Gestaltungsspielraum ist in Hinblick auf die Durchführung der Schwangerenvorsorge für Frauen gewöhnlich sehr beschränkt. Die medizinische Vorsorge im Rahmen des Mutter-Kind-Passes oder auch des Mutterpasses scheint sowohl in Österreich als auch in Deutschland die einzige Möglichkeit zu sein, die werdenden Müttern zur Verfügung steht, ohne mit gesellschaftlichen oder staatlichen (wie in Österreich) Vorgaben in Konflikt zu geraten.

Es gibt jedoch auch andere Wege. Diese Wege abseits der breiten Trampelpfade zwischen Arztpraxis und Krankenhaus stehen für jene offen, die bereit sind, sie zu begehen. Diese Wege beinhalten individuelle Lösungen und erfordern gleichzeitig die Auseinandersetzung mit ganz persönlichen Bedürfnissen:

- *Was will ich?*
- *Was brauche ich?*
- *Wie bekomme ich das, was für mich wichtig ist?*

Haben Frauen bereits während der Schwangerschaft die Möglichkeit, sich in Selbstbestimmtheit und Eigenmacht zu üben – ganz egal wie diese auch aussehen mag: von der medizinischen Überwachung der Schwangerschaft über Hebammenbetreuung bis hin zur Schwangerschaft in Eigenregie – und sind sie es gewohnt, sich für ihre Wünsche und Vorstellungen einzusetzen und ganzheitlich wahrgenommen und in ihren Bedürfnissen auch ernstgenommen zu werden, dann wird das höchstwahrscheinlich auch positive Auswirkungen auf den Geburtsverlauf und das Geburtserleben haben.

Außerdem: In ihrem täglichen Leben wird eine Frau – ob mit oder ohne Kind – ständig ihre eigenen Entscheidungen zu treffen haben, und zwar ohne medizinische Supervision. Je selbstständiger sie ihre Schwangerschaft und die Geburt durchlebt und je häufiger sie die Erfahrung macht, dass sie „es kann", dass es Freude macht, und dass auch unvermeidbare Fehler ihre Kompetenz erhöhen, desto ausgeglichener gestaltet sich das Familienleben.

Glückliche, starke und stolze Mütter sind das Ergebnis.

Das Wichtigste in Kürze

Abschließend möchte ich meine Überlegungen hinsichtlich eines individuell zu gestaltenden Frauen-Fürsorgeprogramms während Schwangerschaft, Geburt, Wochenbett und darüber hinaus nochmals stichpunktartig zur Diskussion stellen.

- *Hebammenorientiert und mütterzentriert*

- *Hebamme als Ansprechpartnerin*

- *Ganzheitlicher und umfassender Blickwinkel*

- *Emotionale, physische und psychische Betreuung*

- *Vorbereitung auf Mutterschaft*

- *Untersuchungen nur dann, wenn sie notwendig sind*

- *Frau wird als individuelle Persönlichkeit wahrgenommen*

- *Selbstkompetenz und Selbstbewusstsein werden gefördert*

- *Stärken und individuelle Fähigkeiten werden gefördert*

- *Kostenübernahme durch die öffentliche Hand: Kostenersparnis im Vergleich zum derzeitigen Modell, da nur noch jene Frauen ärztliche Betreuung in Anspruch nehmen, die sie wirklich brauchen*

- *Mutter-Kind-Pass/Mutterpass als freiwilliges Instrument der Dokumentation*

- *Förderung der natürlichen Geburt, weil Hebammen Schwangerschaft und Geburt in erster Linie als natürliche Prozesse wahrnehmen*

- *Etablierung eines hohen Stellewertes der Hebamme in der Gesellschaft: Kindergarten- und Schulbesuche, Hebamme als Ansprechperson für Frauen und Mädchen in Sachen Sexualität und Verhütung*

Literaturverzeichnis

Abrufdatum der Internet-Links: 21. Januar 2015

ABHOLZ, Heinz H. (1994): Grenzen medizinischer Prävention. In: Rosenbrock, Rolf et al. (Hg.) (1994): Präventionspolitik. Gesellschaftliche Strategien der Gesundheitsförderung. Edition Sigma. Berlin.

ABUZAHRA, Muna (2009): Mutter-Kind-Pass. Ein internationaler Vergleich zu den Untersuchungen an schwangeren Frauen. Ludwig Boltzmann Institut für Health Technology Assessment. Wien.

AMENDT, Gerhard (1982): Die Gynäkologen. Konkret Literatur Verlag. Hamburg.

AMNESTY INTERNATIONAL (2011): Deadly Delivery: The Maternal Health Care Crises in the USA. New York.

BABYWELTEN (März 2014): Mutterpass / Mutterschaftspass. Abgerufen am 13.1.2016 unter www.babywelten.ch/schwangerschaft/gesundheit/vorsorgeuntersuchungen/mutterpass

BACKE, Jael (2012): Schwangerschaft ist keine Krankheit. Welche Ratschläge und Untersuchungen Schwangere wirklich brauchen. mvg Verlag. München.

BAHNSEN, Ulrich (2013): Mutters Blut, Babys Gene. Neue Tests liefern noch mehr Daten über das Erbgut des Fötus. Wollen Eltern wirklich alles wissen? Die Zeit, Nr. 6/2013.

BANCHER-TODESCA, Dagmar et al (2010): Leitlinie Gestationsdiabetes. Wien.

BANCHER-TODESCA, Dagmar (2014): Geburtshilfe gestern, heute und morgen. In: 40 Jahre Mutter-Kind-Pass. Ein Symposium der Österreichischen Ärztekammer. Bundeskurie Niedergelassene Ärzte. Wien.

BAUER, Edith et al. (Hg.) (1997): Psychosomatische Gynäkologie und Geburtshilfe. Beiträge Jahrestagung 1996. Psychosozial-Verlag. Gießen.

BAUMGARTEN, K. (1982): Kommentar zum Teil der Schwangerenvorsorge des Mutter-Kind-Passes. In: Österreichische Ärztezeitung. 37. Jg. / Heft 19: 1183-1248.

BAUMGÄRTNER, Barbara & STAHL, Katja (2011): Einfach schwanger? Wie erleben Frauen die Risikoorientierung in der ärztlichen Schwangerenvorsorge? Mabuse-Verlag. Frankfurt am Main.

BELLER, Fritz K. & HOLZGREVE, Wolfgang (2004): Zervixinsuffizienz. In: Frauenarzt. Nr.10, 45: 934-942.

BERAN, KaraMa: (2011): Verborgenes Ins Licht Holen – Altes Wissen neu Ins Leben rufen. Ein Interview mit einer außergewöhnlichen Hebamme: Erika Goyert-Johann wirkt in Afrika. In: Matriaval. Zeitschrift für matriarchale Werte. Nut. Neugeboren. Nr.17/ Dezember: 30-32.

BITZER, Johannes (1997): Der männliche Gynäkologe und seine Patientin – Wie gehen beide mit ihren erotisch-sexuellen Bedürfnissen um? In: BAUER, Edith et al. (Hg.): Psychosomatische Gynäkologie und Geburtshilfe. Beiträge Jahrestagung 1996. Psychosozial-Verlag. Gießen.

BLOEMEKE, Viresha J. (2013): Die Eroberung eines fremden Landes. In: Hebammenforum. Das Fachmagazin des Deutschen Hebammenverbandes.14. Jg. / März: 215-219

BRÄUTIGAM, Hans Harald (1998): Beruf Frauenarzt – Erfahrungen und Erkenntnisse eines Gynäkologen. Hoffmann und Campe Verlag. Hamburg.

BROGAN Kelly (2014): A New Leaf: 8 Conscious Choices for a Healthier Pregnancy. In: Pathways to Family Wellness. Issue 41 / Spring.

BUNDESMINISTERIUM FÜR GESUNDHEIT, FAMILIE UND JUGEND (2009): Anzahl der abgerechneten Mutter-Kind-Pass-Sonderpositionen pro Jahr. Wien.

CHAN F. (1997): Limitations of Ultrasound. Paper presented at Perinatal Society of Australia and New Zealand 1st Annual Congress. Fremantle.

CHOPRA, Deepak et al. (2005): Die Reise ins Leben. Schwangerschaft und Geburt bewusst erleben. Knaur Ratgeber Verlage. München.

COLLATZ, Jürgen (1991): Ist die Hebamme in unserer Gesellschaft noch gefragt? In: Deutsche Hebammenzeitschrift. 3: 98-104.

CONNELL, Laurel Bay (2014): The Pregnancy Circle: Preparing for Motherhodd One Breath at a Time. In: Pathways to Family Wellness. Published by The International Chiropractic Pediatric Association. Issue 41 / Spring.

CRAIG, WJ &MANGELS AR (2009): Position oft the American Dietetic Association: Vegetarian Diets. In: Journal oft the American Dietetic Association, 109: 1266-1282.

DALY, Mary (1991): Gyn/Ökologie: Eine Metaethik des radikalen Feminismus. Verlag Frauenoffensive. München.

DAVIS, Elizabeth & PASCALI-BONARO, Debra (2010): Orgasmic Birth. Your guide to a safe, satisfying, and pleasurable birth experience. Rodale. New York.

DEANS, Anne (2007): Die Schwangerschafts-Bibel. Das umfassende, aktuelle Buch zur Schwangerschaft und für die erste Zeit mit dem Baby. Südwest Verlag, München.

DUDEN, Barbara (2002): Die Gene im Kopf – der Fötus im Bauch. Historisches zum Frauenkörper. Offizin-Verlag, Hannover.

243

EHGARTNER, Bert (2010): Gesund bis der Arzt kommt. Ein Handbuch zur Selbstverteidigung. Bastei Lübbe. Köln.

ELMADFA, I et al. (2009): Österreichischer Ernährungsbericht 2008. Wien.

ENKIN et al. (2000): A guide to effective care in pregnancy and childbirth. Oxford University Press. Oxford.

EWIGMAN, B.G. et al. (1993): Effect of prenatal ultrasound screening on perinatal outcome. In: New England Journal of Medicine. 329 (12): 821-27

FREUDENSCHUSS, Ina & LECHNER, Isabella (2010): Es gibt mehr Frauenhasser als wir glauben. In: dieStandard.at: http://diestandard.at/1271374997955/Im-Gespraech-Es-gibt-mehr-Frauenhasser-als-wir-glauben

FREUDENSCHUSS, Ina (2014): Für uns war die Medizin der Hauptkampfplatz. In: dieStandard.at: http://mobil.diestandard.at/1389857846625/Schwangere-koennen-sich-nicht-mehr-auf-ihre-Sinne-verlassen?

FRICK-BRUDER, Viola (1997): Erotische Spannung und sexueller Übergriff in der Arzt-Patientinnen-Beziehung – eine Grenzziehung. In: BAUER, Edith et al. (Hg.): Psychosomatische Gynäkologie und Geburtshilfe. Beiträge Jahrestagung 1996. Psychosozial-Verlag. Gießen.

GASKIN, Ina May (2008): Die selbstbestimmte Geburt. Handbuch für werdende Eltern. Mit Erfahrungsberichten. Kösel-Verlag. München.

GESUNDHEIT ÖSTERREICH (2013): Alles zum Mutter-Kind-Pass. Öffentliches Gesundheitsportal Österreichs: gesundheit.gv.at. Bundesministerium für Gesundheit. Wien.

GRABNER Sarah (2008): Das Ende der Hebammenkunst? Zur Selbstpositionierung von Hebammen in der heutigen Geburtshilfe in Wien und Osnabrück. Diplomarbeit. Wien.

GRAF, Friedrich P. (2010): Kritik der Arzneiroutine bei Schwangeren und Kleinkindern. sprangsrade verlag. Ascheberg.

HERBST, Vera (2007): Untersuchungen zur Früherkennung für Schwangere: Nutzen und Risiken. Stiftung Warentest. Berlin.

HIDAS, György & RAFFAI, Jenö (2010): Nabelschnur der Seele. Psychoanalytisch orientierte Förderung der vorgeburtlichen Bindung zwischen Mutter und Baby. Psychosozial-Verlag, Gießen.

HILDEBRANDT, Sven (2012): Gravidarium. Der wahrscheinliche Zeitraum der Geburt. Elwin Staude Verlag. Hannover.

HODGKINSON, Tom (2009): Die Kunst, frei zu sein. Handbuch für ein schönes Leben. Wilhelm Heyne Verlag. München.

HOLLERSEN (2014): Aufgeklärte Schwangere verzichten öfter auf Tests. In: Die Welt. www.welt.de/132750356

HUBER Marion (2014): Mutter-Kind-Pass: Ein Vorbild wird 40. Österreichische Ärztezeitung. ÖAZ 12 / 25.06.2014

KASTENDIECK, Mura (1997): Erotik zwischen Frauenärztin und Patientin – Wahrnehmung und Reflexion von Zärtlichkeit und Härte, von Nähe und Distanz. In: BAUER, Edith et al. (Hg.): Psychosomatische Gynäkologie und Geburtshilfe. Beiträge Jahrestagung 1996. Psychosozial-Verlag. Gießen: 25-31.

KERBL Reinhold (2014): Errungenschaften und Ziele aus pädiatrischer Sicht. In: 40 Jahre Mutter-Kind-Pass. Ein Symposium der Österreichischen Ärztekammer. Bundeskurie Niedergelassene Ärzte. Wien.

KITZINGER, Sheila (2003): Geburt. Der natürliche Weg. Dorling Kindersley. Starnberg.

KUPSCH S. et al. (2000): Health Service Provision on a Microcosmic Level – An International Comparison. Results of a WHO/IGSF Survey in 15 European Countries. Institut für Gesundheits-System-Forschung IGSF. Kiel.

LEIPOLD, Heinz et al. (2002): Gestationsdiabetes – eine oft unerkannte Erkrankung in der Schwangerschaft. In: Speculum – Zeitschrift für Gynäkologie und Geburtshilfe. 20 / 1:13-17

LEODOLTER, Sepp (2014): Perinatale Mortalität. Vom Schlusslicht Europas an die Spitze. In: 40 Jahre Mutter-Kind-Pass. Ein Symposium der Österreichischen Ärztekammer. Bundeskurie Niedergelassene Ärzte. Wien.

LÖFFLER, Dorothee & GOLKOWSKI, Sybille (2015): Früherkennung von Krankheiten bei Schwangeren. In: www.g-ba.de/institution/themenschwerpunkte/frueherkennung/schwangerschaftsvorsorge

MAGISTRATSABTEILUNG 26 (2016): Beurkundung eines totgeborenen Kindes. www.wien.gv.at/amtshelfer/dokumente/urkunden/standesamt/beurkundungen-totgeboren.html

MAKILAM (2008): Frauen am Anfang von Leben und Wissen in der alten Kabylei. In: Matriaval. Zeitung für matriarchale Werte. GAIA Mothering. Nr. 3/Mai: 20-22.

MAKOWSKY, Arno (2010): Eine einzige Tablette. In: www.sueddeutsche.de/leben/contergan-eine-einzige-tablette-1.891228

MARGOTSDOTTER-FRICKE, Dagmar (2004): Menstruation – von der Ohnmacht zur Macht. Wie das Wunderbare des weiblichen Zyklus für unser Selbstbild als Frau zurückgewonnen werden kann. Christel Göttert Verlag. Rüsselsheim.

MARGOTSDOTTER-FRICKE, Dagmar (2007): Filiasophie oder: „Ich bin die Mutter". In: Matriaval. Zeitung für matriarchale Werte. AKKA Mutterrecht. Nr.2: 5-10.

MAXEINER, Dirk & MIERSCH Michael (1996): Öko-Optimismus. Metropolitan Verlag. Düsseldorf/München.

MAYRHOFER, Ruth (2011): MUKIPA neu: Erfolg mit Wermutstropfen? In: Österreichische Ärztezeitung Nr. 19.

MOSER, Doris (2016): Schwangerschaft schafft Heldinnenkraft – Dein Guide für eine selbstbestimmte Schwangerschaft und kraftvolle Geburt. Mit energetisierenden Yoga-Positionen und harmonisierenden Ausmal-Mandalas. edition riedenburg. Salzburg.

MOSER, Doris & SCHMID, Sarah (2016): Mein privater Mutterpass – Meine Schwangerschaft selbst dokumentiert. edition riedenburg. Salzburg.

MOSER, Doris & STROHMAIER, Marion (2013): Lebensreise – Lebenskreise. Rituale und Bräuche rund um die Geburt. Books on Demand. Norderstedt.

NEILSON, JP (2000): Ultrasound for fetal assessment in early pregnancy. Cochrane DAtabes Syst Rev 2000 (2): CD000182.

NETZWERK gegen Selektion durch PRÄNATALDIAGNOSTIK (2014): Bluttest und Praxis der Pränataldiagnostik fördern Diskriminierung und untergraben Bemühungen zur Inklusion. Pressemitteilung.

NORTHRUP, Christiane (2010): Frauenkörper Frauenweisheit. Wie Frauen ihre ursprüngliche Fähigkeit zur Selbstheilung wiederentdecken können. Goldmann. München.

OBLASSER, Caroline (2013): Brüt es aus! Die freie Schwangerschaft: Methode mit Mama, Baby und Co. edition riedenburg. Salzburg.

ODENT, Michel (2005): Es ist nicht egal, wie wir geboren werden. Risiko Kaiserschnitt. Patmos Verlag. Düsseldorf und Zürich.

OECD (2009): Doing Better for Children. OECD Publishing.

OECD (2011): OECD Health Statistics. OECD Publishing.

ÖSTERREICHISCHE ÄRZTEKAMMER 2014: ÖAK-Enquete „40 Jahre Mutter-Kind-Pass – eine Erfolgsgeschichte". Presseaussendung der Österreichischen Ärztekammer. Wien.

OTTO, Petra (2005): „Die Frauen können es, man lässt sie nur nicht!" In: forum.sexualaufklaerung.de/index.php?docid=594

PAWLOWSKI A. (2014): FDA warns against doing extra ultrasounds for „keepsake" images. Nbcnewyork.com. December 16.

PRENET (2010): Positionspapier zur eugenischen Indikation: www.prenet.at/upload/ PRENET_Positionspapier_zur_eugensichen_Indikation_2010.pdf.

PRENET (2013): Positionspapier zur Selbstbestimmung von Frauen und pränatale Diagnostik: www.prenet.at/upload/PRENET_Positionspapier_Selbstbestimmung_und_ PND.pdf.

PROPPE, Kirsten (2008): Ultraschall – die verkannte Gefahr einer fehlgeleiteten Geburtsmedizin. In: HebammenInfo. Verbandszeitschrift des BfHD e.V. Bund freiberuflicher Hebammen Deutschlands. Nr. 4: 39-43.

PROPPE, Kirsten (2007): Plädoyer für eine natürliche Geburtshilfe ohne Routine-Ultraschall. In: Die Hebamme. Nr. 20: 190-197.

RAIO, Luigi (2011): Screening nach Gestationsdiabetes in der Schweiz. In: Geburtshilfe up-to-date. 20/2: 28-32.

SANDALL J. et al. (2013): Midwife-led continuity models versus other models of care for childbearing women. Cochrane Database of Systematic Reviews 2013, Issue 8.

SANYAL, Mithu M. (2009): Vulva. Die Enthüllung des unsichtbaren Geschlechts. Wagenbach. Berlin.

SCHÄUFLER, NICOLE (2015): Vom Mädchen zur Frau - Ein märchenhaftes Bilderbuch für alle Mädchen, die ihren Körper neu entdecken. edition riedenburg. Salzburg.

SCHINDELE, Eva (1993): Pfusch an der Frau. Krankmachende Normen. Überflüssige Operationen. Lukrative Geschäfte. Rasch und Röhrig Verlag. Hamburg.

SCHMID, Sarah (2014a): Alleingeburt. Schwangerschaft und Geburt in Eigenregie. edition riedenburg. Salzburg.

SCHMID, Sarah (2014b): Babyzauber. Dein persönlicher Begleiter für eine entspannte Schwangerschaft, Geburt und erste Babyzeit. edition riedenburg. Salzburg.

SCHÖNE, Melanie & HERRMANN, Dunja (2011): Doula-Wissen rund um die Geburt. Arbor Verlag. Freiburg.

SHALIMA, Li (2012): Genesung steht für mich an erster Stelle. In: Matriaval. Zeitschrift für matriarchale Werte. Medusa. Heilweise. Nr. 19, August: 8-15.

STATISTIK AUSTRIA (2007): Todesursachenstatistik. Müttersterblichkeit in Österreich seit 1946 nach Todesursachen und Alter. Bundesanstalt Statistik Österreich. Wien.

STATISTIK AUSTRIA (2015a): Statistik der natürlichen Bevölkerungsbewegung. Gestorbene und Säuglingssterblichkeit seit 1946. Bundesanstalt Statistik Österreich. Wien.

STATISTIK AUSTRIA (2015b): Todesursachenstatistik. Müttersterblichkeit in Österreich seit 2002 nach Todesursache und Alter. Sterbefälle während der Schwangerschaft und nach Entbindung, Interruptio oder Abort 2014 nach Todesursache und Alter. Bundesanstalt Statistik Österreich. Wien.

STATISTIK AUSTRIA (2015c): Statistik der natürlichen Bevölkerungsbewegung. Säuglingssterblichkeit seit 1946 nach der Lebensdauer.

STRACHOTA, Andrea (2006): Zwischen Hoffen und Bangen. Frauen und Männer berichten über ihre Erfahrungen mit pränataler Diagnostik. Mabuse-Verlag. Frankfurt am Main.

UNICEF (2012): Neuer UN-Report: Müttersterblichkeit weltweit fast halbiert! In: www.unicef.at/news/einzelansicht/newsitem/neuer-un-report-muettersterblichkeit-weltweit-fast-halbiert/.

VILLAR, J. et al. (2001): WHO antenatal care randomised trial fort he evaluation of an new model of routine antenatal care. In: The Lancet, Vol 357, Mai: 1551-1564.

VILLAR, J. et al. (2009): Patterns of routine antenatal care for low-risk-pregnancy (Cochrane Review). In: The Cochrane Library. 2009, Issue 1.

WECHSELBERGER, Arthur (2014): Zum Geleit. In: 40 Jahre Mutter-Kind-Pass. Ein Symposium der Österreichischen Ärztekammer. Bundeskurie Niedergelassene Ärzte. Wien.

WDR (2015): Die Grenzen der Schwangerschaftsvorsorge: Das Ersttrimester-Screening berechnet ein individuelles Risiko – nicht mehr und nicht weniger. Online abrufbar unter http://www1.wdr.de/fernsehen/wissen/quarks/sendungen/previewvideo-schwangerschaft-vorsorge-100.html (Sendungsdatum: Dienstag, 15. Dezember 2015, 21.00 - 21.45 Uhr)

WEISS, P.A.M. (1998): Der orale Glukosetoleranztest (oGTT) in der Schwangerschaft. Nicht-diabetogene Einflüsse und Methodenvergleich. In: Der Gynäkologe. 1: 12-24.

WOLTER, Heike (2010): Meine Folgeschwangerschaft. Begleitbuch für Schwangere, ihre Partner und Fachpersonen nach Fehlgeburt, stiller Geburt oder Neugeborenentod. edition riedenburg. Salzburg.

WOLTER, Heike (2012): Mein Sternenkind. Begleitbuch für Eltern, Angehörige und Fachpersonen nach Fehlgeburt, stiller Geburt oder Neugeborenentod. edition riedenburg. Salzburg.

WOLTER, Heike (2015): Mein unsichtbares Kind. Begleitbuch für Frauen, Angehörige und Fachpersonen vor und nach einem Schwangerschaftsabbruch. edition riedenburg. Salzburg.

WORLD HEALTH ORGANISATION (2014): Maternal mortality. Fact sheet Nr. 348.

Danke ...

... an meine wunderbaren Töchter, die meine größten Lehrmeisterinnen sind und mich jeden Tag aufs Neue herausfordern. Ohne eure Ankunft in meinem Leben hätte ich nicht die Erfahrungen machen dürfen, die mich zu diesem Buch inspiriert haben. Danke für eure unglaubliche Geduld und Selbstständigkeit, die mir das Recherchieren und Schreiben erst ermöglicht haben!

... an meinen Lebenspartner, durch den es mir möglich ist, meine eigenwilligen Projekte und Träume zu verwirklichen.

... an all die wunderbaren Frauen, die ihre Geschichten erzählt haben und ihre Erfahrungen mit uns allen geteilt haben! Eure Erzählungen haben sehr viel in mir bewegt und dazu geführt, dass ich das Geschriebene immer wieder in Frage gestellt habe, neue Ansätze mitgedacht habe und vor allem tiefsten Respekt vor euren unterschiedlichen Lebensweisen und Erfahrungsschätzen entwickelt habe.

... an die Hebammen, die stellvertretend für ihre Berufsgruppe Stellung bezogen haben und Einblick in ihre Arbeitsweisen und Denkansätze gewährt haben. Ihr leistet so wertvolle Arbeit und ich würde mir wünschen, dass euer Engagement für die Frauen und ihre Kinder mehr Würdigung und gesellschaftliche Akzeptanz erfahren würde. Eure Tätigkeit ist nicht nur für die individuelle Frau ein Segen, sondern auch aus gesellschaftlicher Sicht ein wichtiger Beitrag, denn ihr seid jeden Tag aufs Neue die Geburtshelferinnen einer neuen Generation von Menschenkindern.

... an den Frauenarzt und Geburtshelfer Christian Macho und die Ärztin Judith Binder, die mir ihre Zeit zur Verfügung gestellt und geduldig meine Fragen beantwortet haben. Es ist schön, dass ich erkennen durfte, dass es auch Mediziner gibt, die sich ehrlich und von ganzem Herzen um ihre Patientinnen bemühen und ihnen im Rahmen ihrer jeweiligen Möglichkeiten eine echte Alternative bieten.

... an meine Verlegerin Caroline Oblasser, die keine Angst vor „heißen Eisen" hat. Du hast mich auf so vielfältige Weise unterstützt und inspiriert und hattest immer ein offenes Ohr für mich. Ich wünsche mir, dass deine Bücher von ganz vielen Frauen gelesen werden, denn sie sind ein wertvoller Beitrag zur dringend notwendigen Veränderung der aktuellen Geburtskultur.

... an Heike Wolter und Anna Rockel-Loenhoff für ihre Tätigkeiten als Lektorin bzw. Fachlektorin. Eure wertvolle Arbeit, eure zahlreichen Hinweise und Verbesserungsvorschläge haben mein Buch in vielerlei Hinsicht verbessert und abgerundet. Danke für euer Engagement, eure Geduld mit mir und die gute Zusammenarbeit.

Notizen

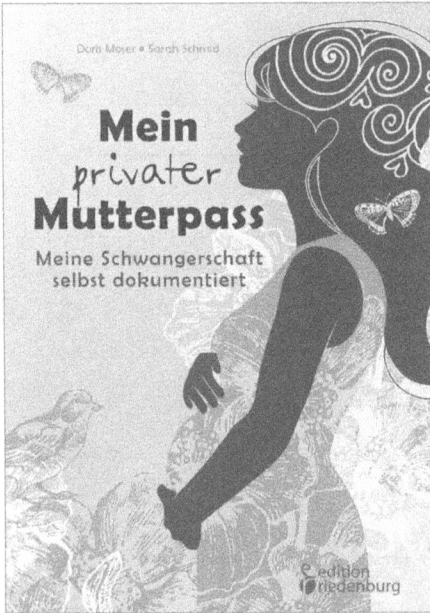

Doris Moser • Sarah Schmid

Mein privater Mutterpass
Meine Schwangerschaft selbst dokumentiert

Dein privater Mutterpass begleitet dich fachlich kompetent in der Schwangerschaft, bei der Geburt und im Wochenbett.

Diese Art der Selbstbeobachtung schafft Selbstvertrauen, denn du wirst zur Expertin für deinen Körper und das Baby.

Zahlreiche Seiten für tabellarische und freie Eintragungen ermöglichen dir, deine Beobachtungen und körperlichen Entwicklungen eigenständig und unabhängig von Arzt/Ärztin oder Hebamme festzuhalten. So verpasst du keinen wichtigen Entwicklungsschritt und stärkst bereits in der Schwangerschaft die Mutter-Kind-Bindung.

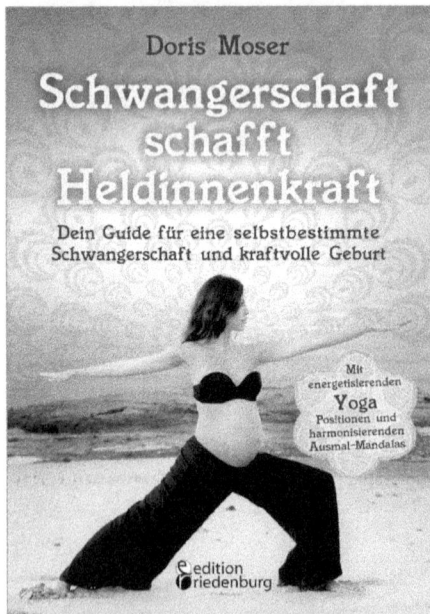

Doris Moser

Schwangerschaft schafft Heldinnenkraft
Dein Guide für eine selbstbestimmte Schwangerschaft und kraftvolle Geburt. Mit energetisierenden Yoga-Positionen und harmonisierenden Ausmal-Mandalas

Medizinische Schwangerenvorsorge ist nur die halbe Miete! Worauf es in der Schwangerschaft wirklich ankommt, erfährst du in diesem Buch. Gestalte die Zeit deiner frohen Hoffnung mit Achtsamkeit und dem Gefühl, ganz Frau zu sein. Nimm deine Vorsorge eigenverantwortlich und selbstbestimmt in die Hand und suche dir passende Unterstützung.

Erwecke Urkräfte in dir und werde zur Heldin! So kannst du nicht nur die Zeit der Schwangerschaft entspannt und freudvoll genießen, sondern auch der spontanen Geburt und dem gemeinsamen Leben mit deinem Baby gelassen entgegenblicken.

edition riedenburg
editionriedenburg.at

Im (Internet-)Buchhandel in Deutschland, Österreich und der Schweiz.

www.ingramcontent.com/pod-product-compliance
Lightning Source LLC
Chambersburg PA
CBHW020529270326
41927CB00006B/507